韩山师范学院基础教育研究系列

夯实基础，迈向卓越

韩山师范学院
首届化学专业卓越教师培养班纪实

衷明华　衷田田◎主编

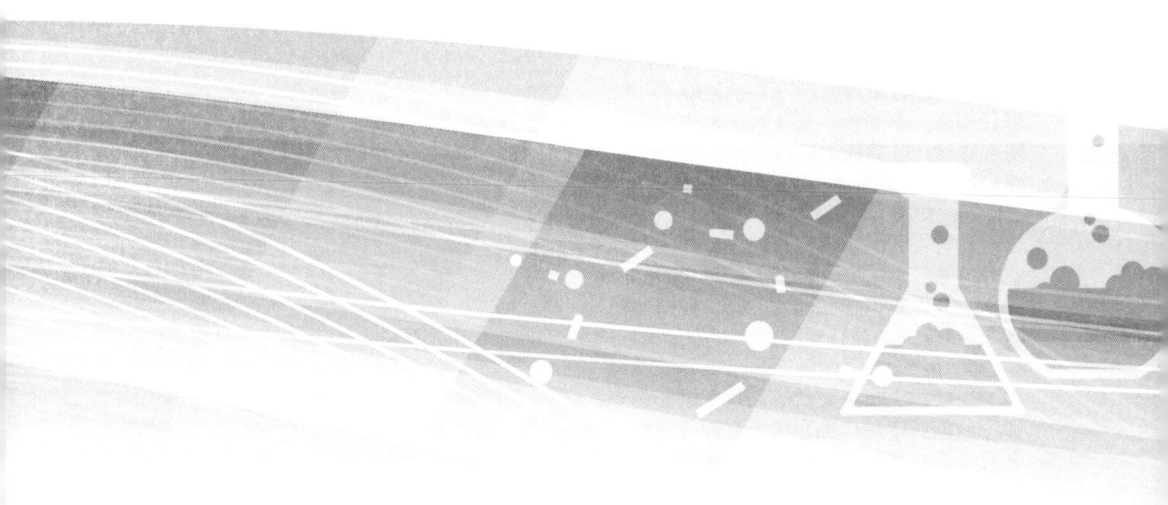

暨南大学出版社
JINAN UNIVERSITY PRESS

中国·广州

图书在版编目（CIP）数据

夯实基础，迈向卓越：韩山师范学院首届化学专业卓越教师培养班纪实/衷明华，衷田田主编. —广州：暨南大学出版社，2019.4
（韩山师范学院基础教育研究系列）
ISBN 978 - 7 - 5668 - 2584 - 1

Ⅰ.①夯… Ⅱ.①衷…②衷… Ⅲ.①中学化学课—师资培养—研究 Ⅳ.①G633.82

中国版本图书馆 CIP 数据核字（2019）第 043240 号

夯实基础，迈向卓越：韩山师范学院首届化学专业卓越教师培养班纪实
HANGSHI JICHU, MAIXIANG ZHUOYUE：HANSHAN SHIFAN XUEYUAN
SHOUJIE HUAXUE ZHUANYE ZHUOYUE JIAOSHI PEIYANGBAN JISHI
主 编：衷明华 衷田田
···

出 版 人：徐义雄
责任编辑：李倬吟 黄文科
责任校对：陈皓琳
责任印制：汤慧君 周一丹

出版发行：暨南大学出版社（510630）
电 话：总编室（8620）85221601
 营销部（8620）85225284 85228291 85228292（邮购）
传 真：（8620）85221583（办公室） 85223774（营销部）
网 址：http：//www.jnupress.com
排 版：广州尚文数码科技有限公司
印 刷：广州市穗彩印务有限公司
开 本：787mm×960mm 1/16
印 张：15.5
字 数：325 千
版 次：2019 年 4 月第 1 版
印 次：2019 年 4 月第 1 次
定 价：58.00 元

前　言

教师培养是一个漫长的过程，包括职前培养和在职培训。师范生属于职前培养，职前培养的目标是培养具有卓越潜质的后备教育人才。为推进"卓越教师培养计划"的实施，韩山师范学院利用"高校—地方政府—中小学"协同育人平台，以人才培养方案的优化为主线，先后在汉语言文学、小学教育、化学等专业开办了卓越教师培养班（简称"卓培班"，班上的学生简称"卓培生"），并以点带面推动教师职前培养的全面改革。

本书是韩山师范学院卓培班成长纪实之一，它记录了首届化学专业卓培班的诞生与成长。培养化学卓培生的具体做法是，根据现有的教师培养条件，基于师范生发展核心素养构建乡村教师职前培养模式（如下图所示），并予以实践。

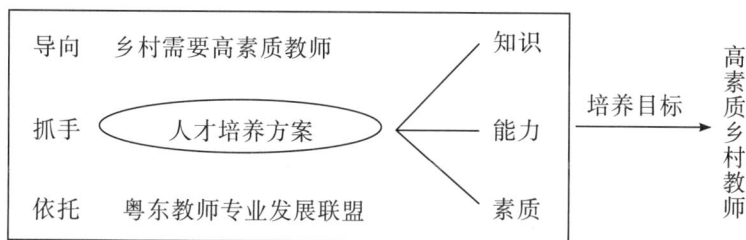

乡村教师职前培养模式示意图

乡村教师职前培养模式的运行是瞄准高素质乡村教师这一培养目标，以社会需求为导向，以"高校—地方政府—中小学"协同育人平台为依托，从知识、能力、素质三个维度规划设计"5 + 2 + 1 全程教育实践"人才培养方案并落实到日常教学工作中。其中，"5 + 2 + 1 全程教育实践"人才培养方案中的"5"是指用累计 5 个学期的时间，学习通识课、化学专业课及教师教育课，进行化学教师特质与卓培生教学技能的强化训练；"2"是指用累计 2 个学期的时间，进入教师专业发展学校（1 个学期）及教育实习与社会实践活动基地（1 个学期），一方面开展通识课的社会调查与社会实践，另一方面开展教育见习、教育实习等活动并就中学化学教学实际做"微课题"研究；"1"是用 1 个学期（通常是第

8 学期）的时间总结化学教学心得和研究成果，一方面撰写化学教育教学方面的本科学位论文，另一方面考研或参加招聘。

化学专业卓培生经过 4 年的培养实践，卓越潜质初步显现。第一，首届化学专业卓培班共 20 名学生，其中共产党员占 15%，共青团员占 85%，1 人被评为市级优秀学生干部，9 人次获国家励志奖学金，毕业时一次性就业率为 100%。第二，首届化学专业卓培班学生参加省级以上"挑战杯"、师范技能、实验技能等专项比赛获奖 92 项，其中，参加全国微课程大赛获奖 70 项，参加全国师范生教学素质大赛获奖 19 项，参加"挑战杯·创青春"广东大学生创业大赛、中国"互联网＋"大学生创新创业大赛"青聘果杯"广东省分赛获奖 3 项。第三，首届化学专业卓培生以第一作者身份发表了"微课题"研究论文 49 篇。其中，在《中国调味品》等科技类刊物发表论文 14 篇，在《教育观察》等教育类刊物发表论文 35 篇，并且其中 1 篇被中国人民大学复印报刊资料全文收录转载。

为向外界展示首届化学专业卓培班的学习成果，本书从概况、走向实践、教学设计、"微课题"研究四个方面进行整理、总结，内容包括卓培生选拔培养方案、赴教师专业发展学校观摩实践、参加全国师范生素质大赛获二等奖以上作品及部分"微课题"研究论文。本书出版得到首届化学专业卓培班全体学生的许可和支持，也得到暨南大学出版社的大力支持，更得到广东省高等学校卓越人才培养计划项目（粤教高函〔2015〕133 号）的鼎力资助，在此一并致谢。

袁明华　袁田田
2018 年 10 月于韩山师范学院水岚园

目 录

第三章　教学设计

第四章　"微课题"研究

第一章 概　况

韩山师范学院化学专业卓越教师培养班招生章程

卓越教师培养班是以培养师德高尚、知识丰富、能力出众的引领示范型教师为目标，将那些具有教师潜质、乐于从教、适合从教的学生选拔出来，采用小班教学、双导师制及 UGS 协同模式专门培养。为进一步发挥我校教师教育特色与优势，现决定在汉语言文学、小学教育专业先行组建的卓越教师培养班的基础上，再增设化学专业卓越教师培养班。具体情况如下：

一、班级名称

化学专业卓越教师培养班，简称化学卓培班。

二、培养模式与特色

（一）培养模式

（1）理论学习与实践学习一体化。依托教师教育实训中心、粤东基础教育论坛和教师专业发展学校，协同开展"5＋2＋1全程教育实践"模式的实践。"5"是指用累计5个学期的时间，学习通识课、化学专业课及教师教育课，进行教学技能的强化训练；"2"是指用累计2个学期的时间，进入基层中学进行"住校教师"锻炼（即一边教，一边学，一边研究，一边熟悉中学教学实际）；"1"是用1个学期的时间总结"微课题"研究成果，撰写化学教育方面的本科学位论文并参加教育硕士招考或就业。

（2）双导师联合培养。大二以前校内导师为主，对学生进行学业规划的指导；大三以后校外导师为主，对学生进行常规教学的"传、帮、带"。此外，请校外导师给学生开设教学经验、前沿教育理念讲座，指导学生就中学教学困惑做"微课题"研究。

（3）卓培班采取"双向选择，择优录取，优胜劣汰"的动态管理机制。根据学生的学习能力、兴趣和学业成绩，淘汰不宜继续在卓培班学习的学生；同时，从同一级的化学专业学生中，选拔优秀学生转入卓培班学习。

（二）特色

（1）小班教学。执行单独编制的人才培养方案，优胜劣汰，实施荣誉证书制度。

（2）突出实训。"住校教师"锻炼与"微课题"研究并重，强化实践，专门培养。

三、课程考核

由日常考核成绩与期终考核成绩两个部分构成，其中日常考核成绩所占比例不少于该门课程总成绩的70%。引导学生从注重"考试结果"向注重"学习过程"转变，增强学生学习主动性，提高学习能力、研究能力和教学实践能力。

四、保障与服务

（一）全天候开放的实训室

化学与环境工程学院提供全天候开放的实训室供化学卓培生学习和研讨。实训室设在化学教师职业技能实训基地（伟南楼204室及化学信息化工作室），有专门的电脑、摄像机、教学软件、手持技术设备及微型实验成套装置。

（二）"一对一"的贴心指导

化学与环境工程学院安排化学教师职业技能实训基地教师担任责任导师，负责化学卓培生的"一对一"学习指导及科研实践训练；安排实习学校或教师专业发展学校教师担任住校导师，负责化学卓培生的"一对一"教育实践、"微课题"研究及毕业论文写作训练。

（三）永续性的跟踪服务

化学与环境工程学院提供永续性的跟踪服务，不仅对化学卓培生从进入实验班到毕业实施全程跟踪服务，而且化学卓培生走上工作岗位后，化学与环境工程学院也将实施不定期的回炉辅导、到岗位辅导，免费提供网络学习课程辅导等，为化学卓培生迅速成长为卓越教师提供全程永续的跟踪服务。

五、激励政策

（1）优先享有参加课外科研、学科竞赛的机会。
（2）优先享有赴国内其他高校交流学习的机会。
（3）报考教育硕士的同学，优先享有录取推荐的机会。
（4）毕业时颁发韩山师范学院"卓越教师培养班"荣誉证书。

六、招录程序

（一）招生对象

化学与环境工程学院 2014 级化学专业学生，化学与环境工程学院 2014 级非师范专业在音乐、美术、体育、文学等任何一方面有专长者可申请。

（二）招生规模

20 人。

（三）报名条件

（1）立志从事教师工作，热爱教育事业，品学兼优，身心健康。
（2）身体条件符合《广东省教师资格申请人员体检标准及办法》的要求。

（四）时间安排

（1）9 月 21 日前，学生提出申请。
（2）9 月 21—29 日，依据学生申请及心理测试结果组织符合条件的同学面试。
（3）9 月 30 日，公布录取名单。
（4）国庆节后，举行开班典礼并正式开课。

（五）考核形式

面试。面试内容分为自我介绍、粉笔字抽查、现场提问及特长展示四个环节，面试组成员根据面试材料及学生现场表现进行评判打分。

咨询电话：黄俊生老师 616128，柯东贤老师 627438。

二〇一四年九月十七日

化学卓培生面试选拔标准

组织符合"适教"标准的学生（社会型因子得分≥18分）参加面试考核。

考核采用自我介绍、粉笔字抽查、现场提问及特长展示四种形式，总分为25分。

1. 形象仪表（5分）

举止自然，衣着得体，相貌端正。

2. 语言表达（5分）

普通话标准，嗓门洪亮，吐字清晰，语调自然，动作恰当。

3. 板书（5分）

书写规范，点画有力，架构匀称，布局合理。

4. 问题回答（5分）

思维敏捷，思路清晰，逻辑性强，有自己的观点。

5. 特长展示（5分）

主题健康，有感染力与观赏性。

化学卓培生考核基本要求

为量化规范化学专业卓越教师培养班学生（简称卓培生）的基本教学素养，进一步提高卓培生专业学习的热情和动力，规范卓培班成员流动的基本条件，制定本要求。

卓培生每学年的综合测评成绩应不低于全年级的50%。

（1）每个学期应撰写一篇不少于3 000字的学习心得体会，注重回顾、反思自身的学习情况并找到相应的改善方法。

（2）大一应熟练掌握多种教育技术技能，熟悉运用Power Point、Photoshop、网页制作、视频编辑、微课制作及化学金排等基本软件，获得省级以上微课制作大赛的相关奖项。

（3）大二应通过化学与环境工程学院的化学实验技能过关考核，获得一项校级以上的实验技能大赛奖，发表科研论文一篇。

（4）大三应通过系里的师范生技能考核，获得省级以上的教学素质大赛的奖项一项，发表教研论文一篇。

（5）大四应达到教育部2012年发布的《中学教师专业标准》的要求，并获得教师资格证。

（6）应顺利找到相关工作或考取硕士研究生。

（7）在工作或更高层次的学习中继续追求卓越。

以上仅为基本要求，鼓励卓培生追求越高越好。化学与环境工程学院采取登记制度，记录每个学生的成长经历；对追求卓越的每个学生发放登记册，登记后由班主任或指导教师签名确认。

化学与环境工程学院
二〇一四年十二月二十五日

化学卓培班班主任、指导教师工作职责

1. 班主任职责

（1）与普通班班主任一样，负责卓培班学生的日常事务管理（包括思想、学业、安全、就业指导、班级及党团建设等）。

（2）负责卓培班教师职业技能训练、竞赛及考核的组织协调工作。

（3）负责修订卓培生综合测评方案及卓培生的"优胜劣汰"管理工作。

2. 校内导师职责

（1）引导卓培生明白成才目标。针对个性差异，对学习方法、选课、读书及专业发展进行指导；对不宜继续培养的卓培生应及时反馈给卓培班班主任。

（2）为卓培生创造创新性实验及教学研究条件。大二之前，指导卓培生在国内学术刊物发表学术论文一篇；大四之前，指导卓培生在国内学术刊物发表教学研究论文一篇。

（3）鼓励和指导卓培生参加各类学习、训练及竞赛活动。大三之前，获省级技能比赛二等奖以上奖项一项。

3. 校外导师职责

（1）负责指导卓培生教育见习、教育实习，强化学生应用和实践能力。对不宜继续培养的卓培生应及时反馈给卓培班班主任。

（2）帮助卓培生了解基础教育现实，提供一线教学困惑或问题，指导卓培生进行"微课题"研究及完成毕业论文。

化学卓培班人才培养方案

专业代号　070301（国家）　0601（学校）

一、培养目标及规格

（一）培养目标

为基层中学尤其为乡镇中学培养师德高尚、知识丰富、能力出众并能引领乡镇基础教育教学改革的化学教师。

（二）人才培养规格

1．知识维度

（1）化学知识：理解化学知识体系及思想方法；掌握化学基本理论、基础知识和实验技能；了解化学与其他学科及社会实践的联系。

（2）教育知识：掌握学生身心发展规律，了解学生世界观、人生观、价值观形成过程及教育方法；了解学生思维能力和创新能力发展的过程与特点；了解学生群体文化特点与行为方式；掌握中学教育的基本原理和主要方法；掌握班集体建设和班级管理的策略与方法。

（3）化学教学知识：了解学生学习化学的认知特点，掌握中学化学课程标准、化学教学的方法与策略、化学课程资源开发的主要方法与策略。

（4）通识性知识：了解国情，具有丰富的自然科学、人文社会科学及相应的艺术欣赏与表现知识，具备适应教育内容、教学手段和方法现代化的信息技术知识。

2．能力维度

（1）教学设计能力：科学设计教学目标和教学计划；合理利用教学资源和方法设计教学过程；引导和帮助学生设计个性化的学习计划。

（2）教学实施能力：营造良好的学习环境与氛围，激发与保护学生的学习兴趣；通过启发式、探究式、讨论式、参与式等多种方式，有效实施教学；有效调控教学过程；引发学生独立思考和主动探究，发展学生创新能力；将现代教育技术手段渗透应用到教学中。

（3）教育教学评价能力：利用评价工具，掌握多元评价方法，多视角、全过程评价学生发展；引导学生进行自我评价；自我评价教育教学效果，及时调整和改进教育教学工作。

（4）班级管理与教育活动组织能力：建立良好的师生关系，帮助中学生建立良好的同伴关系；注重结合学科教学进行育人活动；根据中学生世界观、人生观、价值观形成的特点，有针对性地组织开展德育活动；针对中学生青春期生理和心理发展特点，有针对性地组织开展有益身心健康发展的教育活动；指导学生理想、心理、学业等多方面的发展；有效管理和开展班级活动；妥善应对突发事件。

（5）沟通与合作能力：了解学生，平等地与学生进行沟通交流；与同事合作交流，分享经验和资源，共同发展；与家长进行有效沟通合作，共同促进学生发展；协助中学与社区建立合作互助的良好关系。

（6）反思与发展能力：主动收集分析相关信息，不断进行反思，改进教育教学工作；针对教育教学工作中的现实需要与问题，进行探索和研究；制订专业发展规划，不断提高自身专业素质。

3. 素质维度

（1）职业理解与认识：贯彻党和国家教育方针政策，遵守教育法律法规；理解中学教育工作的意义，热爱中学教育事业，具有职业理想和敬业精神；认同中学教师的专业性和独特性，注重自身专业发展；具有良好职业道德修养，为人师表；具有团队合作精神，积极开展协作与交流。

（2）对学生的态度与行为：关爱学生，重视学生身心健康发展，保护学生生命安全；尊重学生独立人格，维护学生合法权益，平等对待每一个学生；不讽刺、挖苦、歧视学生，不体罚或变相体罚学生；尊重个体差异，主动了解和满足学生的不同需要；信任学生，积极创造条件，促进学生的自主发展。

（3）教育教学的态度与行为：树立育人为本、德育为先的理念，将学生的知识学习、能力发展与品德养成相结合，重视学生的全面发展；尊重教育规律和学生身心发展规律，为每一个学生提供适合的教育；激发学生的求知欲和好奇心，培养学生的学习兴趣和爱好，营造自由探索、勇于创新的氛围；引导学生自主学习、自强自立，培养良好的思维习惯和适应社会的能力。

（4）个人修养与行为：富有爱心、责任心、耐心和细心；乐观向上、热情开朗、有亲和力；善于自我调节情绪，保持平和心态；勤于学习，不断进取；衣着整洁得体，语言规范健康，举止文明礼貌。

二、学制

学制为 4 年。

三、考取职业资格证书名称及授予学位

考取教师资格证。取得毕业资格并达到学校规定的授予学士学位标准，授理学学士学位及"卓越教师培养班"证书。

四、课程设置、学时及学分安排

（一）课程类别

1. 通识文化课

政治理论、形势与政策、大学语文、美术鉴赏、大学英语、公共体育、计算机应用基础、高等数学、普通物理学、生命教育概论等。

2. 教师教育课

教育学、心理学、现代教育技术、教育心理学、班级管理学、教师口语、三笔字等。

3. 化学课

无机化学、有机化学、分析化学、物理化学、仪器分析、结构化学、化工基础及实验、基础化学实验、综合化学实验等。

4. 化学教学课

化学教学论、微格教学、化学教学技能训练、化学教学设计与案例研讨、化学教育科研法、化学实验教学研究、中学化学解题研究与备课指导、中学化学教材分析、中学化学教育测量与评价、化学史等。

5. 选修课

多媒体课件设计、网页制作、化学专业英语、化学实验安全与管理、中外教育家及其思想、名师教学艺术赏析、教育名著选读、观课·说课·议课、教育政策法规与教育热点问题、中学化学教育改革动态以及人文系列、科技系列、教育科学系列、艺术体育系列、社会科学系列等。

6. 教学实践课

军事训练、社会实践与调查、教育见习、教育实习、化工见习、"微课题"研究实训、毕业论文等。

（二）课程学时分配

本专业总课时数为 2 589 学时。各类课程学时分配表如下：

各类课程学时分配表

类别	通识文化课	教师教育课	化学课	化学教学课	选修课	教学实践课*	总计
学时数	1 024	180	449	180	208	548＋42W	2 589
比重（%）	39.6	7.0	17.3	7.0	8.0	21.2	100

注：*表示实践性教学环节42W未算入总课时。

（三）学分安排及要求

本专业毕业最低学分为 163 学分。各类课程学分分配表如下：

各类课程学分分配表

类别	通识文化课	教师教育课	化学课	化学教学课	选修课	实践环节*	总计
学分数	59	15	39	16	12	22	163
比重（%）	36.2	9.2	23.9	9.8	7.4	13.5	100

注：*表示通识文化课、教师教育课、化学课以及化学教学课中的实验或实践未算入实践性教学环节。

五、四年时间分配表

四年时间分配表

学年	学期	总周数	其中		教学					入学教育	军事训练	实践周	毕业教育	机动
			教学周数	寒暑假	上课	复习考试	教育实习	专业实习	毕业论文					
一	1	52	19	4	14.5	1.5				1	1	1		
	2		21	8	18	1.5						1		0.5
二	3	52	21	4	18	1.5								0.5
	4		19	8	16.5	1.5						1		
三	5	52	21	4	18	1.5								0.5
	6		19	8	16.5	1.5						1		
四	7	52	21	4	10	1.5	8					1		0.5
	8		19	8	9	1.5		1	6				1	0.5
合计		208	160	48	120.5	12	8	1	6	1	1	7	1	2.5
			208			147.5					2		7 1	2.5

六、开展读书活动

为全面加强学生文化素质教育，鼓励学生多读书、读好书，为 21 世纪培养知识结构合理、能力强、素质高、富有创新精神的专门人才，学生应在学好所修专业课程的同时，充分利用课余时间，在《韩山师范学院大学生课外阅读推荐书目》中至少选读所学专业外的 8 部著作，并撰写相应的读书笔记。学生完成读书活动，记 2 学分。

七、专业教学计划表

化学（师范类）专业本科教学计划表

类别	序号	课程编号	课程名称	学分	学时数			每学期教学周数分配（第1学期计16周，第2~7学期各计18周，第8学期计14周）							
					合计	讲授	实验	一	二	三	四	五	六	七	八
通识文化课	1	14210042	思想道德修养与法律基础	4	64	64			4						
	2	14210013	毛泽东思想和中国特色社会主义理论体系概论	6	90	90				6*					
	3	14210124	马克思主义基本原理	3	54	54					3				
	4	14210033	中国近现代史纲要	2	36	36				2					
	5	14210081	形势与政策 I	1	18	18		1							
	6	14210084	形势与政策 II	1	18	18					1				
	7	14210053	社会实践与调查	1	1W	1W				1					
	8	07210011	公共体育 I	1	32	32		2							
	9	07210012	公共体育 II	1	36	36			2						
	10	07210013	公共体育 III	1	36	36				2					
	11	07210014	公共体育 IV	1	36	36					2				
	12	03210011	大学英语 I	4	64	64		4*							
	13	03210012	大学英语 II	4	72	72			4*						
	14	03210013	大学英语 III	4	72	72				4*					
	15	03210014	大学英语 IV	4	72	72					4*				
	16	13210011	计算机应用基础 I	1	18	18		1							

（续上表）

类别	序号	课程编号	课程名称	学分	学时数 合计	学时数 讲授	学时数 实验	一	二	三	四	五	六	七	八
通识文化课	17	13210012	计算机应用基础Ⅱ	1	18	18			3*						
	18	20210010	职业生涯规划与就业指导	2	36	18	18	讲座				1			
	19	20210021	军事课（含军训）	3	36+2W	36	2W	2+2W							
	20	11213013	美术鉴赏	1	18	18				1					
	21	02213013	生命教育概论	2	36	36			2						
	22	01213015	大学语文	1	18	18						1			
	23	04211011	高等数学Ⅰ	4	60	60		5*							
	24	04211012	高等数学Ⅱ	3	48	48			3*						
	25	05211011	普通物理学	3	54	54		4*							
			小计	59	1 042+3W	1 024	18+3W								
教师教育课	26	09212013	心理学	3	54	36	18			3					
	27	09212024	教育学	3	54	54					3				
	28	09212036	现代教育技术	3	54	36	18						3		
	29	09212045	教育心理学	1	18	18						1			
	30	09212056	班级管理学	1	18	18								1	
	31	01210043	教师口语	1	18	18				1					
	32	06212160	三笔字	3				钢笔		毛笔		粉笔			
			小计	15	216	180	36								
化学课	33	06211011	无机化学Ⅰ	3	45	45		3*							
	34	06211012	无机化学Ⅱ	3	50	50			3*						
	35	06211023	分析化学	3	54	54				3*					
	36	06211033	有机化学Ⅰ	3	47	47				3*					

（续上表）

类别	序号	课程编号	课程名称	学分	学时数			每学期教学周数分配（第1学期计16周，第2~7学期各计18周，第8学期计14周）							
					合计	讲授	实验	一	二	三	四	五	六	七	八
化学课	37	06211034	有机化学Ⅱ	3	47	47					3*				
	38	06211045	物理化学Ⅰ	3	54	54						3*			
	39	06211046	物理化学Ⅱ	2	36	36								2*	
	40	06211054	仪器分析	2	40	40					3*				
	41	06211066	结构化学	2	32	32								2*	
	42	06211071	基础化学实验I	1.5	45		45	3*							
	43	06211072	基础化学实验Ⅱ	2	54		54		3*						
	44	06211073	基础化学实验Ⅲ	2	54		54			3*					
	45	06211074	基础化学实验Ⅳ	1.5	48		48				3*				
	46	06211075	基础化学实验Ⅴ	2	60		60					3*			
	47	06211080	综合化学实验	3	108		108					分散			
	48	06211097	化工基础及实验	3	53	44	9							11*+3	
			小计	39	827	449	378								
化学教学课	49	06212105	化学教学论	2	36	36						2			
	501	06212115	微格教学	2	36		36					2			
	51	06212125	化学教学技能训练	1.5	24		24					3/8			
	52	06212135	化学教学设计与案例研讨	1.5	24	24						3/8			
	53	06212146	化学教育科研法	1.5	24	24								2	
	54	06212155	化学实验教学研究	1.5	55		55					5/11			
	55	06214164	中学化学解题研究与备课指导	1.5	24	24					3/8				
	56	06214176	中学化学教材分析	1.5	24	24						3/8			

（续上表）

类别	序号	课程编号	课程名称	学分	学时数			每学期教学周数分配（第1学期计16周，第2~7学期各计18周，第8学期计14周）							
					合计	讲授	实验	一	二	三	四	五	六	七	八
	57	06214186	中学化学教育测量与评价	1.5	24	24							3/8		
	58	06214196	化学史	1.5	24	24							3/8		
			小计	16	295	180	115								
选修课（每个板块各选四门）	59	062142014	多媒体课件设计	1	16	16		4/4							
	60	06214212	网页制作	1	16	16			4/4						
	61	06214223	创业教育选论	1	16	16				2/8					
	62	06214236	化学专业英语	1	16	16							2/8		
	63	06214246	化学实验安全与管理	1	16	16							2/8		
	64	06214257	中外教育家及其思想	1	16	16								4/4	
	65	06214267	名师教学艺术赏析	1	16	16								4/4	
	66	06214277	教育名著选读	1	16	16								4/4	
	67	06214287	观课·说课·议课	1	16	16								4/4	
	68	06214297	教育政策法规与教育热点问题	1	16	16								4/4	
	69	06214307	中学化学教育改革动态	1	16	16								4/4	
			小计	4	64	64									
	70		人文系列	2	36	36									
	71		科技系列	2	36	36									
	72		教育科学系列	2	36	36									
	73		艺术体育系列	2	36	36									
	74		社会科学系列	2	36	36									
			小计	8	144	144									

（续上表）

类别	序号	课程编号	课程名称	学分	学时数			每学期教学周数分配（第1学期16周计，第2～7学期各18周计，第8学期14周计）							
					合计	讲授	实验	一	二	三	四	五	六	七	八
教学实践课	75	06216290	教育见习	2	4W			1W	1W	1W	1W				
	76	06216308	毕业论文	6	6W										6W
	77	06216310	"微课题"研究实训	5	10W							1W	1W	1W	7W
	78	06216327	教育实习	8	18W									18W	
	79	06216338	化工见习	1	1W										1W
小计				22	39W										
教学计划总计				163	2 589										

备注：①理论学习与实践学习一体化。与教育实习基地和教师专业发展学校协同，实施"5＋2＋1全程实践"教学模式，其中，"5"是指用累计5个学期的时间，学习通识课、化学专业课以及教师教育课，进行化学教师教学技能的强化训练；"2"是指用累计2个学期的时间，进入教师专业发展学校及实习基地开展通识课的社会调查、社会实践、教育见习、教育实习以及"微课题"研究；"1"是用1个学期的时间总结"微课题"研究成果，撰写化学教育教学方面的本科学位论文并参加考研或就业。

②双导师联合培养。一是借鉴医生培养当中的"住院医生"模式，让学生进行"住校教师"的锻炼，配备校内、校外（实践导师）两个导师；二是毕业论文采取"2＋1"连做模式。利用在教师专业发展学校及实习基地做"微课题"的机会，边学边教，边熟悉中学教学实际边研究化学教学存在问题，从而最终完成毕业论文的撰写，彰显教师教育特色。

③第7学期教育实习安排18周，其中，前4周安排在校内试讲及学习专业选修课。

化学卓培班大学四年课程总表

课程总表

星期	节次	一	二	三	四	五	六	七	八
一	1~2	高等数学I	计算机应用基础II	分析化学	仪器分析		现代教育技术		7W"微课研究实题"研训,6W毕业论文,1W化工见习
	3~4	无机化学I	无机化学II						
	5~6		基础化学实验II	毛泽东思想和中国特色社会主义理论体系概论	化学教学设计与案例研讨(1~8W) 中学化学解题研究与备课指导(9~16W)	中学化学实验教学研究(3~8W)	化学史(6~8节)	教育实习	
	7~8								
	9~10			美术鉴赏/双周 创业教育选论/单周 教师语言双周	生命教育概论				
二	1~2	计算机应用基础I/单周	高等数学II	大学英语III	大学英语IV		结构化学	化工基础及实验(前6周)	
	3~4	高等数学I		公共体育III	公共体育IV		中学化学教材分析(6~8节)	教育实习	
	5~6				马克思主义基本原理	化学教学技能训练			
	7~8	普通物理学							
	9~10								

（续上表）

星期	节次	学期 一	二	三	四	五	六	七	八
三	1～2	大学英语I	大学英语II	中国近现代史纲要	有机化学II	化学教学论	基础化学实验V（2～4节）	教育实习	7W"微课"研究实训，6W毕业论文，1W化工见习
	3～4		无机化学II/双周 高等数学II/单周		大学英语IV				
	5～6	基础化学实验I		基础化学实验III			化学教育科研法（1~8W）中学化学教育测量与评价（9~16W）		
	7～8								
	9～10		网页制作/双周			职业生涯规划与就业指导			
四	1～2	普通物理学/单周 无机化学I/双周		大学英语III	教育学（1～3节）		结构化学/单周 班级管理学/双周	教育实习	
	3～4	大学英语I		分析化学/双周 有机化学IV/单周			化学专业英语		
	5～6	公共体育I	公共体育II			大学语文			
	7～8					教育心理学			
	9～10		思想道德修养与法律基础				化学实验安全与管理		

（续上表）

星期 五	节次	一	二	三	四	五	六	七	八
	1-2	高等数学 I	大学英语 II	有机化学 I	有机化学II 双周 仪器分析/单周			教育实习	7W "微课题"研究实训,6W毕业论文,1W化工见习
	3-4	高等数学 I	大学英语 II	有机化学 I	有机化学II 双周 仪器分析/单周	微格教学	物理化学 II	教育实习	
	5~6	基础化学实验 I		心理学	基础化学实验IV	物理化学 I（6~8节）		教育实习	
	7~8	基础化学实验 I		心理学	基础化学实验IV	物理化学 I（6~8节）		教育实习	
	9~10	社会调查	"三下乡"	微课制作大赛训练	"三下乡"及师范生素质大赛训练	"三下乡"	"三下乡"	教育实习	
寒暑假		爱课程网上自学《教师职业道德教育》《学校安全教育》		爱课程网上自学《中学教师专业发展》《教育哲学》		爱课程网上自学《中学生认知与学习》《教师如何做研究》			

化学卓培班开班典礼

连晓琳　余文龙

2014 年 10 月 8 日上午，2014 级化学卓培班开班典礼在东丽 B 区化学与环境工程学院会议室如期举行。全国优秀教师文剑辉、教务处处长黄景忠、院长衷明华、副院长林曼斌等领导及相关指导教师出席开班典礼，全体卓培班成员参加了此次典礼，典礼由院党总支书记王伟光主持。

典礼上，化学与环境工程学院副院长林曼斌介绍了卓培班校内校外师资力量；卓培班班主任黄俊生详述卓培班学生的具体情况；院长衷明华讲述卓培班成立的意义、目的、选拔标准和流程，从中体现其选拔标准、管理方法、人才培养方案、学期考核等方面的独特性；而教务处处长黄景忠则通过阐述对卓培班的理解来呼吁卓培班全体学生要勇于开拓进取、超越自我。黄景忠处长隆重为卓培班导师颁发聘书。

典礼之后，全国优秀教师、五一劳动奖章获得者文剑辉老师为全体卓培班同学开设"夯实基础，迈向卓越"的讲座，其生动幽默的演说引起学子们的共鸣。

此次开班典礼宣告 2014 级化学卓培班的正式成立，并将为培养中学化学教学精英奠定基础。

化学卓培班第一阶段学习总结交流

魏日丽　罗羽彤　梁铭培

2015 年 10 月 14 日晚，化学与环境工程学院 2014 级卓培班在东丽 B 区会议室召开第一阶段总结交流会。学校党委组织部部长文剑辉，化学与环境工程学院院长衷明华、党总支书记王伟光、副院长林曼斌等 9 位指导教师出席此次交流会，卓培班全体成员参加了此次会议。

会上，指导教师表达了自己对卓培班的看法和期待。文剑辉部长以自身经历向卓培班全体成员讲述一名优秀教师应当具备的多项教师基本功。王伟光书记对全体同学过去一年取得的成绩给予高度的肯定，同时希望大家在将来能够学习到更多的专业理论知识并勤于实践，争取做得更好。衷明华院长表示，学院将努力为大家创设更加卓越的条件，引领各位同学向卓越教师靠拢。林曼斌副院长则强调师范生基本技能的重要性，希望大家能多去校外听优质课，学习其精华。班主任黄俊生认真地对班上 20 位同学进行针对性的点评，鼓励大家多参加活动，增

强班级荣誉感，将来成为一名优秀教师。

每一位卓培班成员均对自己过去一年的学习情况进行了简明扼要的总结，分析得与失。同学们均表示今后会勤学多问，不断挖掘自己的才能，以应对将来的未知挑战。

此次交流会目的在于总结过去一年办班的成绩和不足，加强同学之间的学习交流，互相借鉴好的学习方法，共同进步，并为接下来更好打造示范型班级奠定坚实基础。

化学卓培班第二阶段学习总结交流暨中期表彰

余文龙

2016 年 9 月 23 日下午，韩山师范学院化学与环境工程学院卓培班第二阶段学习总结暨中期表彰大会在东丽 B 区会议室召开。学校教务处副处长陈艳、化学与环境工程学院党政领导、卓培班指导教师出席此次会议，2014 级卓培班全体学生参加此次会议。大会由化学与环境工程学院副院长任乃林主持。

教务处副处长陈艳对卓培班学生开班两年以来取得的佳绩和特点表示肯定，并借用教育大家陶行知先生的名言"学高为师，身正为范"激励卓培班全体学生更进一步，希望他们学有所成，形成独特的人格魅力，真正成长为一名卓

越教师。

院长衷明华讲述卓培班的开班背景和人才培养模式与特色，并生动幽默地借用歌曲《小苹果》展现卓培班当前的办学情况：种下一颗种子，终于长出了果实。自 2014 年 10 月开班以来，卓培班师生均取得了丰硕的成果。同时，他也指出了其中存在的不足之处，并提出相应的改进意见；用水滴石穿的原理告诫学生，成功贵在坚持，期望卓培班学生早日长成"大苹果"。

班主任林燕如对担任卓培班班主任一职表示荣幸。她从培养学生干部、抓学风建设等方面开展班主任工作，将卓培班今日取得的各项成果归功于全体师生共同努力的结果，期待师生继续保持共同进步与成长。

卓培班全体学生依次作总结汇报，细数两年来获得的奖项与掌握的技能，剖析存在的缺陷与不足，感谢指导教师的辛勤付出。革命尚未成功，大家决心朝着成为卓越教师的目标继续前进。

大会根据学生的学业成绩和所获得奖项的含金量等评出 10 名卓培班优秀学员并颁发优秀学员证书和奖品。

化学卓培班自 2014 年 10 月成立以来，凭借"理论与实践一体化、双导师联合培养、双向选择"的培养模式以及"小班教学、突出实训"的办学特色受到学校和学院的高度重视，在指导教师和学生的共同努力下，取得阶段性的成果。学生获得微课、"挑战杯"等大赛的数十个奖项，并发表省级、国家级论文 24 篇；指导教师编写关于卓培班培养的著作 4 本，发表教学论文 5 篇，成绩斐然。

化学卓培班第三阶段学习总结交流

陈倩 欧阳桩

2017 年 9 月 15 日下午，化学与环境工程学院卓培班在东丽 B 区会议室召开第三次总结会议。教务处处长黄景忠，化学与环境工程学院院长任乃林，副院长林曼斌、林文杰以及指导教师衷明华、严赞开、文剑辉、林燕如、柯东贤等受邀出席了本次会议，2014 级化学卓培班学生参加了本次会议。

　　会上，卓培班学生逐一作总结报告，对过去进行总结反思，对未来充满期待。一直以来，他们从未放弃对"卓越"二字的追求，对自己高标准、严要求，努力掌握各类师范生技能，积极参加课外科研活动，一步一脚印，在指导教师们的帮助下不断成长；也对学校、学院以及各位指导教师为他们提供各类平台和机会充满感激，并表示在接下来的道路上会脚踏实地，抓住大学的尾巴，继续前行，不忘初心。

　　教务处处长黄景忠对化学卓培班学生当前取得的成果给予高度评价。他指出，卓培班学生一要具备教学专业技能和科研能力，二要具备教育的情怀，三要有一定的理想气质。他期望同学们能实现自己的人生价值，做有益于社会的事，成为一个卓越的人。

　　院长任乃林对于卓培班取得的进步感到欣慰，并对各位指导教师表示感谢。他建议每位同学在现阶段要定位思考，坚定努力地为目标奋斗。为使同学们获得更大的进步，他要求每位同学在教育实习阶段写一篇题为"我身边的韩师化学人"的介绍报告。

　　衷明华等指导教师在会上一一发表讲话，期望学生们能利用好在卓培班学习到的师范教学技能，实践于接下来的教育实习中，做好从师范生到中学教师转变的重要一环。文剑辉老师通过讲述以往学生的真实实习经历，希望卓培班学生能全身心投入教育实习中，并最终走上从教这条道路，坚定不移地致力于教育事业，为教育界做出贡献。

　　最后，院长任乃林宣读化学卓培班大三学年"优秀学员"名单，副院长林曼斌颁发证书、奖品，与会的各位领导、指导教师及卓培班学生合影留念。

化学卓培班第四阶段学习总结交流暨结业典礼

邹浩冰

2018年5月21日下午，化学与环境工程学院化学卓培班在东丽B区会议室举行结业典礼。化学与环境工程学院党总支书记王伟光，院长任乃林，副院长林曼斌，指导教师衷明华、严赞开、黄俊生、赖鹤鋆、林燕如以及辅导员、班主任等出席了本次活动，并和2018届化学卓培班全体毕业生交流座谈。

会上，王伟光、任乃林和林曼斌分别对化学卓培班学生顺利完成学业表示衷心的祝贺，对指导教师的辛勤付出表示崇高的敬意。他们期望化学卓培班学生在毕业之际，能够为学校的发展提供建议，及早找到适合自己的发展道路，不仅在校追求"卓越"，在未来工作、学习、社会生活中更要不断追求"卓越"，永葆"卓越"。

指导教师衷明华教授在总结时指出，创办卓培班是基于建设新师范的改革探索，在人才培养方面主要采取"校内外双导师联合培养"的模式，理论与实践相结合，全力培养学生科研创新、教学研究和实践教学能力。四年的实践证明，卓培班是成功的，取得了丰硕的成果：全班20名同学，目前有4名考上研究生，5名已被录用为教师。其间，获国家、省级教师科研项目立项18项；公开发表省级以上论文47篇，其中一篇被中国人民大学复印报刊资料全文转载；参加各类大赛获得94个奖项。化学卓培班毕业学生正逐步向师德高尚、知识丰富、能力出众、引领乡镇基础教学改革的化学教师目标迈进。

在毕业生座谈会上，卓培班的学生逐一发言，感谢学校和学院领导、老师的悉心指导。正因为有他们，卓培班才取得如此多的成绩。他们表示将谨记"勤教力学，为人师表"的校训，不断努力，为母校争光。

座谈会现场，化学与环境工程学院向毕业生发放毕业生调查问卷，全面了解毕业生就业意向、职业生涯规划发展、就业岗位薪酬、单位性质、学校人才培养、课程建设、实习见习、对学校和学院的建议等方面的内容，为未来建设新师范、新工科准备有关资料。

（摄影：周嘉莹、李武豪）

化学卓培班全体成员介绍

刘增华

姓名：刘增华　　性别：男　　政治面貌：共青团员　　学号：2014131102
生源地：山西省洪洞县

就业单位：广东凯普生物科技股份有限公司

教育信条：勤教力学，为人师表。

获奖及发表论文情况：

（1）2015—2017年参加国家级创新训练项目"大眼睛微课"（项目编号：201610578004，审批文号：教高司函〔2016〕45号）。

（2）2015年刘增华的作品《物质的加热》在第三届全国微课（程）优质资源展示会中获一等奖。

（3）2015年刘增华、黄沁怡的作品《固体物质的加热》在第三届全国微课（程）优质资源展示会中获一等奖。

（4）2015年刘增华的作品《化学实验安全（高中必修一第一节）》在第三届全国微课（程）优质资源展示会中获三等奖。

（5）2016年邱晨晨、刘增华、林晓宏、林冰琦的作品《大眼睛微课》在"挑战杯·创青春"广东大学生创业大赛中获公益创业赛银奖。

（6）2016年余文龙、刘增华、黄文婷的作品《氧化还原的计算（一）》在第四届全国微课（程）优质资源展示会中获二等奖。

（7）2016年余文龙、刘增华、黄文婷的作品《氧化还原的计算（二）》在第四届全国微课（程）优质资源展示会中获二等奖。

（8）2016 年刘增华的作品《酸碱盐离子的应用》在第五届全国高等院校化学专业师范生教学素质大赛教学设计比赛中获二等奖。

（9）刘增华，衷明华. 酸碱盐总体教学设计［J］. 课程教育研究，2017（13）：260.

（10）刘增华，黄俊生. 卤代烃实验室安全系列微课设计与制作［J］. 广东化工，2017，44（14）：292－293.

（11）刘增华，黄俊生，柯东贤. 基于 Scratch 软件的化学贪吃蛇游戏设计与实现［J］. 教育观察（下半月），2018，7（2）：52－53.

王静文

姓名：王静文　　　性别：女　　　政治面貌：共青团员　　　学号：2014131107
生源地：河南省光山县
就业单位：中国铁路广州局集团有限公司广州南站
教育信条：师者，所以传道授业解惑也。
在校期间担任职务：
2016—2017 学年担任化学卓培班综合委员。
获奖及发表论文情况：

（1）2015 年王静文的作品《灭火的方法和原理》在第三届全国微课（程）优质资源展示会中获二等奖。

（2）2015 年王静文的作品《活泼的黄绿色气体——氯气》在第三届全国微课（程）优质资源展示会中获三等奖。

（3）2015 年王静文的作品《实验室安全之氯（次氯酸钠）》在第三届全国微课（程）优质资源展示会中获三等奖。

（4）2016—2018 年参加省级创业实践项目"Dada 多媒体动画工作室"（项目编号：201710578039，审批文号：粤教高函〔2017〕148 号）。

（5）2016 年王静文的作品《燃烧与灭火》在第五届全国高等院校化学专业师范生教学素质大赛教学设计比赛中获二等奖。

（6）2016 年林雪玲、周志思、谢丽璇、王静文的作品《化学与健康》在第三届全国中小学教师、高等院校师范生"翻转课堂"系列微视频大奖赛中获三等奖。

（7）王静文，衷明华. 中考化学坐标类图像计算题解题"三部曲"［J］. 中学化学教学参考，2017（16）：73.

杨益纯

姓名：杨益纯　　性别：女　　政治面貌：共青团员　　学号：2014131111

生源地：广东省饶平县

就业单位：广东省饶平县九村中学

学习心得：愿你没有软肋也不需要铠甲。

获奖及发表论文情况：

（1）2014 年杨益纯的作品《青春与梦想》在韩山师范学院"青春与梦想"比赛中获二等奖。

（2）2015 年林晓宏、杨益纯、林艺虹的作品《生物试验室事故处理措施》在第三届全国微课（程）优质资源展示会中获一等奖。

（3）2015 年林晓宏、杨益纯的作品《化学　高中　氰》在第三届全国微课（程）优质资源展示会中获二等奖，并在广东省首届微课程大赛中获二等奖。

（4）2015 年林晓宏、杨益纯的作品《树立正确的人生观》在第三届全国微课（程）优质资源展示会中获二等奖。

（5）2015 年林晓宏、杨益纯的作品《二氧化碳的性质》在第三届全国微课（程）优质资源展示会中获三等奖，并在广东省首届微课程大赛中获三等奖。

（6）2016 年林晓宏、杨益纯的作品《认清传销本质，谨防传销渗透》在第四届全国微课（程）优质资源展示会中获一等奖。

（7）2016 年杨益纯的作品《碱金属钠　教学设计》在第五届全国高等院校院校化学专业师范生教学素质大赛教学设计比赛中获三等奖。

（8）杨益纯，袁明华. 盐类的水解部分题型解题研究［J］. 课程教育研究，2016（22）：286－287.

（9）杨益纯，袁明华. 氧弹燃烧—离子色谱测定桑树中枝，叶，果实氟、氮、氯、硫的含量［J］. 广东化工，2017，44（13）：268－269.

（10）杨益纯，袁明华. 氢气的制取与实验改进［J］. 中学化学教学参考，2017（增刊）：40.

（11）杨益纯，黄俊生，蔡婉. 室内空气污染与防治微课设计与制作，教育现代化，2017，4（33）：229－232.

杨孝会

姓名：杨孝会　　性别：女　　政治面貌：共青团员　　学号：2014131113

生源地：贵州省织金县

就业单位：上海掌小门教育科技有限公司

学习心得：努力学习，学会学习。

在校期间担任职务：

（1）2016—2017 学年，担任化学与环境工程院辩论队队长。

（2）2016—2017 学年，担任化学卓培班生活委员。

（3）2016—2017 学年，担任化学与环境工程院宿管委员。

（4）2016—2017 学年，担任化学卓培班宣传委员。

获奖及发表论文情况：

（1）2016 年杨孝会的作品《物质的分类》在第五届全国高等院校化学专业师范生教学素质大赛教学设计比赛中获三等奖。

（2）2016 年方浩航、章佳仪、杨孝会、李燕淋的作品《物质的检验1 氧气的检验》在第四届全国微课（程）优质资源展示会中获三等奖。

（3）2016 年李燕淋、方浩航、章佳仪、杨孝会的作品《物质的检验4 氯离子的检验》在第四届全国微课（程）优质资源展示会中获三等奖。

（4）2016 年章佳仪、方浩航、杨孝会、李燕淋的作品《物质的检验6 铵根离子的检验》在第四届全国微课（程）优质资源展示会中获三等奖。

（5）杨孝会，袁明华. 离子共存的知识点梳理与试题研究［J］. 江西化工，2014（4）：213－214.

李燕淋

姓名：李燕淋　　性别：女　　政治面貌：共青团员　　学号：2014131117

生源地：广东省龙川县

就业单位：广东省龙川宏图学校

教育理念：要善于让学生有成就感。

在校期间担任职务：

（1）2016—2017 学年，担任化学卓培班学习委员。

（2）2017—2018 学年，担任化学卓培班班长。

获奖及发表论文情况：

（1）2016 年方浩航、章佳仪、杨孝会、李燕淋的作品《物质的检验1 氧气的检验》在第四届全国微课（程）优质资源展示会中获三等奖。

（2）2016 年李燕淋、方浩航、章佳仪、杨孝会的作品《物质的检验4 氯离子的检验》在第四届全国微课（程）优质资源展示会中获三等奖。

（3）2016 年章佳仪、方浩航、杨孝会、李燕淋的作品《物质的检验6 铵根离子的检验》在第四届全国微课（程）优质资源展示会中获三等奖。

（4）2016年李燕淋的作品《钠的重要化合物》在第五届全国高等院校化学专业师范生教学素质大赛教学设计比赛中获二等奖。

（5）李燕淋，衷明华. 解析广东高考化学因果题［J］. 江西化工，2014（4）：162-164.

（6）李燕淋，衷明华. 巧解有机推断题［J］. 中学化学教学参考，2015（14）：68-69.

（7）余文龙，李燕淋，衷明华. 基于微型实验仪器的氢气的制备与性质检验实验改进［J］. 课程教育研究，2016（36）：37.

（8）李燕淋，衷明华. 化学反应方程式的配平技巧［J］. 中学化学教学参考，2017（18）：66-67.

（9）李燕淋，衷明华. 钠的重要化合物教学设计［J］. 中学化学教学参考，2017（增刊）：12-13.

（10）余文龙，李燕淋，衷明华. 基于微型实验仪器的铜与浓硝酸、稀硝酸反应的实验改进［J］. 中学化学教学参考，2017（增刊）：33-34.

（11）余文龙，李燕淋，衷明华. 找准突破口攻克推断题［J］. 中学化学教学参考，2017（增刊）：67-68.

余文龙

姓名：余文龙　性别：男　政治面貌：共青团员　学号：2014131120
生源地：广东省惠东县
就业单位：广东省普宁市华美实验学校
教育理念：充实学生，让学生在人生道路上拥有更多的选择权。
在校期间担任职务：
（1）2016—2017学年，担任化学与环境工程学院分团委编辑部部长。
（2）2016—2017学年，担任韩山师范学院大学生微课共建共享联盟副书记。
（3）2017—2018学年，担任化学卓培班团支书。
获奖及发表论文情况：
（1）2015—2017年参加国家级创新训练项目"潮商创业精神视角下的中等职业技术学校学生创业教育研究——以广东省陶瓷职业技术学校及潮州市虹桥职业技术学校为例"（项目编号：201610578012，审批文号：教高司函〔2016〕45号）。
（2）2015年余文龙的作品《爱护水资源》在第三届全国微课（程）优质资

源展示会中获三等奖。

（3）2016 年余文龙的作品《基于翻转课堂的〈爱护水资源〉》在第五届全国高等院校化学专业师范生教学素质大赛教学设计比赛中获二等奖。

（4）2016 年余文龙、刘增华、黄文婷的作品《氧化还原的计算（一）》在第四届全国微课（程）优质资源展示会中获二等奖。

（5）2016 年余文龙、刘增华、黄文婷的作品《氧化还原的计算（二）》在第四届全国微课（程）优质资源展示会中获二等奖。

（6）2017 年彭洪涛、朱杰鹏、余文龙、黄晓霓、黄沁怡的作品《融入潮商创业精神的中职生创业教育探索》在第十四届"挑战杯"广东大学生课外学术科技作品竞赛终审决赛中获三等奖。

（7）2017 年彭洪涛、朱杰鹏、余文龙、黄晓霓、黄沁怡的论文《潮商创业精神对中职生的创业指导意义》《中职学校开展创业教育的研究》在第十届全国大学生创新创业年会上进行学术交流。

（8）余文龙，林曼斌，林燕如. 判断化学反应平衡的标志［J］. 江西化工，2015（5）：174 – 176.

（9）余文龙，李燕淋，衷明华. 基于微型实验仪器的氢气的制备与性质检验实验改进［J］. 课程教育研究，2016（36）：37.

（10）余文龙，李燕淋，衷明华. 基于微型实验仪器的铜与浓硝酸、稀硝酸反应的实验改进［J］. 中学化学教学参考，2017（增刊）：33 – 34.

（11）余文龙，李燕淋，衷明华. 找准突破口攻克推断题［J］. 中学化学教学参考，2017（增刊）：67 – 68.

（12）彭洪涛，朱杰鹏，余文龙，黄晓霓，黄沁怡. 潮商创业精神对中职生的创业指导意义［J］. 文教资料，2017（3）：151 – 152，156.

（13）余文龙，蔡少萍，衷明华. 实验得真知，探究辨真伪——以人教版初中化学"蜡烛燃烧"和"镁的燃烧"为例［J］. 中学化学教学参考，2018（4）：52.

黄文婷

姓名：黄文婷 　性别：女 　政治面貌：共青团员 　学号：2014131123
生源地：广东省博罗县
就业单位：华南师范大学（硕士研究生）
教育理念：人人都是人才，人人都能成才。
在校期间担任职务：

（1）2014—2015 学年，担任化学卓培班学习委员。

（2）2015—2016 学年，担任化学卓培班团支部书记。

获奖及发表论文情况：

（1）2014—2015 学年荣获国家励志奖学金。

（2）2015—2016 学年荣获国家励志奖学金。

（3）2016—2017 学年荣获国家励志奖学金。

（4）2015 年黄文婷的作品《浓硫酸的腐蚀性》在第三届全国微课（程）优质资源展示会中获一等奖。

（5）2015 年黄文婷、王泽婷、曾朱卿的作品《思想道德修养与法律建设》在第三届全国微课（程）优质资源展示会中获一等奖。

（6）2016 年王泽婷、黄文婷、许静婷、邓玉珊的作品《遵守道德规范之家庭美德》在第四届全国微课（程）优质资源展示会中获一等奖。

（7）2016 年黄文婷的作品《模拟法庭审判二氧化硫》在第五届全国高等院校化学专业师范生教学素质大赛教学设计比赛二等奖。

（8）2016 年黄文婷的作品《个人品德》在第四届全国微课（程）优质资源展示会中获二等奖。

（9）2016 年王泽婷、许静婷、黄文婷、邓玉珊的作品《社会主义核心价值观系列微课之刑法》在第四届全国微课（程）优质资源展示会中获二等奖。

（10）2016 年王泽婷、许静婷、黄文婷、邓玉珊的作品《社会主义核心价值观系列微课之敬业》在第四届全国微课（程）优质资源展示会中获二等奖。

（11）2016 年王泽婷、许静婷、黄文婷、邓玉珊的作品《遵守道德规范之社会公德》在第四届全国微课（程）优质资源展示会中获二等奖。

（12）2016 年余文龙、刘增华、黄文婷的作品《氧化还原的计算（一）》在第四届全国微课（程）优质资源展示会中获二等奖。

（13）2016 年余文龙、刘增华、黄文婷的作品《氧化还原的计算（二）》在第四届全国微课（程）优质资源展示会中获二等奖。

（14）2016 年黄文婷的作品《用科学高尚的人生观指引人生》在第四届全国微课（程）优质资源展示会中获三等奖。

（15）2016 年黄文婷的作品《家庭美德》在第四届全国微课（程）优质资源展示会中获三等奖。

（16）2016 年王泽婷、许静婷、黄文婷、邓玉珊的作品《遵守道德规范，锤炼高尚品格之加强个人道德修养》在第四届全国微课（程）优质资源展示会中获三等奖。

（17）黄文婷."中国梦"融入思想政治理论课教学的探讨及微课程设计研

究——以《思想道德修养与法律基础》第三章为例［J］. 教育观察，2017，6（5）：102 – 103.

（18）黄文婷，衷明华. 广东高考全国Ⅰ卷理综化学备考策略［J］. 课程教育研究，2016（22）：5 – 6.

连晓琳

姓名：连晓琳　　性别：女　　政治面貌：共青团员　　学号：2014131128
生源地：广东省汕头市
就业单位：广东彩虹童学教育产业有限公司汕头盛荟分中心
教育信条：勤教力学，为人师表。
在校期间担任职务：
2014—2016 学年，担任化学与环境工程学院编辑部干事。
获奖及发表论文情况：
（1）2016 年连晓琳在第五届全国高等院校化学专业师范生教学素质大赛说课比赛中获一等奖。
（2）2016 年连晓琳的作品《铝的重要化合物》在第五届全国高等院校化学专业师范生教学素质大赛教学设计比赛中获一等奖。
（3）连晓琳，衷明华. 三维目标解读四种陌生化学方程式［J］. 中学化学教学参考，2017（增刊）：57 – 58.

黄晓霓

姓名：黄晓霓　　性别：女　　政治面貌：共青团员　　学号：2014131132
生源地：广东省汕头市
就业单位：华南师范大学（硕士研究生）
学习心得：人生是一个永不停息的工厂，那里没有懒人的位置。
在校期间担任职务：
（1）2014—2015 学年，担任化学与环境工程学院团委组织部干事。
（2）2015—2016 学年，担任化学与环境工程学院社团组织部部长、文工团组长。
获奖及发表论文情况：
（1）2015—2017 年参加国家级创新训练项目"潮商创业精神视角下的中等职业技术学校学生创业教育研究——以广东省陶瓷职业技术学校及潮州市虹桥职业技术学校为例"（项目编号：201610578012，审批文号：教高司函〔2016〕45 号）。

（2）2015年黄晓霓的作品《离子的形成》在第三届全国微课（程）优质资源展示会中获三等奖。

（3）2015年叶展纯、纪淡意、刘琼燕、陈婷、王芳芳、江丹丽、郑志萍、黄沁怡、黄晓霓的作品《潮州菜微课程资源设计与开发策略研究》在第三届全国微课（程）优质资源展示会中获一等奖。

（4）2016年黄晓霓的作品《离子键》在第五届全国高等院校化学专业师范生教学素质大赛教学设计比赛中获三等奖。

（5）2016年黄晓霓的作品《精细化学品的特点》在第四届全国微课（程）优质资源展示会中获三等奖。

（6）2016年许晓琳、沈燕燕、黄晓霓、吴桂仪的作品《潮州特色小吃系列微课（下）》在第四届全国微课（程）优质资源展示会中获二等奖。

（7）2017年彭洪涛、朱杰鹏、余文龙、黄晓霓、黄沁怡的作品《融入潮商创业精神的中职生创业教育探索》在第十四届"挑战杯"广东大学生课外学术科技作品竞赛终审决赛中获三等奖。

（8）2017年彭洪涛、朱杰鹏、余文龙、黄晓霓、黄沁怡的论文《潮商创业精神对中职生的创业指导意义》《中职学校开展创业教育的研究》在第十届全国大学生创新创业年会上进行学术交流。

（9）黄晓霓，衷明华．巧解—限用一种试剂的鉴别题［J］，课程教育研究，2016（22）：286.

（10）黄晓霓，黄沁怡，衷明华．钠与水反应的微型实验改进．中学化学教学参考，2017（增刊）：37.

（11）彭洪涛，朱杰鹏，余文龙，黄晓霓，黄沁怡．潮商创业精神对中职生的创业指导意义［J］．文教资料，2017（3）：151－152，156.

章佳仪

姓名：章佳仪　　　性别：女　　　政治面貌：共青团员　　　学号：2014131139
生源地：广东省汕头市
就业单位：广东省汕头市碧华实验学校
教育信条：勤教力学，为人师表。
在校期间担任职务：
（1）2014—2015学年，担任化学卓培班副班长和综合委员。
（2）2015—2016学年，担任化学卓培班副班长和综合委员。
（3）2016—2017学年，担任韩山师范学院女排队队长。

获奖及发表论文情况：

（1）2015年5月获第二届中国大学生阳光排球联赛女子组第五名。

（2）2016年章佳仪的作品《选修4 第四章 原电池》在第五届全国高等院校化学专业师范生教学素质大赛教学设计比赛中获二等奖。

（3）2016年方浩航、章佳仪、杨孝会、李燕淋的作品《物质的检验1 氧气的检验》在第四届全国微课（程）优质资源展示会中获三等奖。

（4）2016年李燕淋、方浩航、章佳仪、杨孝会的作品《物质的检验4 氯离子的检验》在第四届全国微课（程）优质资源展示会中获三等奖。

（5）2016年章佳仪、方浩航、杨孝会、李燕淋的作品《物质的检验6 铵根离子的检验》在第四届全国微课（程）优质资源展示会中获三等奖。

（6）章佳仪，衷明华. 新课程高考电化学试题的考点归纳与解题策略. 中学教学参考，2016（29）：93 – 94.

刘文龙

姓名：刘文龙 性别：男 政治面貌：共产党员 学号：2014131201
生源地：山西省长治市

就业单位：首都师范大学（硕士研究生）

学习心得：自信源于实力，实力源于勤奋。

在校期间担任职务：

（1）2014—2015学年，担任化学卓培班综合委员兼化学与环境工程学院组织部干事。

（2）2015—2016学年，担任化学与环境工程学院组织部部长。

（3）2016—2017学年，担任化学与环境工程学院2016级化学专业新生助理班主任。

获奖及发表论文情况：

（1）2014—2015学年荣获国家励志奖学金。

（2）2014—2015学年荣获第二十五届陈伟南何才林奖学金二等奖。

（3）2014—2015学年荣获韩山师范学院一等奖学金，授予"优秀学生"称号。

（4）2014—2015学年荣获韩山师范学院"优秀团员"称号。

（5）2016—2017学年以"日本·亚洲青少年科学交流项目（樱花科技计划）国际交换生"身份赴日本大同大学交流学习。

（6）2015年刘文龙、潘佳绚、林烁虹的作品《学讲潮汕话之数字之美》在

第三届全国微课（程）优质资源展示会中获二等奖。

（7）2015年刘文龙、吴岱音的作品《实验室安全之过氧化氢和过氧乙酸》在第三届全国微课（程）优质资源展示会中获三等奖。

（8）2015年刘文龙、潘佳绚、罗佳婷的作品《学讲潮汕话之常用称谓（上）》在第三届全国微课（程）优质资源展示会中获三等奖。

（9）2015年刘文龙、潘佳绚、罗佳婷的作品《学讲潮汕话之常用称谓（下）》在第三届全国微课（程）优质资源展示会中获三等奖。

（10）2015年刘文龙、蔡婉、林冰琦、张晓婷的作品《学讲潮汕话之量词（上）》在第三届全国微课（程）优质资源展示会中获三等奖。

（11）2015年钟燕华、庄琼丽、吴岱音、刘文龙的作品《社会主义本质理论及其重要意义》在第三届全国微课（程）优质资源展示会中获三等奖。

（12）刘文龙，赖鹤鋆. 利用微型化学实验，渗透绿色化学教育初探［J］. 江西化工，2015（5）：161－162.

黄沁怡

姓名：黄沁怡　　性别：女　　政治面貌：共青团员　　学号：201413120

生源地：广东省惠来县

就业单位：广东省汕头市碧华实验学校

学习心得：不在能思，乃在能行。

在校期间担任职务：

（1）2014—2015学年，担任化学与环境工程学院学生会学习部干事。

（2）2015—2016学年，担任化学卓培班综合委员。

获奖及发表论文情况：

（1）2015—2017年参加国家级创新训练项目"潮商创业精神视角下的中等职业技术学校学生创业教育研究——以广东省陶瓷职业技术学校及潮州市虹桥职业技术学校为例"（项目编号：201610578012，审批文号：教高司函〔2016〕45号）。

（2）2015年刘增华、黄沁怡的作品《固体物质的加热》在第三届全国微课（程）优质资源展示会中获一等奖。

（3）2015年叶展纯、纪淡意、刘琼燕、陈婷、王芳芳、江丹丽、郑志萍、黄沁怡、黄晓霓的作品《潮州菜微课程资源设计与开发策略研究》在第三届全国微课（程）优质资源展示会中获一等奖。

（4）2016年黄沁怡的作品《共价键教学设计》在第五届全国高等院校化学

专业师范生教学素质大赛教学设计比赛中获三等奖。

（5）2016年刘春颖、黄沁怡的作品《室内装修及建筑材料（2）》在第四届全国微课（程）优质资源展示会中获二等奖。

（6）2016年刘春颖、黄沁怡的作品《室内装修及建筑材料（3）》在第四届全国微课（程）优质资源展示会中获二等奖。

（7）2017年彭洪涛、朱杰鹏、余文龙、黄晓霓、黄沁怡的作品《融入潮商创业精神的中职生创业教育探索》在第十四届"挑战杯"广东大学生课外学术科技作品竞赛终审决赛中获三等奖。

（8）2017年彭洪涛、朱杰鹏、余文龙、黄晓霓、黄沁怡的论文《潮商创业精神对中职生的创业指导意义》《中职学校开展创业教育的研究》在第十届全国大学生创新创业年会上进行学术交流。

（9）黄沁怡，衷明华. 氧弹燃烧—离子色谱法测定假连翘中氟、氯、氮、硫的含量［J］. 广东化工，2017，44（13）：242–243，246.

（10）黄沁怡，衷明华. 热化学方程式的书写和计算［J］. 中学化学教学参考，2017（增刊）：56.

（11）黄晓霓，黄沁怡，衷明华. 钠与水反应的微型实验改进. 中学化学教学参考，2017（增刊）：37.

（12）彭洪涛，朱杰鹏，余文龙，黄晓霓，黄沁怡. 潮商创业精神对中职生的创业指导意义［J］. 文教资料，2017（3）：151–152，156.

邱晨晨

姓名：邱晨晨　　性别：男　　政治面貌：共青团员　　学号：2014131207
生源地：河南省平顶山市
就业单位：河南省宝丰县第一高级中学
教育信条：勤教力学，为人师表。
在校期间担任职务：
（1）2014—2015学年，担任化学卓培班团支书。
（2）2015—2016学年，担任化学与环境工程学院科研助理。
获奖及发表论文情况：
（1）2015—2017年主持国家级创业实践项目"大眼睛微课"（项目编号：201610578004，审批文号：教高司函〔2016〕45号）。
（2）2015年邱晨晨的作品《PM2.5》在第三届全国微课（程）优质资源展示会中获一等奖。

（3）2015 年邱晨晨的作品《雨殇》在第三届全国微课（程）优质资源展示会中获一等奖。

（4）2016 年刘春颖、邱晨晨的作品《燃料和热量》在第四届全国微课（程）优质资源展示会中获三等奖。

（5）2016 年邱晨晨、刘增华、林晓宏、林冰琦的作品《大眼睛微课》在"挑战杯·创青春"广东大学生创业大赛中获公益创业赛银奖。

（6）黄俊生，邱晨晨，陈耿廷. 杨梅固态调味品生产工艺研究［J］. 中国调味品，2017，42（4）：92－95.

（7）黄俊生，邱晨晨，黄东燕. 超声波辅助浸提橄榄风味物质制备特色蘸黏调味品的研究［J］. 农产品加工，2017（8）：6－8，12.

（8）邱晨晨，袁明华. 新课标 I 卷有关分子立体构型的计算［J］. 中学化学教学参考，2015（14）：24.

（9）邱晨晨，袁明华. 气定神闲洒墨有机——轻松应对有机大题［J］. 江西化工，2014（4）：186－188.

林雪玲

姓名：林雪玲　　　性别：女　　　政治面貌：共青团员　　　学号：2014131216
生源地：广东省陆丰市
就业单位：深圳市南山区中英文学校
学习心得：经历的不必都记起，过去的不会都忘记。有些往事，有些回忆，成全了我也就陶冶了你。

在校期间担任职务：
（1）2015—2016 学年，担任化学卓培班学习委员。
（2）2016—2017 学年，担任化学卓培班副班长及综合委员。

获奖及发表论文情况：
（1）2015—2016 学年荣获韩山师范学院三等奖学金、"优秀学生"称号。
（2）2015—2016 学年荣获韩山师范学院"优秀学生干部"奖。
（3）2015—2016 学年荣获国家励志奖学金。
（4）2016—2017 学年荣获国家励志奖学金。
（5）2016—2018 年参加省级创业实践项目"Dada 多媒体动画工作室"（项目编号：201710578039，审批文号：粤教高函〔2017〕148 号）。
（6）2015 年林雪玲的作品《饱和溶液与不饱和溶液》在第三届全国微课（程）优质资源展示会中获二等奖。

（7）2015 年林雪玲、谢丽璇的作品《乙醇的结构》在第三届全国微课（程）优质资源展示会中获三等奖。

（8）2016 年林雪玲的作品《溶解度》在第五届全国高等院校化学专业师范生教学素质大赛教学设计比赛中获二等奖。

（9）2016 年林雪玲的作品《N－亚硝基化合物污染及其措施之 N－亚硝基化合物的前体物》在第四届全国微课（程）优质资源展示会中获二等奖。

（10）2016 年林雪玲、周志思、谢丽璇、王静文的作品《化学与健康》在第三届全国中小学教师、高等院校师范生"翻转课堂"系列微视频大奖赛中获三等奖。

（11）2016 年林雪玲的作品《N－亚硝基化合物污染及其措施之 N－亚硝基化合物与人类肿瘤的关系及预防措施》在第四届全国微课（程）优质资源展示会中获三等奖。

（12）2016 年林雪玲在韩山师范学院第一届实验室安全知识竞赛中获三等奖。

（13）林雪玲，黄俊生，文剑辉，柯东贤. 基于中国象棋的化学游戏设计与实现［J］. 教育观察，2016，5（24）：34－37.

（14）林雪玲，衷明华. 浅谈新课标 I 卷离子共存选择题［J］. 中学化学教学参考，2017（16）：69－70.

刘春颖

姓名：刘春颖　　性别：女　　政治面貌：共青团员　　学号：2014131218
生源地：广东省海丰县

就业单位：广东省海丰县陶河镇杨埔小学

学习心得：教师成就一个学生要付出很多，但是毁掉一个学生也许就是不经意的一句话。

获奖及发表论文情况：

（1）2016 年刘春颖的作品《燃烧和灭火》在第五届全国高等院校化学专业师范生教学素质大赛教学设计比赛中获二等奖。

（2）2016 年刘春颖、黄沁怡的作品《室内装修及建筑材料（2）》在第四届全国微课（程）优质资源展示会中获二等奖。

（3）2016 年刘春颖、黄沁怡的作品《室内装修及建筑材料（3）》在第四届全国微课（程）优质资源展示会中获二等奖。

（4）2016 年刘春颖、邱晨晨的作品《燃料和热量》在第四届全国微课

（程）优质资源展示会中获三等奖。

（5）刘春颖，黄俊生. 职业性化学中毒危害及预防微课的设计与制作［J］. 江西化工，2017（4）：159－162.

（6）刘春颖，衷明华. 从三维目标解读中考化学推断题［J］，中学化学教学参考，2017（18）：65－66.

邓玉珊

姓名：邓玉珊　　性别：女　　政治面貌：共青团员　　学号：2014131221
生源地：广东省博罗县

就业单位：深圳市龙岗区中兴小学

教育信条：教师不替学生说学生自己能说的话，不替学生做学生自己能做的事。

在校期间担任职务：

（1）2014—2015 学年，担任化学与环境工程学院学生会监督部干事。

（2）2015—2016 学年，担任化学卓培班班长。

（3）2016 年 9 月—2018 年 5 月，担任韩山师范学院微课共建共享联盟宣传委员兼技术部部长。

获奖及发表论文情况：

（1）2016 年荣获韩山师范学院"优秀团员"称号。

（2）2016 年邓玉珊的作品《最简单的有机物——甲烷》在第五届全国高等院校化学专业师范生教学素质大赛教学设计比赛中获二等奖。

（3）2016 年邓玉珊、彭洪涛的作品《食物中的水的存在形式、结构以及性质》在第四届全国微课（程）优质资源展示会中获三等奖。

（4）2016 年邓玉珊、彭洪涛的作品《走向世界的青蒿素》在第四届全国微课（程）优质资源展示会中获三等奖。

（5）2016 年邓玉珊、彭洪涛的作品《实验装置（体系化）之收集装置》在第四届全国微课（程）优质资源展示会中获三等奖。

（6）2016 年彭洪涛、邓玉珊的作品《燃烧和灭火》在第四届全国微课（程）优质资源展示会中获一等奖。

（7）2016 年王泽婷、黄文婷、许静婷、邓玉珊的作品《遵守道德规范之家庭美德》在第四届全国微课（程）优质资源展示会中获一等奖。

（8）2016 年邓玉珊、彭洪涛的作品《温室效应》在第四届全国微课（程）优质资源展示会中获二等奖。

（9）2016 年彭洪涛、邓玉珊的作品《物质的制备（体系化）之实验室制取氢氧化铁胶体》在第四届全国微课（程）优质资源展示会中获二等奖。

（10）2016 年王泽婷、许静婷、黄文婷、邓玉珊的作品《社会主义核心价值观系列微课之刑法》在第四届全国微课（程）优质资源展示会中获二等奖。

（11）2016 年王泽婷、许静婷、黄文婷、邓玉珊的作品《社会主义核心价值观系列微课之敬业》在第四届全国微课（程）优质资源展示会中获二等奖。

（12）2016 年王泽婷、许静婷、黄文婷、邓玉珊的作品《遵守道德规范之社会公德》在第四届全国微课（程）优质资源展示会中获二等奖。

（13）2016 年彭洪涛、邓玉珊的作品《橡胶及其防护》在第四届全国微课（程）优质资源展示会中获三等奖。

（14）2016 年彭洪涛、邓玉珊的作品《物质的制备（体系化）之实验室制取氨气》在第四届全国微课（程）优质资源展示会中获三等奖。

（15）2016 年程颖思、罗佳婷、林烁虹、杨帆、吴枚谍、彭洪涛、邓玉珊、黄勇仕的作品《测糖灵》在"挑战杯·创青春"广东大学生创业大赛中获铜奖。

（16）2016 年王泽婷、许静婷、黄文婷、邓玉珊的作品《遵守道德规范，锤炼高尚品格之加强个人道德修养》在第四届全国微课（程）优质资源展示会中获三等奖。

（17）2016 年邓玉珊的作品《高压气体容器》在第二届全国中小学优秀微课征集活动中获三等奖。

（18）邓玉珊，严赞开. 实践中的翻转课堂出现的挑战及对策［J］. 试题与研究（教学论坛），2016（5）：28.

（19）邓玉珊，衷明华. 一招制胜化学实验方案设计与评价［J］. 教育学杂志，2016（5）：21.

（20）邓玉珊，彭洪涛，严赞开. 应广东高考改革，分析 2011 至 2015 年高考全国卷Ⅰ之化学选择题的题型及答题技巧［J］. 数理化解题研究，2016（6）：77.

（21）邓玉珊，王泽婷，柯东贤. "核心价值观"视角下"思想道德修养与法律基础"课程的微课设计——以第二章《继承爱国传统，弘扬中国精神》为例［J］. 文教资料，2017（3）：170－171.

（22）邓玉珊，严赞开，衷明华. 融入核心素养，构建多元化教学课堂——以《化学肥料》为例［J］. 课程教育研究，2017（29）：162－163.

周志思

姓名：周志思　　性别：女　　政治面貌：共产党员　　学号：2014131222

生源地：广东省博罗县

就业单位：香港大学（硕士研究生）

学习心得：学习应该抓主线，多点耐心和坚持，积小成大，定可成功。

在校期间担任职务：

（1）2016—2017 学年，担任化学卓培班班长。

（2）2017—2018 学年，担任化学卓培班学习委员。

获奖及发表论文情况：

（1）2014—2015 学年荣获国家励志奖学金。

（2）2015—2016 学年荣获国家励志奖学金。

（3）2016—2017 学年荣获国家励志奖学金。

（4）2015 年周志思的作品《溶解度曲线》在第三届全国微课（程）优质资源展示会中获二等奖。

（5）2016—2018 年主持省级创业实践项目"Dada 多媒体动画工作室"（项目编号：201710578039，审批文号：粤教高函〔2017〕148 号）。

（6）2016 年周志思的作品《氧化还原反应》在第五届全国高等院校化学专业师范生教学素质大赛教学设计比赛中获二等奖。

（7）2016 年周志思的作品《白色污染及其处理》在第四届全国微课（程）优质资源展示会中获一等奖。

（8）2016 年周志思的作品《多糖及其在烹饪中的作用》在第四届全国微课（程）优质资源展示会中获三等奖。

（9）2016 年周志思的作品《高温装置》在第四届全国微课（程）优质资源展示会中获三等奖。

（10）2016 年林雪玲、周志思、谢丽璇、王静文的作品《化学与健康》在第三届全国中小学教师、高等院校师范生"翻转课堂"系列微视频大奖赛中获三等奖。

（11）周志思，衷明华. 由"铝土矿冶炼金属铝"分析铝及其重要化合物之间的转化关系［J］. 中学教学参考，2016（26）：67－68.

朱杰鹏

姓名：朱杰鹏　　性别：男　　政治面貌：共青团员　　学号：2014131228

生源地：广东省汕头市

就业单位：广东省河源市龙川宏图学校

学习心得：教育是一门艺术，我会努力提升自己，让这门艺术朝着我希望的方向走。

在校期间担任职务：

（1）2015—2016 学年，担任化学卓培班学习委员。

（2）2015—2016 学年，担任全国微课程共建共享联盟录制部部长。

（3）2016—2017 学年，担任化学卓培班团支书。

获奖及发表论文情况：

（1）2015—2017 年参加国家级创新训练项目"潮商创业精神视角下的中等职业技术学校学生创业教育研究——以广东省陶瓷职业技术学校及潮州市虹桥职业技术学校为例"（项目编号：201610578012，审批文号：教高司函〔2016〕45 号）。

（2）2015 年朱杰鹏的作品《溶质的质量分数》在第三届全国微课（程）优质资源展示会中获三等奖。

（3）2016 年朱杰鹏的作品《二氧化硫性质》在第五届全国高等院校化学专业师范生教学素质大赛教学设计比赛中获三等奖。

（4）2017 年彭洪涛、朱杰鹏、余文龙、黄晓霓、黄沁怡的作品《融入潮商创业精神的中职生创业教育探索》在第十四届"挑战杯"广东大学生课外学术科技作品竞赛终审决赛中获三等奖。

（5）2017 年彭洪涛、朱杰鹏、余文龙、黄晓霓、黄沁怡的论文《潮商创业精神对中职生的创业指导意义》《中职学校开展创业教育的研究》在第十届全国大学生创新创业年会上进行学术交流。

（6）朱杰鹏，袁明华. 浅析高考电化学之基础知识及解题技巧［J］. 江西化工，2014（4）：205－207.

（7）彭洪涛，朱杰鹏，余文龙，黄晓霓，黄沁怡. 潮商创业精神对中职生的创业指导意义［J］. 文教资料，2017（3）：151－152，156.

彭洪涛

姓名：彭洪涛　　性别：男　　政治面貌：共产党员　　学号：2014131233

生源地：广东省汕头市

就业单位：广东省佛山市南海区桂城街道桂江二中

教育信条：教书很难，既要演戏，又要做人，但我乐在其中。

在校期间担任职务：

（1）2014—2015 学年，担任化学卓培班班长。

（2）2015—2016 学年，担任化学与环境工程学院学生分会助理主席。

（3）2016—2017 学年，担任化学与环境工程学院学生分会主席。

获奖及发表论文情况：

（1）2016 年获潮州市"优秀学生干部"称号。

（2）2015—2017 年主持国家级创新训练项目"潮商创业精神视角下的中等职业技术学校学生创业教育研究——以广东省陶瓷职业技术学校及潮州市虹桥职业技术学校为例"（项目编号：201610578012，审批文号：教高司函〔2016〕45 号）。

（3）2015 年彭洪涛的作品《化合价》在第三届全国微课（程）优质资源展示会中获二等奖。

（4）2015 年彭洪涛的作品《实验室安全之激光器》在第三届全国微课（程）优质资源展示会中获三等奖。

（5）2015 年彭洪涛的作品《化合价的应用》在第三届全国微课（程）优质资源展示会中获三等奖。

（6）2015 年彭洪涛在韩山师范学院第三届环保形象大使选拔赛中获二等奖。

（7）2016 年彭洪涛、邓玉珊的作品《燃烧和灭火》在第四届全国微课（程）优质资源展示会中获一等奖。

（8）2016 年彭洪涛的《化学能与热能》在第五届全国高等院校化学专业师范生教学素质大赛教学设计比赛中获二等奖。

（9）2016 年邓玉珊、彭洪涛的作品《温室效应》在第四届全国微课（程）优质资源展示会中获二等奖。

（10）2016 年彭洪涛、邓玉珊的作品《物质的制备（体系化）之实验室制取氢氧化铁胶体》在第四届全国微课（程）优质资源展示会中获二等奖。

（11）2016 年程颖思、罗佳婷、林烁虹、杨帆、吴枚谍、彭洪涛、邓玉珊、黄勇仕的作品《测糖灵》在"挑战杯·创青春"广东大学生创业大赛中获铜奖。

（12）2016 年彭洪涛、邓玉珊的作品《橡胶及其防护》在第四届全国微课（程）优质资源展示会中获三等奖。

（13）2016 年彭洪涛、邓玉珊的作品《物质的制备（体系化）之实验室制取氨气》在第四届全国微课（程）优质资源展示会中获三等奖。

（14）2016 年邓玉珊、彭洪涛的作品《走向世界的青蒿素》在第四届全国微课（程）优质资源展示会中获三等奖。

（15）2016 年邓玉珊、彭洪涛的作品《实验装置（体系化）之收集装置》在第四届全国微课（程）优质资源展示会中获三等奖。

（16）2016 年邓玉珊、彭洪涛的作品《食物中的水的存在形式、结构以及性质》在第四届全国微课（程）优质资源展示会中获三等奖。

（17）2016 年彭洪涛、邹奕娜、邓玉珊、李美华、谢焯州的作品《韩园家教中心》在韩山师范学院第四届凯普杯创业设计大赛中获二等奖。

（18）2017 年彭洪涛、朱杰鹏、余文龙、黄晓霓、黄沁怡的作品《融入潮商创业精神的中职生创业教育探索》在第十四届"挑战杯"广东大学生课外学术科技作品竞赛终审决赛中获三等奖。

（19）2017 年彭洪涛在韩山师范学院第十三届师范生说课比赛中获三等奖。

（20）2017 年彭洪涛、朱杰鹏、余文龙、黄晓霓、黄沁怡的论文《潮商创业精神对中职生的创业指导意义》《中职学校开展创业教育的研究》在第十届全国大学生创新创业年会上进行学术交流。

（21）彭洪涛，严赞开，衷明华．如何制作化学微课并运用于教学中——以实验室用高锰酸钾制取氧气为例［J］．中学化学教学参考，2016（16）：71 - 72．

（22）邓玉珊，彭洪涛，严赞开．应广东高考改革，分析 2011 至 2015 年高考全国卷Ⅰ之化学选择题的题型及答题技巧［J］．数理化解题研究，2016（16）：77 - 78．

（23）彭洪涛，朱杰鹏，余文龙，黄晓霓，黄沁怡．潮商创业精神对中职生的创业指导意义［J］．文教资料，2017（3）：151 - 152，156．

（24）彭洪涛，严赞开，衷明华．浅析翻转课堂"翻"出的问题和对策——以化学翻转课堂教学为例［J］．中学化学教学参考，2017（8）：5 - 6．

（25）彭洪涛．中职学校开展创业教育的研究——以广东省陶瓷职业技术学校为例［J］．教育观察（下半月），2017（14）：95 - 96，105．

（26）彭洪涛，严赞开，衷明华．基于核心素养的化学实验改进研究——以"铜与浓硝酸、稀硝酸的反应"为例［J］．中学化学教学参考，2017（增刊）：34 - 35．

谢丽璇

姓名：谢丽璇　　性别：女　　政治面貌：共青团员　　学号：2014131239
生源地：广东省汕头市
就业单位：广东省汕头市龙湖区十一合小学
学习心得：人，最大的敌人是自己。

在校期间担任职务：

（1）2015—2016 学年，担任化学与环境工程学院定向越野队领队。

（2）2016—2017 学年，担任化学卓培班副班长。

获奖及发表论文情况：

（1）2016—2018 年参加省级创业实践项目"Dada 多媒体动画工作室"（项目编号：201710578039，审批文号：粤教高函〔2017〕148 号）。

（2）2015 年谢丽璇、张晓婷的作品《潮州肠粉的制作》在第三届全国微课（程）优质资源展示会中获二等奖。

（3）2015 年谢丽璇的作品《酸的化学性质》在第三届全国微课（程）优质资源展示会中获三等奖。

（4）2015 年林雪玲、谢丽璇的作品《乙醇的结构》在第三届全国微课（程）优质资源展示会中获三等奖。

（5）2016 年谢丽璇的作品《苯酚》在第五届全国高等院校化学专业师范生教学素质大赛教学设计比赛中获二等奖。

（6）2016 年谢丽璇的作品《实验室安全事故案例分析（2）——中科院大连化学物理所一实验室发生爆炸》在第四届全国微课（程）优质资源展示会中获二等奖。

（7）2016 年谢丽璇的作品《实验室安全事故案例分析（3）——宁波大学一重点实验室起火》在第四届全国微课（程）优质资源展示会中获三等奖。

（8）2016 年林雪玲、周志思、谢丽璇、王静文的作品《化学与健康》在第三届全国中小学教师、高等院校师范生"翻转课堂"系列微视频大奖赛中获三等奖。

（9）谢丽璇，衷明华. 浅析无机工业流程题中物质分离提纯常用的物理、化学方法［J］. 中学化学教学参考，2017（16）：71 – 72.

（10）谢丽璇，黄俊生，文剑辉，柯东贤. 基于元素周期表的化学飞行棋游戏的设计与实现［J］. 教育观察（下半月），2018（2）：49 – 51.

第二章 走向实践

化学卓培班学生赴普宁二中跟岗广东省骨干教师培训学习

连晓琳

2014 年 11 月 24—25 日，化学卓培班学生在化学与环境工程学院党总支书记王伟光及卓培班导师的带领下，到普宁二中进行了为期两天的跟岗学习。

跟岗期间，同学们观摩了由全国特级教师柳文龙主持的广东省名师工作室旗下的骨干教师的公开课；来自全省不同地区重点中学的骨干教师们为卓培班的同学上了一堂又一堂精彩的示范课。课后，大家积极讨论，集体评课。最后由广东省名师工作室主持人、韩山师范学院校友、特级教师柳文龙及广东第二师范学院的化学教育专家张秀莲教授对开课老师的表现做了精彩准确的点评与拓展。

张秀莲教授还为师生们开了"如何提高化学教学课堂效率"的讲座，介绍了最新的教学设计理念和前沿教育信息手段。

其间，柳文龙老师专门为卓培班的学生开设了骨干教师经验交流会，卓培班学生积极向名师求教。柳文龙老师阐述了个人对优秀教师培养的建议，强调智力与非智力因素并重，建议师范生在学习过程中，多学习各种新的教育理论，通过建立个人教育博客、多次"磨课"、参加模拟课堂训练及学习多种课堂教授类型等学习方式，不断努力，为将来成为一名优秀教师打下坚实基础。同时，名师工作室的其他成员根据自身多年的教学经验与卓培班学生分享了他们在应聘、教学、班级管理过程中的心得体会，并耐心解答了学生们在备课及专业学习等方面的困惑。

化学卓培班学生举行"微课之星"比赛

章佳仪

2015 年 4 月 1 日下午，化学与环境工程学院 2014 级化学卓培班在信息化工作室举办"微课之星"比赛。出席这次比赛的评委有院长袁明华，卓培班班主任黄俊生，指导教师赖鹤鋆，辅导员谢静、柯东贤以及两位信息化工作室的人员。卓培班中的 19 名学生带着自己精心制作的微课作品积极参加本次比赛。

比赛包括参赛选手微课展示、讲解和评委点评两个环节。比赛中，选手们都拿出自己的得意之作，带着饱满的热情向评委和观众讲解各自作品的设计理念，语言形象生动、条理清晰，展示了未来教师的风采。经过激烈的角逐，刘文龙的微课获得评委的一致好评，摘得本次微课比赛"微课之星"的头衔。由衷明华院长为"微课之星"颁发奖品以作鼓励。

这次比赛既锻炼了卓培班学生的设计创新精神和语言表达能力，也培养了学生们的教师技能。

践行八字真经，实现青春梦想

彭晓红

2015 年 7 月 13—19 日，韩山师范学院化学与环境工程学院三下乡"行知"社会实践服务队在汕头市龙湖区外砂镇南社村南侨小学开展以"践行八字真经，实现青春梦想"为主题的暑期"三下乡"社会实践活动。本次活动由辅导员柯东贤带领 36 名学生共同参与，内容包括支教、调研等方面。

7 月 12 日下午，"三下乡"服务队抵达南侨小学，为为期 7 天的下乡活动做好准备。次日上午，下乡开幕仪式在南侨小学礼堂隆重举行，出席本次开幕式的有南侨小学校长陈梅城、韩山师范学院化学与环境工程学院党总支书记王伟光、指导教师柯东贤等，以及服务队全体成员和南侨小学 200 多名学生。为期 7 天的暑假"三下乡"活动由此拉开帷幕。

青春展出新活力，支教秀出真风采。在为期 7 天的社会实践过程中，服务队队员们进行了丰富多彩、形式各异的授课活动，不仅有英语、语文等课堂性质学科，还有手工、音乐、武术等才艺课堂。此外，本次实践活动新增了体育、素质拓展两门课程，旨在提高学生的身体素质和品德修养。不同性质的课程培养了学生不同方面的才能，以此促进学生的全面发展。

春风化雨暖人心，无私奉献送温情。一切活动的成功进行，离不开后勤组的默默付出，他们细心负责地完成饮食、财产、医疗等方面的保障工作。在饮食方面，他们精打细算，绞尽脑汁准备食材，柯东贤老师更是亲自下厨，为服务队队员们准备可口的饭菜；在财产方面，他们提前完成了资金预算工作，确保了下乡活动的顺利进行；在医疗方面，他们时刻准备着应急药品，以确保服务队队员和学生的健康。他们热情、体贴、负责、任劳任怨，"俯首甘为孺子牛"无疑是对他们的最好诠释。

深入农村，服务社会。7 月 18 日，"三下乡"服务队队员们前往外砂镇南社村参观王家宗祠，了解王家宗祠的建成历史，并结合宗祠对当地的影响深入挖掘其研究价值。

怀感恩之心，将爱传承。在"三下乡"社会实践活动结束的第二天，各支教班主任在最后一节课主持召开以"感恩的心"为主题的班会课。本次主题班会主要分为播放 PPT、视频与赠送礼物两个环节。在 PPT、视频展示环节，各支教班主任通过展示每位学生与"三下乡"队员们在活动期间的点点滴滴，重温了师生间的美好记忆，传达出浓浓的师生情；在赠送礼物环节，各支教班主任向学生赠送了饱含美好祝福的礼物，祝愿他们健康、快乐地成长。

7 月 19 日上午，服务队在南侨小学礼堂成功举办以"践行八字真经，实现青春梦想"为主题的暑期"三下乡"社会实践活动闭幕式，南社村书记王明如、南侨小学校长陈梅城、韩山师范学院化学与环境工程学院党总支书记王伟光、指导教师柯东贤等出席本次仪式并观看了成果展：活力四射、热情洋溢的健美操；天真活泼、悦耳动听的歌曲《小叮当》《哆来咪》《宠爱》《童年》；曼妙柔美、韵味十足的舞蹈《踏浪》《最炫民族风》和 *Good Boy*；刚劲有力、整齐划一的拳术及双节棍表演；语调高昂、情感真挚的朗诵《学会感恩》《因梦结缘，情系南侨》。作为一场视觉与听觉上的盛宴，闭幕式让人回味无穷。在成果展示环节，领导、教师、家长参观了"三下乡"服务队员精心准备的书法、手工、手抄报、照片墙等学生成果展，他们在称赞成果展的同时，也对"三下乡"队员们的实践成果给予了肯定。

至此，为期 7 天的"三下乡"活动圆满落幕。此次"三下乡"社会实践活动为服务队全体队员搭建了一个锻炼的平台，磨炼了他们的意志，增强了他们的责任感和使命感，提升了他们"服务农村，传播先进的科学技术和文化知识"的思想。

知名企业销售总监周伟平为化学卓培班学生开讲授课

余文龙

2015 年 12 月 8 日上午，化学与环境工程学院卓培班创业教育选修课照常在东丽 B 区伟南楼 105 室开讲。化学与环境工程学院 2006 届优秀校友、广东省翔鹭钨业股份有限公司销售总监周伟平先生应邀为化学卓培班学生授课。

此次授课内容主要包括"企业管理"和"市场营销"两个方面。周伟平总监从"什么是管理""怎样进行管理"和"沟通"等方面出发，结合自身工作实例向学生们介绍了企业管理的作用，分析管理者的传统和现代定义，以及管理者应当具备的基本素质，并详细讲解了管理的方法，强调"做好与员工之间的沟通工作"对企业有序、高效运作的重要性。

在讲授"市场营销"时，周伟平总监通过讲述市场营销在企业中的地位演变过程，说明现代市场营销观念的核心是适应和满足顾客的需求，进而不断扩大市场营销，并围绕"出发点、中心、手段和目的"剖析市场营销和推销两者的本质区别。同时，他还认为，做好市场营销的三要素是市场导向、切实可行和品牌策划。

课后，卓培班全体学生对周伟平总监的到来和精彩的授课表示深深的感谢，也表明了会在今后的工作中运用规范的管理方法、灵活变通的思维去管理学生或企业员工的决心。

化学卓培班学生举行试讲活动

方秋璇

2015 年 12 月 21—28 日，化学卓培班在东丽 B 区伟南楼 104 室和 105 室分批进行了试讲活动。化学与环境工程学院院长衷明华及化学卓培班全体学生参加了此次活动。

此次试讲内容选自本学期课程"分析化学"，全体学生自由选择自己的讲课内容，规定在 8 分钟内完成知识点的讲解。试讲台上，学生们充分运用传统教学与多媒体教学相结合的方式，从不同的角度入手，展现各自独特的教学风采。或对定义、公式进行推导，加以做习题进行巩固；或从习题讲解着手，层层剖析，引出知识点，最终揭晓答案。虽然是首次试讲，但大家毫不怯场、教态自然、语言流畅，台下听众也能积极参与到教学互动环节中。

衷明华院长对学生们的优秀表现给予肯定。他指出，本次试讲活动的主要目的是锻炼大家的胆量、提升讲课能力，同时也让卓培班学生都能适应特殊培养模式——"5＋2＋1"，多学习、多实践、善总结。他一一指出试讲过程中出现的各种问题，希望学生们能不断改进、不断提高，多花时间学习课本知识，掌握教师基本技能，为 2016 年的全国高等院校化学专业师范生教学素质大赛做好准备，也为早日成为一名优秀的教师打好基础。

最终，此次试讲以全班学生投票的方式选出 7 位表现优秀者，并给予书籍奖励。

化学卓培班学生参加"粤东基础教育学科群"成立仪式暨理化培训班

余文龙　　章佳仪

　　2016年5月7日，由我校广东省中小学教师发展中心组织筹办的"粤东基础教育学科群"成立仪式暨理化培训班在文科楼404室进行，来自东莞台商子弟学校的吴美玲老师主讲了"理化教学任意门"一课。化学卓培班20位学生有幸参加此次培训，与广东省中小学教师发展中心骨干教师一同学习化学课堂教学的高效授课方式。

　　培训班上，吴老师"三声礼炮"的课堂导入迅速吸引了师生的注意力，她紧紧围绕"just do it"的主题，开展"神奇的杯子""巴克球""寻找重心"等一系列探究活动，使现场的每一位师生都积极融入其中，感受动手操作的乐趣。她认为，最好的教学方法就是让学生动手实验、观察实验，摒弃以往纸上谈兵的方式；通过有趣的实验操作，让学生乐于学习，取得好的成绩，学会将科学、客观的学习方法运用在生活中，培养正确的价值观，这是教学的最终目的；利用学生自主实验、教师演示、网络资源、表演等各种形式活化课堂教学，呈现教学内容，实现教学目标。

此外，她还从教师授课、学生学习及课程安排等方面对大陆与台湾地区的教育方式进行了比较，讲述教师协同教学的重要性，并分享其教学理念。

培训课后，化学卓培班学生纷纷表示受益匪浅，培训课既丰富了自身教学理念，也为自己今后的教学之路指明了方向。同时，他们也与在场的教师们积极探讨化学课堂教学的方法，并表示希望今后能多参加此类型的教育交流活动。

刘东伟老师做客名师讲座

彭晓红 叶剑锋

2016 年 5 月 17 日下午，潮州市高级实验学校高级教师刘东伟应邀做客名师讲座，做题为"初中化学命题艺术研讨"的专题讲座。韩山师范学院教务处副处长杨映琳、实践科教师唐娜、化学与环境工程学院副院长林曼斌以及化学卓培班全体学生聆听了此次讲座。

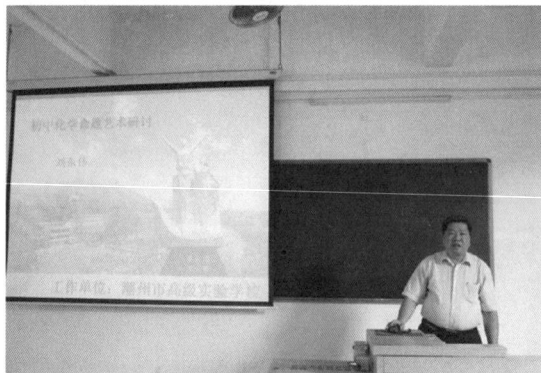

刘东伟老师围绕"命题前期准备阶段的技术规范""试题编制阶段的技术规范""组配试卷和研磨试卷阶段的技术规范"三个方面的内容，阐述了运用基本的现代教育考试和测量理论来研究和理解相关内容的重要性，如课程标准中考试可测的能力目标、行为标准（如技能和能力、过程和方法）及考试大纲、设计命题蓝图、制作命题的基本要求及双向细目表等；针对相关问题提出了意见，如注意命题双向细目表、试题的构成要素、试题编制的基本原则及要求、试题难度控制等；并详解了对试卷编制有着不可或缺的作用的内容，包括组配试卷的基本要求、试卷中试题排序的规则、撰写各类考试说明的要求及编辑试卷等。

与会学生围绕中小学教学及命题等方面的内容，积极主动与刘东伟老师交流，现场气氛活跃。教务处副处长杨映琳在讲座结束时也寄语学生们：通过加强知识储备、利用好教育实践的机会、积极参加说课等方面的比赛，让自己成长为一名自信、优秀的教师。

柳文龙老师做客名师讲座

梁铭培　黄采娜

2016 年 5 月 19 日晚，普宁市教育局教研室主任柳文龙应邀做客名师讲座，在东丽 B 区伟南楼 107 室做题为"磨砺，成就自己"的专题讲座。化学与环境工程学院副院长林曼斌、化学卓培班全体学生聆听了讲座。

柳文龙主任围绕"教师不能顶着'高、大、上'的帽子过活""教师不是通才、不是天才、不是保姆""教师是学生发展的奠基人、铺路者""教师不要欣然去接受那些苛刻的要求"四个部分的内容进行演讲，分享了自己对教师职业的认识，如教师的自我发展需做到"闻道先，术业有专攻"；教师在教学过程中要尽力去教学生，但不要妥协于一些苛刻的要求等。讲座让学生们更好地了解、认识了教师这个职业，以在未来的教育事业上把握好方向。

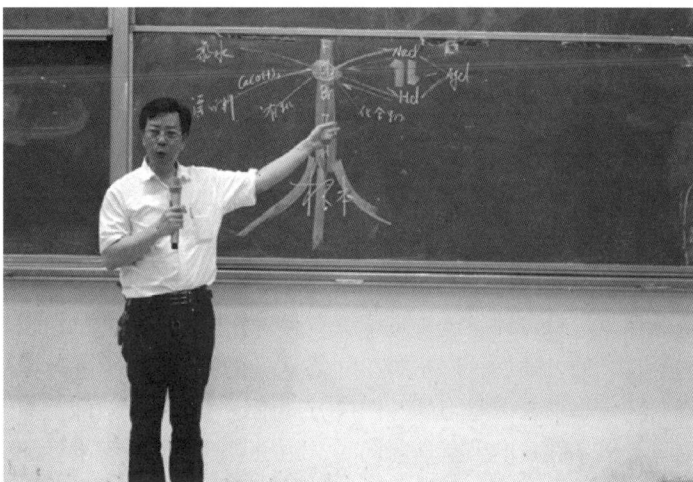

（柳文龙，韩山师范学院优秀校友，广东省中小学名师工作室主持人，广东省特级教师，全国高中化学优秀教师）

化学卓培班学生前往潮州市金山中学参加教学观摩活动

余文龙　　章佳仪

2016 年 6 月 16 日上午，化学与环境工程学院 2014 级化学卓培班全体学生在学院院长衷明华、副院长林曼斌等人的带领下前往潮州市金山中学进行教学观摩活动，与各地中学化学骨干教师共同学习化学教学的精髓。参加此次学习活动的人员主要有汕尾市中学化学骨干教师，华南师范大学、广东第二师范学院和韩山师范学院的师生。

本次教学观摩活动主要包括名师授课、教师点评、教学讲座三个环节。

授课前，潮州市金山中学负责人向在场人员介绍该校在 2015 年高考中取得的辉煌成绩，认为这离不开学生的勤奋学习和教师的悉心栽培。来自汕头市金山中学的王老师主讲了"一定物质的量浓度溶液的配制"复习课，他以物质的量的桥梁作用作为切入点，借助多媒体工具，紧密结合高考考点，将此知识点完美呈现。衷明华院长等人对课堂进行点评，既肯定了王老师对知识点讲解的出色表现，也指出了其中存在的不足之处。随后，广东第二师范学院化学系的张秀莲教授从爱心与情感、教学模式、构建思维及课堂与高考四个方面阐述了她对高效课堂的思考，并结合自身教育故事，倡导教育的公益性。同时，她也对教师的教学设计和试题讲解提出了建设性的建议，以期更好地帮助中学化学教师提升备课效率。

自 2014 年开班以来，化学卓培班学生已多次开展此类教学观摩活动，旨在进一步充实学生先进的教育教学理念，以便培养优质教师人才，满足现代教育的要求。

化学卓培班学生前往潮州市高级实验学校参加教学观摩活动

余文龙

2016 年 9 月 28 日，化学卓培班全体 20 位学生在学校党委组织部部长文剑辉老师和旅游与烹饪学院黄俊生老师的带领下前往潮州市高级实验学校参加化学优质课堂观摩活动。此次观摩主要包括授课和评课两个环节。

潮州市高级实验学校邱婵珍老师主讲了"原子的结构"一课。简练的语言、环环相扣的设计使整个教学过程流畅无比；她积极引导学生思考，鼓励学生勇于发言，充分体现了学生的主体性；借助多媒体技术将抽象概念形象化，层层递进的讲解符合学生的认知规律；灵活多变的教学手段使课堂充满活力。

随后，文剑辉老师对课堂进行点评，充分肯定邱老师在知识点讲解上的几大优点，并认为这值得在座的卓培班全体学生学习和借鉴。潮州市高级实验学校教导主任刘东伟老师强调在校师范生试讲的重要性，并欢迎卓培班学生时常到学校参加听课活动，逐步提高教学技能。

文剑辉老师向邱老师赠予其编著的《优秀教师成长之路》一书，对加强韩山师范学院与潮州市高级实验学校的教研活动寄予美好希望。

汕头市澄海南翔中学教师为化学卓培班学生开讲授课

林逸玲　谢怡冰　胡雅兰

2016 年 10 月 12 日下午，受学校党委组织部部长文剑辉老师的邀请，韩山师范学院优秀校友、澄海南翔中学教导主任陈永进老师在文科楼 603 室为 2014 级化学卓培班学生开讲授课。此次活动由化学与环境工程学院辅导员柯东贤老师主持。

陈永进老师从自身经历出发，以"初中化学教学策略"为题讲述教学 20 多年来的收获与感受。他认为，一个教师的价值体现在引导学生成为一个更好的人，教师自身要坚持不断地学习，加强能力，提高魅力。对于学生，教师要投其所好，从生活出发，激发其学习兴趣。陈老师分享的独特教学方法对提高课堂效率、促进学生的身心健康成长、做好教书和育人的工作具有重要的指导作用。此外，他还提出"十天定型说"，用于养成良好的学习、生活习惯，并借用"业精于勤，荒于嬉"激励卓培班学生不断积极进取。

讲座结束后，陈老师与化学卓培班学生互动交流，耐心为他们解答关于师范生就业、提高学生学习积极性的方法等热点问题。

此次授课，旨在帮助化学卓培班学生加深对教学技能与方法的理解，为今后成长为优秀教师打下坚实的基础。

化学卓培班学生前往潮州市绵德中学参加教学观摩活动

余文龙

2016 年 11 月 30 日上午，化学与环境工程学院 2014 级化学卓培班全体学生在黄俊生老师的带领下前往潮州市绵德中学进行教学观摩，绵德中学陈喜梅老师主讲"钠的重要化合物"一课。

课堂上，陈老师贯彻了"化学是以实验为基础的学科"理念，落实了新课程教育改革提倡的"一切为了学生的发展，弘扬学生的主体性"的宗旨。陈老师从指引学生动手完成实验到学生通过实验现象学会自己解释其中的化学原理，最后总结学生的正确与漏缺之处，层层递进、环环相扣，将课堂交给学生，充分体现学生的课堂主体性。此外，她还借助现代多媒体技术，将抽象知识生动形象化，便于学生理解和记忆。

课后，卓培班部分学生观摩了绵德中学另一位教师的同一课堂，希望能从同课异构中得到更多的启发，积累更多的师范生必备技能，进一步提升自我。

化学卓培班学生前往潮州市益盛中学参加教学观摩活动

余文龙

2016 年 12 月 7 日，化学与环境工程学院 2014 级化学卓培班全体学生在辅导员柯东贤老师的带领下前往潮州市益盛中学参加教学观摩活动。

益盛中学校长廖子盛带领柯东贤老师以及化学卓培班学生参观了该校。他介绍，益盛中学由潮州市旅外乡亲詹俊鸿先生之子詹培忠先生捐赠所建，学校配备完善的教学设施，采用多媒体教学，紧跟现代教育的步伐。

益盛中学蔡旭敏老师主讲了"二氧化碳的性质"一课。她从二氧化碳的物理性质和用途入手，使学生对二氧化碳有了初步的认识；通过探究性实验，充分发挥学生的课堂主体性地位，结合演示实验和多媒体教学，化抽象为形象，一步步揭开二氧化碳的神秘面纱。

课后的交流会上，蔡老师向与会人员介绍其教学思路和设计目的，一一解答卓培班学生对此次课堂教学的疑惑，并传授化学教学中的实用技巧。

校长廖子盛指出，化学教学中存在诸多不可忽视的细节，这些细节的发现和完善靠的是不断实践和积累；并围绕汉字"聪"，讲述化学课堂要充分调动学生的"耳""口""心"等感官，激发学生的学习兴趣。他还提出一名优秀化学教师的三大标准：具备化学专业素养、沉得住气和具备课堂应急处理能力，用

"纸上得来终觉浅，绝知此事要躬行"告诫卓培班学生实践得真知，并表达了深化益盛中学与韩山师范学院学习交流的愿望。

为进一步加强学生的教学技能，化学卓培班自2014年10月成立以来多次前往各中学参加各类教学观摩活动，足迹遍布潮州、揭阳等地。班里每一位成员都十分珍惜每一次外出学习的机会，不断汲取一线教师的宝贵经验，充实自我，力争早日成为一名卓越教师。

化学卓培生刘文龙作日本交流学习报告

曾琪　朱锡萍

2016年12月14日晚，化学卓培生刘文龙在东丽B区伟南楼103室为2014级化学专业学生作学习交流报告，分享了自己在日本游学期间的经历。

刘文龙介绍，此次日本游学，他领略了日本传统文化，了解并学习当前最先进的科学技术和日本目前的科技产业发展。他以图片和视频的形式向在座的学生展示了名古屋科学馆的科技品、大同大学优美的校园环境以及其在日本期间的所见所闻。谈及此次赴日学习，他表示受益匪浅，对以后的学习发展有很大帮助。

辅导员柯东贤老师指出，我们在领略日本文化的同时，看到日本整洁干净的街道、严谨的垃圾分类和先进的科学技术，应有所反思、有所行动，并向学生们

提出"将课室垃圾带走，留课室一片净土"的要求。

据悉，此次日本游学得益于由日本科学技术振兴机构举办的、我校与友好学校日本大同大学联合申请参加的"日本·亚洲青少年科学交流项目"。化学卓培班学生刘文龙作为化学与环境工程学院的学生代表，与我校其他院系9位学生一同于11月13—26日在日本进行了为期2周的交流学习。

化学卓培班学生参加"第五届粤东基础教育改革论坛"

林逸玲 陈倩

为探讨基础教育领域培养学生核心素养的理论和实践问题，推动粤东基础教育改革，2016年12月9日，韩山师范学院举办了为期一天的"第五届粤东基础教育改革论坛"。化学卓培班全体学生参加了此次以"核心素养培养及基础教育课程改革"为主题的论坛。

上午，我校在伟南楼国际会议中心举办论坛开幕式及"中国好老师"公益行动计划粤东片区启动仪式。随后，化学卓培生聆听了北京师范大学辛素飞教授的论坛主题报告"中国学生发展核心素养研究报告"。

下午，我校在东区理科大楼202教室举办专家讲座，该讲座首先由全国优秀教师刘淑君老师开讲授课。课上刘淑君老师播放了"原子与分子"的示范课视频，随后讲述了以生活经验引入课本知识、加深学生理解的重要性。刘老师强调当好一名好教师的首要前提是要爱学生，在注重课堂教学的同时，注意培养学生的核心素养。课后，全国优秀教师柳文龙等骨干教师就该讲座内容对刘淑君老师进行了充分肯定，并提出了自己的意见。

接着，潮州市金山中学校长陈楚绵讲述了《高中学校目前的真实现状》。他总结了金山中学近年来的教学成果和决定教学质量的三个因素。其后，阐述了关于教师教学积极性、代课问题以及对教师学历的要求三个方面的内容。最后，各骨干教师就陈楚绵校长"关于教师学历要求"发问，我院院长衷明华则认为各学校用人"不应以学历一刀切"。

此次基础教育改革论坛旨在培养学生核心素养的理论和实践能力，为化学卓培班学生以后的教师生涯打下坚实的基础。

江西师范大学姜建文教授一行与化学卓培生开展交流学习

谢怡冰　郑少丽

2016年12月16日上午，我校化学与环境工程学院与江西师范大学化学化工学院在东丽B区食堂三楼会议室开展学习交流会。出席会议的嘉宾有江西师范大学姜健文教授、李永红教授、刘晓玲教授。同时，我院副院长林曼斌、任乃林，党总支书记王伟光，辅导员柯东贤以及化学卓培班全体学生共同参加了此次会议。会议由院长衷明华主持。

会上，姜健文教授以"聚良师，会集众家精华；共奋斗，铸造教育英才"的话语开篇，从历史文化底蕴深、教师团队实力强、服务学生领域宽、学生努力效果好、招生政策实惠多等方面娓娓道来。其中，在服务学生领域方面，姜健文教授从三年研修出发，表示应让学生从学业、实习、实践方面循序渐进地发展。姜教授特别提及"国培"项目，表示在国培期间学校会聘请一些优秀教师交流，让学生们在听取专家报告的同时，自主参与，实现全面发展。对于努力钻研的学生，学校会给予更多的机会，让其参加全国性专业技能比赛和学术会议。谈及招生政策实惠方面，姜教授表示应从奖学金、报考志愿方面入手，对招生政策实惠作了简要概述。最后，姜教授希望学生们在江西师范大学开启另一段梦想之旅。另外，李永红教授额外补充说明了少数民族骨干教师培养的专项计划和国内外保学政策。

在姜教授详细耐心的介绍后，化学卓培班学生就研究生考录比以及报考门槛等问题悉心向教授们请教。一番互动解答后，院长衷明华就我校历史、实验教学部署和学生实验形式向江西师范大学的教师们做了详细的介绍，让他们充分了解韩山师范学院的教学工作开展情况，并感受我校教师严谨的治学之风和学生一丝不苟的学习态度。

最后，微课联盟会长林晓宏以奇妙的微课软件、绚丽的微课作品和精彩的操作成功吸引了江西师范大学教师们的注意；他还将软件分享给他们，实现资源共享。在微课程交流中，林晓宏赢得教师们的一致好评。

此次交流活动旨在提供平台让化学卓培班学生了解江西师范大学研究生招生情况，希望通过微课程交流把我院微课发扬光大，在相互学习中达到共同进步的目的。本次活动取得了良好的效果。

潮商创业教育团队走进广东省陶瓷职业技术学校开展教育实践活动

余文龙

2017年3月13日上午，国家级大学生创新创业训练计划项目组——潮商创业教育团队全体成员走进广东省陶瓷职业技术学校开展教育实践活动，并做了"潮商创业精神——创业与职业生涯发展"专题课程讲座。广东省陶瓷职业技术学校党总支书记郑桂斌，分团委书记陆汉荣，项目指导教师黄俊生、柯东贤一同参加了此次教育实践活动。

项目负责人彭洪涛为广东省陶瓷职业技术学校 2016 级艺术设计专业学生做了融入潮商创业精神的"潮商创业精神——创业与职业生涯发展"专题课程讲座，他从创业的定义、著名商帮等方面步步引入潮商创业精神。围绕老一代林百欣、李嘉诚、中生代马化腾以及新生代王锐旭等著名潮商的创业经历，剖析其中蕴含的商机以及潮商营销特点和精神，引导学生树立正确的职业生涯规划，平衡好专业与兴趣之间的关系。同时，该项目组团队成员还与学生积极互动，解答他们关于创业就业的困惑。

据悉，韩山师范学院潮商创业教育团队为做好创业教育工作，历时 2 年在广东省陶瓷职业技术学校、潮州市虹桥职业技术学校、潮州市高级技工学校开展教学调研，依此编写了一套本土化的教材并发表相关学术论文。目前，潮商创业教育已成为国家级大学生创新创业训练计划项目，该团队还在不断前进的路上。

化学卓培班学生举办说课比赛

韦晓嘉

为了帮助师范生熟悉"说课"方式、锻炼口述能力、提高师范专业水平、迎战学校说课大赛，2017 年 3 月 30 日上午，化学卓培班在伟南楼 202 室举办班级说课比赛。化学与环境工程学院副院长林曼斌担任此次主评委。

经过初步筛选，本次比赛还剩下 6 名选手，选手需以 PPT 的形式对自选课程内容进行描述。比赛过程中，选手以自己独特的方式分别从教材内容、学情分析、教学目标等方面向观众展示他们精心备课的内容。其中，选手邓玉珊充分利用眼神交流、手势动作展现她向学生讲解"化肥的化学性质"这一课题的过程，课题内容丰富，并运用音频工具，结合社会现实、情景角色扮演等新型教学方法，达到了很好的教学效果，吸引了评委的注意力，带动了现场的气氛。

在评委点评环节中，副院长林曼斌就选手的选材、语言、效果等方面进行逐一点评，建议选手多关注热点，选材要新颖，亮点要突出，鼓励选手加强语言功底，增强说课效果。选手纷纷表示受益匪浅。

最终，本次比赛选出邓玉珊、彭洪涛、周志思 3 名选手参加我校举行的说课大赛。

化学卓培生彭洪涛做"创业与职业生涯规划"专题讲座

化学与环境工程学院

2017 年 9 月 7 日下午，应广东省陶瓷职业技术学校的邀请，潮商创业教育团队走进该校开展教育实践活动。潮商创业教育团队队长、化学与环境工程学院学生彭洪涛为广东省陶瓷职业技术学校 2017 级全体新生做融入潮商创业精神的"创业与职业生涯规划"专题讲座，希望让新生能在开学之际就感受到潮商老一辈的艰苦奋斗精神，并能提早规划好自己的职业生涯。

此次"创业与职业生涯规划"专题讲座是基于潮商创业教育团队对"融入潮商精神的中等职业技术学校学生创业教育研究"这一课题的深入研究。该课题通过理论与实践的结合，编写本土化、校本化的中职教育教材 3 本，并发表了相关学术报告、学术论文。

面对一群刚从义务教育阶段步入中职学校的学生，彭洪涛从学生们的梦想、对创业的理解等方面展开讲解，与在场的学生积极互动，营造了活泼轻松的学习氛围。围绕老一代潮商李嘉诚、新生代潮商王锐旭等人的创业经历，剖析其中蕴含的商机以及潮商营销的特点和精神；同时列举中国工艺美术大师谢华的实例，强调创新的重要性。彭洪涛而后解答学生关于创业就业的困惑，告诉他们要有进行自我认知的意识，平衡好专业与兴趣之间的关系，引导学生树立正确的职业价值观和做好职业生涯规划。

最后，彭洪涛借助游戏和互动解答环节，针对中职生当前应当如何做好创业与职业生涯规划提出了建议，不但要在日常学习生活中培养创业的心和创新意识，而且要关注团队学习、锻炼组织管理能力，更要抓住机遇，利用当前"互联网＋"的优势，实现创业梦。

"融入潮商精神的中等职业技术学校学生创业教育研究"已成为国家级大学生创新创业训练计划项目并取得了丰硕的成果。今后，潮商创业教育团队还会开展更多此类职业、创业教育活动，用理论指导实践，以实践丰富理论，在为中职生职业生涯引路导航的道路上不断前行。

潮商创业教育团队简介：

潮商创业教育团队是由高校创业指导教师黄俊生、柯东贤，学生彭洪涛、余文龙、朱杰鹏、黄沁怡、黄晓霓等共同组成的团队，主要研究方向为融入潮商创业精神的大学生—中职生—中学创业教育，已形成系列研究成果。

团队目前主持的关于潮商创业精神创业教育的省、厅级项目有 5 项，国家级大学生创新创业创业团队 1 项，发表论文多篇，自编潮商创业精神的大学生—中职生—中学创业教育系列教材多部，在"挑战杯"广东省大学生"创新""创业"大赛获一等奖、银奖等多个奖项。

2017 年，团队以项目"基于潮商创业精神视角下的中职生创业教育"的教育成果代表广东省大学创新创业论文成果，参加全国大学生创新创业年会。

铝的重要化合物①

化学卓培生：连晓琳

指导教师：林燕如

一、教学设计思路分析

1. 教材依据

本课选自人教版高中《化学》必修 1 第三章"金属及其化合物"第二节"几种重要的金属化合物"的第二课时。

2. 教材分析

（1）从教材编排看，课本中对"铝的重要化合物"的教学安排，是以"科学探究"的形式呈现的，希望学生通过两个探究实验来掌握氧化铝、氢氧化铝的物理性质和化学性质。铝的重要化合物与钠、铁的重要化合物共同作为金属化合物代表，从化合物层面进一步解释第一节"金属的化学性质"，又承接第三节"用途广泛的金属材料"，同时为《化学》必修 2 元素周期律中的金属部分奠定基础。

（2）从教学价值来看，根据化学课程标准要求，学生通过观察和探究日常含氧化铝、氢氧化铝的物质，了解铝的化合物对人类生产、生活的影响，初步认识物质的用途与性质之间的关系，建立"由生活走向化学，从化学走向社会"的知识理念，由此认识到学习化学的意义。

---

① 本文获 2016 年第五届全国高等院校化学专业师范生教学素质大赛教学设计比赛一等奖。

3. 学情分析

（1）知识储备。

基于第一节"金属的化学性质"、第三小节"铝和氢氧化钠溶液的反应"及第一小节"钠的重要化合物"的学习，学生对铝的化合物已有一定的认识，同时第二章"离子反应"和"物质的分类"为学习铝的化合物提供了理论基础。然而两性物质对于学生来说是一个完全陌生的概念，学生易对此产生混淆，不能准确定义，且铝不同于钠，形成粒子可为 Al、Al^{3+}、AlO_2^-、$Al(OH)_3$，其转化更是学生学习的难点。

（2）实验基础。

高一学生对实验操作饶有兴趣，第一章实验仪器操作的学习已为自主合作探究实验奠定了工具性知识的基础。教材中"氢氧化铝的制备"和"氢氧化铝分别与盐酸、氢氧化钠反应"两个实验内容清晰，但是彼此之间的联系不大，且对铝及其典型化合物之间的转化关系没有明确描述，需要教师额外补充内容才能让学生厘清铝与其典型化合物之间的转化关系。因此，在学生系统掌握理论知识的基础上，让学生自主合作探究设计创新实验，并在建立铝三角的同时高效复习。

4. 教学设计思路

首先，以工业冶炼铝的流程图为载体，将铝、氧化铝、氢氧化铝各个知识点整合。其次，在分析流程图的过程中穿插各个知识点的讲解，形成"单质—氧化物—碱—盐"的思路，帮助学生更好地掌握 Al、Al^{3+}、AlO_2^-、$Al(OH)_3$ 的转化。最后，提供实验药品和仪器，让学生自主合作设计实验，快速高效复习和应用。

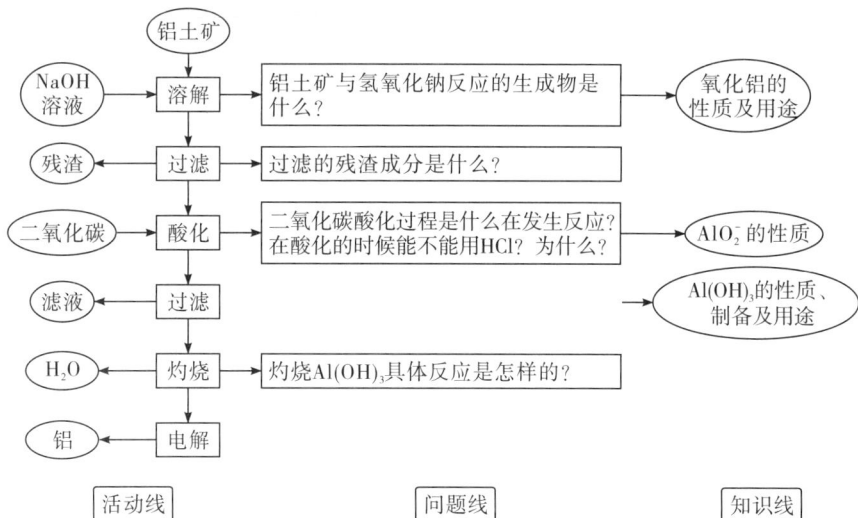

二、教学目标

（1）知识与技能：

①掌握氧化铝、氢氧化铝的物理化学性质及其在生产、生活中的应用，学会制备氢氧化铝。

②准确定义两性氧化物、两性氢氧化物的概念。

③建立铝三角，熟悉物质之间的转化。

（2）过程与方法：在情境下，借助问题导向，掌握新的基本原理后进行创新探究实验。

（3）情感态度与价值观：

①借助类比迁移思想，掌握猜想假设验证的科学探究理念。

②通过探究实验，逐步形成辩证唯物主义的世界观。

③通过小组协作，体会共同学习的乐趣。

三、教学重难点

（1）确立依据：新课程要求、学生的知识水平和个性特点。

（2）教学重点：两性氧化物、两性氢氧化物的定义，Al_2O_3 的性质，$Al(OH)_3$ 的性质和制备。

（3）教学难点：两性氧化物、两性氢氧化物的定义，铝三角的建立。

（4）解决方案：

①回忆酸性物质和碱性物质的概念，再引入两性概念，这样才符合学生的认知规律。

②根据实验现象书写离子方程式，将宏观现象与微观反应连接起来，帮助学生建立铝元素各个粒子转化的铝三角。

四、教法学法分析

（1）教法：问题启发式、情境导学、实验演示、多媒体辅助讲解教学。

（2）学法：问题讨论法、实验探究法、小组合作法、学案导学法。

五、教学过程

（一）环节一：新课导入氧化铝的性质

1．教师活动

（1）讲解：根据导学案，我们知道铝箔燃烧不会滴落是因为生成了氧化铝，课本上一节中提到"氧化铝也能与酸或碱反应"。在第二章"物质的分类"中，我们知道酸性氧化物能与水作用成酸或与碱作用成盐；同理，碱性氧化物能与水作用或与酸作用成盐。这种既可以与酸反应又可以与碱反应的氧化物称为两性氧化物。

（2）板书：

一、氧化铝

两性氧化物：像氧化铝一样，既可以与酸反应又可以与碱反应的氧化物

（3）要求：写出氧化铝与酸碱反应的离子方程式。

（4）板书：

化学性质：$Al_2O_3 + 6H^+ === 2Al^{3+} + 3H_2O$

$Al_2O_3 + 2OH^- === 2AlO_2^- + H_2O$

（5）自学：给学生两分钟时间阅读课本，完成知识清单"氧化铝的物理性质"的填写，并且小组讨论，交换导学案课前第3题"生活中出现氧化铝的物质"的答案。

（6）PPT图片展示讲解：由铝箔燃烧生成致密的氧化铝可知道氧化铝是不溶于水的白色固体，硬度大，熔点高，是优良耐火材料，天然产 $\alpha - Al_2O_3$，俗称刚玉。

（7）板书：

物理性质：难溶于水，熔点高，坚固

（8）提问：邀请小组代表上台分享生活中的氧化铝。

（9）PPT图片辅助讲解：氧化铝在生活、生产中应用广泛。由于熔点高、硬度大，氧化铝可作为耐火材料、可制作坩埚，且广泛应用于各种家电表面，像空调、抽油烟机等；又因为其活性高，故可以作为活性干燥剂等。

2．学生活动

（1）校正并填空：校正导学案中课前问题第 1、2 题，完善导学案课中知识清单"两性氧化物的定义"。

（2）书写并参照板书校正：

$$Al_2O_3 + 6H^+ === 2Al^{3+} + 3H_2O \qquad Al_2O_3 + 2OH^- === 2AlO_2^- + H_2O$$

（3）自学：阅读课本，自主完成导学案课中知识清单"氧化铝的物理性质"的填写，与小组成员讨论分享课前上网找到的关于氧化铝在生活中的应用的实例。

（4）观看 PPT 并校正答案。

（5）发言：小组代表上台与同学们分享小组课前上网找到的关于氧化铝在生活中的应用的实例。

（6）校正：观看 PPT 图片，倾听老师讲解，校正知识清单"氧化铝的用途"。

3．设计意图

（1）复习引入由已知向未知过渡，体现知识的连贯性。

（2）书写离子方程式，帮助学生从微观角度理解反应原理。

（3）自学活动调动学生课堂积极性，使学生参与到课堂中来。

（4）小组合作学习，共同进步。

（5）认识"性质决定用途"，体现化学的生活美。

（二）环节二：AlO_2^- 离子的性质

1．教师活动

（1）引导：PPT 展示工艺流程图，根据工业冶炼铝的流程图，向学生提出问题："铝土矿与氢氧化钠反应的生成物是什么？""过滤的残渣的成分是什么？""二氧化碳酸化过程是什么在发生反应？"

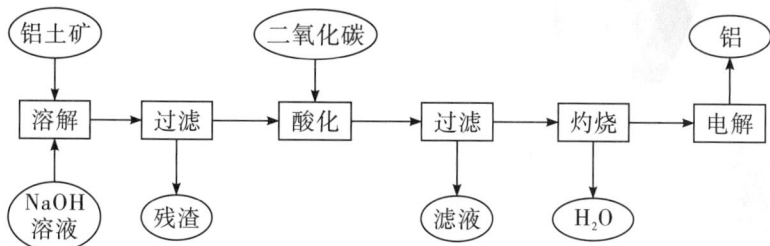

（2）互动：邀请学生上台书写两个方程式，并与同学们一起对其进行校正。

（3）讲解：铝土矿的有效成分是氧化铝，那么不与氢氧化钠反应的物质就是 Fe_2O_3、SiO_2，即为残渣成分。根据氧化铝的两性特征可知，氧化铝与氢氧化钠反应生成偏铝酸根，根据离子反应可以知道反应式应为 $Al_2O_3 + 2NaOH =\!=\!= 2NaAlO_2 + H_2O$。

由图可以知道酸化过程也就是偏铝酸钠与二氧化碳在水中反应生成沉淀的过程。根据价键理论，可以猜测铝呈三价；根据离子反应原理，可以猜测该物质为氢氧化铝。

（4）副板书：

$$Al_2O_3 + 2NaOH =\!=\!= 2NaAlO_2 + H_2O$$

$$NaAlO_2 + CO_2 + H_2O =\!=\!= Al(OH)_3\downarrow + NaHCO_3$$

2．学生活动

（1）分析：书写方程式观察流程图，完成导学案课中反应方程式的书写，并思考提出的问题。

$$Al_2O_3 + 2NaOH =\!=\!= 2NaAlO_2 + H_2O$$

$$NaAlO_2 + CO_2 + H_2O =\!=\!= Al(OH)_3\downarrow + NaHCO_3$$

（2）互动：边听讲解边校正方程式。

3．设计意图

（1）创设情境，引入 Al_2O_3—AlO_2—$Al(OH)_3$ 的知识线，帮助学生建立铝三角。

（2）互动学习，体现课堂"以教师为主导，学生为主体"的宗旨。

（三）环节三：$Al(OH)_3$ 的性质

1．教师活动

（1）提问并引导："在酸化的时候能不能用盐酸？为什么？"从上一步中可以知道酸化过程即偏铝酸钠的酸化，产物为氢氧化铝。由之前所学知识已知铝、氧化铝都是两性物质，那么氢氧化铝是不是两性物质呢？假设它是两性物质，那么可不可以用盐酸来酸化呢？

（2）讲解并板书：

二、氢氧化铝

两性氢氧化物：既能和酸反应又能和碱反应生成盐和水的氢氧化物

（3）要求：根据猜想写出 $Al(OH)_3$ 与酸碱反应的离子方程式。

（4）板书：

化学性质：$Al(OH)_3 + 3H^+ \rightleftharpoons Al^{3+} + 3H_2O$

$Al(OH)_3 + OH^- \rightleftharpoons AlO_2^- + 2H_2O$

（5）问题引导并讲解：根据工艺流程图，猜想"灼烧 $Al(OH)_3$ 是根据其哪种性质，具体反应是怎样的"。反应物是氢氧化铝，产物有水和氧化铝，这是利用氢氧化铝的热不稳定性。

（6）板书：

$2Al(OH)_3 \xrightarrow{\triangle} Al_2O_3 + 3H_2O$

（7）讲解并板书：

根据上述实验现象，可以知道氢氧化铝是一种难溶于水的白色固体，在溶液中形成白色胶状沉淀，能吸附色素，常作为吸附剂。

物理性质：白色胶状，难溶于水，能吸附色素

（8）自由提问氢氧化铝除用作吸附剂外的应用实例。

（9）PPT 辅助讲解：氢氧化铝除了可作为净化水的吸附剂外，时常可在胃药中看到，起到中和胃酸的作用。

（10）演示实验：在实验室制备氢氧化铝，引导学生观察实验现象，书写反应方程式，并提问："为什么常用氨水与硫酸铝溶液反应制备氢氧化铝而不用氢氧化钠？"

（11）板书：

实验室制备：$Al_2(SO_4)_3 + 6NH_3 \cdot H_2O \rightleftharpoons 2Al(OH)_3\downarrow + 3(NH_4)_2SO_4$

（12）讲解：氢氧化铝沉淀能溶于氢氧化钠溶液，用氢氧化钠溶液与硫酸铝溶液制取氢氧化铝时，氢氧化钠溶液的用量不好控制。

2．学生活动

（1）思考：学生根据老师引导，类比猜想 $Al(OH)_3$ 也是两性物质，得出若酸化采用盐酸，$Al(OH)_3$ 会溶解。

（2）记录：完善知识清单中两性氢氧化物的定义。

（3）书写离子方程式：完善知识清单 $Al(OH)_3$ 与酸碱反应的离子方程式。

$Al(OH)_3 + 3H^+ == Al^{3+} + 3H_2O \quad Al(OH)_3 + OH^- == AlO_2^- + 2H_2O$

（4）猜想并书写方程式：灼烧过程的反应 $Al(OH)_3$ 分解为氧化铝和水。

$2Al(OH)_3 \xrightarrow{\triangle} Al_2O_3 + 3H_2O$

（5）记录：完善知识清单"氢氧化铝的物理性质"。

（6）自愿分享：自主回答氢氧化铝在生产生活中的应用。

（7）校正：完善知识清单中氢氧化铝的用途。

（8）观察实验现象，书写方程式并思考问题。

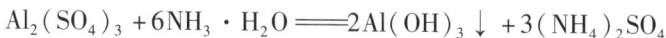

$Al_2(SO_4)_3 + 6NH_3 \cdot H_2O == 2Al(OH)_3 \downarrow + 3(NH_4)_2SO_4$

3．设计意图

（1）帮助学生形成"提出猜想—验证猜想"解决问题的思维模式。

（2）采用个人竞赛模式的提问，调动学生学习的积极性。

（3）培养学生观察实验现象、用化学语言准确描述实验现象的能力。

（4）补充铝三角的转化，同时为实验设计奠定理论基础。

（四）环节四：创新实验高效总结

1．教师活动

提供实验器材药品，辅助学生设计实验，验证氧化铝、Al^{3+}、AlO_2^- 的两性。

药品：氧化铝、盐酸、氢氧化钠、氨水。

仪器：滴定管、试管。

2．学生活动

分组合作设计实验，根据已学原理设计实验得出方案。

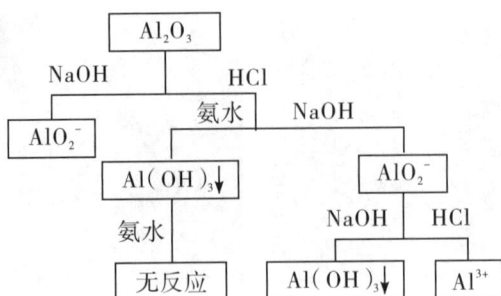

$$Al_2O_3$$

NaOH — HCl

氨水 — NaOH

$$AlO_2^-$$

$$Al(OH)_3\downarrow$$ — $$AlO_2^-$$

氨水 — NaOH — HCl

无反应 — $$Al(OH)_3\downarrow$$ — $$Al^{3+}$$

3．设计意图

分组合作建立铝三角，快速高效复习和应用新知识。

六、板书设计

主板书	副板书
一、氧化铝 两性氧化物：像氧化铝一样，既可以与酸反应又可以与碱反应的氧化物 物理性质：难溶于水，熔点高，坚固 化学性质： $Al_2O_3 + 6H^+ \rightleftharpoons 2Al^{3+} + 3H_2O$ $Al_2O_3 + 2OH^- \rightleftharpoons 2AlO_2^- + H_2O$ 二、氢氧化铝 两性氢氧化物：既能和酸反应又能和碱反应生成盐和水的氢氧化物 物理性质：白色胶状，难溶于水，能吸附色素 化学性质： $Al(OH)_3 + 3H^+ \rightleftharpoons Al^{3+} + 3H_2O$ $Al(OH)_3 + OH^- \rightleftharpoons AlO_2^- + 2H_2O$ $2Al(OH)_3 \overset{\triangle}{\rightleftharpoons} Al_2O_3 + 3H_2O$ 实验室制备： $Al_2(SO_4)_3 + 6NH_3 \cdot H_2O \rightleftharpoons 2Al(OH)_3\downarrow + 3(NH_4)_2SO_4$	偏铝酸根 AlO_2^- 铝土矿 → 溶解 → 过滤 → 酸化 → 过滤 → 灼烧 → 电解 NaAlO_2 二氧化碳 Al(OH)_3 Al_2O_3 铝 NaOH溶液 残渣 Fe_2O_3 SiO_2 滤液 $NaHCO_3$ H_2O $Al_2O_3 + 2NaOH \rightleftharpoons 2NaAlO_2 + H_2O$ $NaAlO_2 + CO_2 + H_2O \rightleftharpoons Al(OH)_3\downarrow + NaHCO_3$ AlO_2^- $Al^{3+} \rightleftharpoons Al(OH)_3\downarrow$

七、教学设计特色

（1）基于建构主义学习理论，搭设情境，以问题为导向，在工艺流程图的分析过程中，穿插知识点的讲解，鼓励学生结合类比思想，大胆假设，使学生在掌握理论知识的基础上，通过"提出猜想—验证猜想"的过程，准确定义两性氧化物、两性氢氧化物的概念，建立更清晰的物质分类观。

（2）提供简便仪器，分组合作设计实验。学生借助板书，发散思维，灵活运用物质转化原理，创新实验方案，从而建立铝三角。

八、导学案

"铝的重要化合物"导学案

一、学习目标

（1）掌握氧化铝的物理化学性质及其用途，并准确定义两性氧化物的概念。

（2）掌握氢氧化铝的物理化学性质及其用途，学会实验室制备氢氧化铝的操作，并准确定义两性氢氧化物的概念。

（3）自主建立铝三角。

二、学习思想

（1）灵活运用类比思想解决类似问题，由旧知识向新知识过渡，实现知识的迁移。

（2）建立"提出猜想—验证猜想"的科学探究模式，提高解决问题的能力。

三、课前

（1）铝箔燃烧时为什么不会滴落？

（2）酸性氧化物、碱性氧化物的定义是什么？

（3）（上网查询）生活中出现 Al 元素的物质有哪些？

四、课中

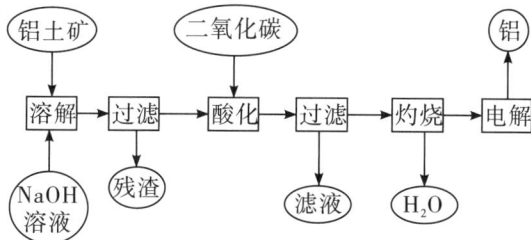

1. 根据流程图，回答下列问题

（1）写出铝土矿与氢氧化钠的反应方程式。

（2）过滤的残渣的成分是什么？

（3）写出二氧化碳酸化过程的反应方程式。

（4）写出灼烧时的反应方程式。

2. 知识清单

		氧化铝	氢氧化铝
物理性质			
化学性质	与酸		
	与碱		
性质—用途			
两性氧化物（氢氧化物）的定义			
Al^{3+}、AlO_2^-、$Al(OH)_3$ 的转化			

3. 设计实验验证氧化铝、氢氧化铝的两性，用流程图表述

仪器：滴定管、试管。

药品：氧化铝、盐酸、氢氧化钠、氨水。

五、课后

（1）下列关于氧化物的叙述中，正确的是（　　）。

A. 酸性氧化物都可以与强碱溶液反应

B. 与水反应生成酸的氧化物都是酸性氧化物

C. 金属氧化物都是碱性氧化物或两性氧化物

D. 不能与酸反应的氧化物一定能与碱反应

（2）锌和铝都是活泼金属，其氢氧化物既能溶于强酸，又能溶于强碱。但是氢氧化铝不溶于氨水，而氢氧化锌能溶于氨水，生成 $Zn(NH_3)_4^{2+}$。回答下列问题：

①单质铝溶于氢氧化钠溶液后，溶液中铝元素的存在形式为＿＿＿＿＿＿（用化学式表示）。

②锌和氢氧化钠溶液反应的化学方程式为＿＿＿＿＿＿＿＿＿＿＿＿。

（3）下列各组中的两种溶液，用相互滴加的实验方法即可鉴别的是（　　）。

A. 硫酸铝和氢氧化钠　　　　B. 硫酸铝和氨水

C. 硫酸锌和氢氧化钠　　　　D. 硫酸锌和氨水

（4）写出可溶性铝盐与氨水反应的离子方程式。试解释在实验室不适宜用可溶性锌盐与氨水反应制备氢氧化锌的原因。

《燃烧与灭火》复习拓展课

——以"8·12"天津港大爆炸为例，培养中学生对科学风险的认知与决策能力①

化学卓培生：王静文

指导教师：陈艳

一、教学背景总体分析

2015 年 8 月 12 日 23：30 左右，位于天津市滨海新区天津港的瑞海公司危险品仓库发生火灾爆炸事故，造成 165 人遇难，8 人失踪，798 人受伤，304 幢建筑物、12 428 辆商品汽车、7 533 个集装箱受损。截至 2015 年 12 月 10 日，依据《企业职工伤亡事故经济损失统计标准》等标准和规定统计，已核定的直接经济损失达 68.66 亿元。

时至今日，事故惨痛的结局在民众心中留下的伤口依然无法愈合。经官方调查组查明，事故的直接原因是瑞海公司危险品仓库运抵区南侧集装箱内硝化棉由于湿润剂散失出现局部干燥，在高温（天气）等因素的作用下加速分解放热，积热自燃，引起相邻集装箱内的硝化棉和其他危险化学品长时间大面积燃烧，导致堆放于运抵区的硝酸铵等危险化学品发生爆炸。所以说，这些惨痛的后果完全是相关人员不按科学规律办事造成的。如果相关人员事先已经对事件做好风险认知，并且对可能造成的后果做了详尽的评估与决策，那么天津港大爆炸的惨剧就不会发生。

因此，我们必须意识到，作为未来社会的接班人，当代中学生关于对科学风险的认知与决策能力的培养未受到重视，绝大多数中学对这方面的教育为空白。如何开设中学生科学风险认知与决策能力培养的课程是一个值得研究的内容。本节以天津港大爆炸事件为例，以九年级课程"燃烧与灭火"的复习拓展课为落脚点，尝试设计了一堂科学风险认知与决策能力培养的课程。

二、教学设计思路分析

1．选题思路

本课选用天津港大爆炸事件，其原因在于：

（1）从事件本身看，该事件已经引起了社会的广泛关注，且热度未消，熟

---

① 本文获 2016 年第五届全国高等院校化学专业师范生教学素质大赛教学设计比赛二等奖。

悉的事物容易引起学生进一步探索事件原委的好奇心；从学习心理上看，事件的后果惨痛，且与生活息息相关，能够激发学生学习兴趣，更重要的是培养其乐观的生活态度、求实的科学态度、宽容的人生态度。

（2）该事件不是发生在化工生产中，而是在现代物流中，说明化学风险已深入社会的每一个角落，值得全社会的关注。风险防范教育具有全社会性，应从中学生抓起。

（3）该事件涉及的化学药品种类较多，易于设计一个系统化的风险教育课程。

2. 教材分析

本节课选自人教版《化学》九年级上册第七单元课题1 "燃烧和灭火"。

本课题共包含三大内容：燃烧的条件、灭火的原理和方法以及易燃物和易爆物的安全知识简介。本课通过天津港大爆炸这一事件将这三点巧妙地融为一体。

3. 学情分析

本课题的内容难度不大，涉及的知识比较实用，学生较感兴趣，只要铺垫到位、启发得当，学生就能很好地掌握知识；而且，本教材在第一、二单元已涉及"燃烧"，故学生比较容易理解。

关于中学生科学风险认知与决策能力培养的教育，目前国内几乎是空白。所以，在风险事故频发的当下，国内中学生科学风险认知与决策能力严重缺失，但他们对课本所涉及的知识掌握得相对较扎实。

4. 教学设计思路

教学以风险线（x 轴）与评估线（y 轴）交织成一个二维平面，加之学生的思考线（z 轴），三条线交织构成三维立体教学过程，师生互动不断、环环相扣使课堂内容更加丰满。具体做法是：给学生一点困难，让他自己去解决；给学生一个问题，让他自己找答案；给学生一个机会，让他自己去锻炼；给学生一片空间，让他自己去开拓。注重学生优秀思维品质的培养，变被动为主动，变学会为会学，这样的课堂才能提高学生对知识的吸收率，真正达到传授知识的目的。

三维立体教学思路表

8·12（燃烧与灭火）	产生原因	可能后果	防范措施
灭火耗时久	学生思考		
"天津港大爆炸"	学生思考		
灾后环境问题	学生思考		

三、教学目标

STS 教育理念探讨和揭示科学、技术和社会三者之间的复杂关系，力求改变科学与技术的分离，以及科学、技术与社会脱节的状态。从某种意义上讲，教学过程中，对学生科学风险认知与决策能力的培养正是 STS 教育理念的贯彻与升华，让学生在研究科学、技术对社会产生的正负效应的同时，更具体深切地认知不可避免的科学风险，做出决策，努力将科学风险可能带来的损失降低到最低程度，使科学、技术与社会紧密结合在一起，更好地造福于人类。通过主体深度参与、同伴互助等形式进行知识建构，使"知识与技能""过程与方法""情感态度与价值观"三维目标有效融合和落实。

（1）知识与技能：回顾教材内容"燃烧的三个条件""灭火的原理和方法"及"易燃物和易爆物的安全常识"，并将其融入对天津港大爆炸事件的具体分析中，促使学生学会分析风险事件产生的原因、事件可能造成的后果，并根据具体事件给出科学合理的对策，将风险引起的危害降低到最低程度，即初步具备科学风险认知与决策能力。

（2）过程与方法：通过小组合作，观察事件表象，分析事件结果，提高观察能力、推理能力，学会筛选信息进行交流，学会评估风险事件的一般方法，即"产生原因→可能后果→防范措施"。

（3）情感态度与价值观：通过引导学生分析天津港大爆炸事件，惨痛的后果能够激发学生学习兴趣，更重要的是培养其乐观的生活态度、求实的科学态度、宽容的人生态度，巩固热爱科学及尊重科学的思想以及严谨求实、努力探索的优良品质。

四、教学重难点

（1）教学重点：将教材内容融入天津港大爆炸事件中，让学生全面精准地认知科学风险，从而加深对教材内容的理解与记忆。

（2）教学难点：培养学生面对科学风险时的决策能力，即能对科学风险可能带来的后果进行分析并给出正确的防范措施。

五、教法教学

启发式教学，课堂讨论与探究相结合。

六、教学用具

多媒体教学设备、PPT、教学辅助视频。

七、教学过程

（一）环节一：回顾教材内容

（1）教师提问：学完"燃烧与灭火"这个课题，有没有同学不看课本就能填空？

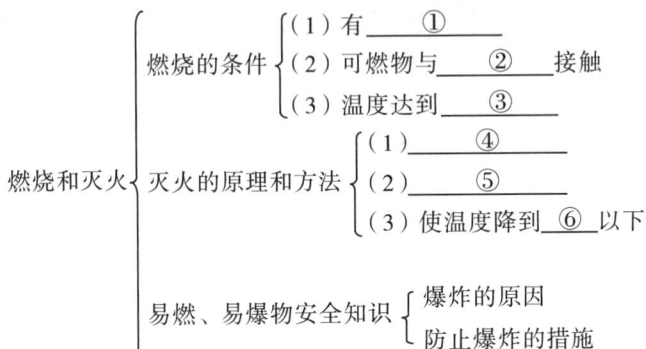

$$
\text{燃烧和灭火}
\begin{cases}
\text{燃烧的条件}
\begin{cases}
（1）有\underline{\quad①\quad} \\
（2）可燃物与\underline{\quad②\quad}接触 \\
（3）温度达到\underline{\quad③\quad}
\end{cases} \\
\text{灭火的原理和方法}
\begin{cases}
（1）\underline{\quad④\quad} \\
（2）\underline{\quad⑤\quad} \\
（3）使温度降到\underline{\quad⑥\quad}以下
\end{cases} \\
\text{易燃、易爆物安全知识}
\begin{cases}
\text{爆炸的原因} \\
\text{防止爆炸的措施}
\end{cases}
\end{cases}
$$

（2）学生回答（板书）。

（二）环节二：学习科学风险的分析方法

（1）情景导入视频《"8·12"天津爆炸现场》和官方统计结果（如下）：

2015年8月12日23：30左右，位于天津市滨海新区天津港的瑞海公司危险品仓库发生火灾爆炸事故，造成165人遇难，8人失踪，798人受伤，304幢建筑物、12 428辆商品汽车、7 533个集装箱受损。截至2015年12月10日，依据《企业职工伤亡事故经济损失统计标准》等标准和规定统计，已核定的直接经济损失达68.66亿元。

2015年8月12日22时51分46秒，瑞海公司危险品仓库最先起火；截至2015年8月13日早上8时，爆炸已经过去8个多小时，大火仍未完全扑灭，因为用沙土掩埋灭火需要很长时间。事故现场形成6处大火点及数十个小火点，8月14日16：40，现场明火被扑灭。

调查组查明，事故的直接原因是：瑞海公司危险品仓库运抵区南侧集装箱内硝化棉由于湿润剂散失出现局部干燥，在高温（天气）等因素的作用下加速分解放热，积热自燃，引起相邻集装箱内的硝化棉和其他危险化学品长时间大面积燃烧，导致堆放于运抵区的硝酸铵等危险化学品发生爆炸。

（2）引导、提问：爆炸的原因是什么（请结合本课题"燃烧与灭火"）？基于对科学风险的认知，你能给出哪些防范措施？在合理的前提下，防范措施越多越好。

（3）小组讨论、汇报。

（4）引导、总结（板书）。

8·12（燃烧与灭火）	产生原因	可能后果	防范措施
灭火耗时将近两天	①仓库化学药品太多 ②危险品数量、内容、储存方式不明（可燃物） ③灭火方式不当（不了解可燃物属性） ④（充满空气） ……	①造成人员伤亡、财物损失 ②造成二次污染 ……	①工厂认真对待火灾等演练 ②制定好有效的应急预案 ……

（5）教学目的：以展示给学生的上表为例，引导学生对科学风险做全面、深入、具体的认知。从事件产生的原因（结合燃烧的三个条件）、可能的后果和能够采取的防范措施三个方面认知与评估科学风险，让学生初步形成对科学风险的这种层进式的分析思路，为以后能熟练运用打好基础。

（三）环节三：加强决策能力的培养

（1）让学生照上样例填写下表（板书）。

8·12（燃烧与灭火）	产生原因	可能后果	防范措施
"大爆炸"	①高温天气下硝化棉湿润剂散失（T＞着火点且形成可燃物） ②堆放大量危险化学品（空间有限） ③相关人员不够重视，没有忧患意识 ……	①造成特大火灾，付出惨痛代价 ②环境污染 ……	①国家制定相应法律法规并严格执法 ②工作人员按时检查仓库药品及设备 ……

（2）引导：根据国家标准《危险货物分类和品名编号》和《危险货物品名表》可知，危险货物共有九类。瑞海公司官网信息显示，该公司仓储业务包括其中的七类：

第二类：压缩气体和液化气体（氩气、压缩天然气等）。

第三类：易燃液体（甲乙酮、乙酸乙酯等）。

第四类：易燃固体、自燃物品和遇湿易燃物品（硫黄、硝化纤维素、电石、硅钙合金等）。

第五类：氧化剂和有机过氧化物（硝酸钾、硝酸钠等）。

第六类：毒害品（氰化钠、甲苯二异氰酸酯等）。

第八、九类：腐蚀品、杂类（甲酸、磷酸、甲基磺酸、烧碱、硫化碱等）。

（3）引导、提问：［补充：电石是碳化钙（Ca_2C）的简称，遇水立即发生激烈反应，生成乙炔（C_2H_2），并放出热量。乙炔在室温下是一种无色、极易燃的气体。金属钠的化学性质很活泼，常温和加热时分别与氧气化合，和水剧烈反应，量大时发生爆炸。］爆炸事件刚出不久，就有人说是因为用水灭火才导致爆炸发生，并导致大火愈演愈烈。真的是这样吗？

（4）小组讨论、汇报。

（5）总结：我们应该从科学的角度出发，辩证地认知科学风险。电石和金属钠确实存在于该公司储藏集装箱中，但火灾后的分析表明该公司药品钠的包装完好，并未发生过爆炸，电石则有可能。目前仍无相关报道证明用水灭火是导致爆炸发生的原因，所以我们不可武断。潜在的科学风险并不一定会发生，不能将所有的科学风险都判作潜在的会给人类造成不利的原因。

（6）补充：本环节重点强调学生面对科学风险的决策能力，所以根据此次事故，结合教材中"易燃物和易爆物的安全常识"列举了一些危险化学品失火的灭火方法（如下表）。

化学品名称	灭火方法
三乙基铝	干粉、干砂，禁止用水或泡沫灭火
甲酸	雾状水、沙土、泡沫、二氧化碳
氰化钠	本品不燃，发生火灾时应尽量抢救商品，防止包装破损引起环境污染，消防人员须佩戴防毒面具、穿全身消防服 灭火剂：干粉、砂土。禁止用二氧化碳和酸碱灭火器灭火
环己胺	雾状水、二氧化碳、砂土、抗溶性泡沫、干粉
2，4-二甲基苯胺	雾状水、泡沫、二氧化碳、砂土、干粉
钾	不可用水、卤代烃（如1211灭火剂）、碳酸氢钠、碳酸氢钾作灭火剂。即石墨干粉对钾亦不适用。应使用干燥氢化钠粉末、碳酸钠干粉、碳酸钙干粉、干砂等灭火
钠	不可用水、卤代烃（如1211灭火剂）、碳酸氢钠、碳酸氢钾作灭火剂。应使用干燥氢化钠粉末、干燥石墨粉、碳酸钠干粉、碳酸钙干粉、干砂等灭火

（续上表）

化学品名称	灭火方法
硝酸钾	消防人员须佩戴防毒面具、穿全身消防服，用雾状水、砂土在上风向灭火。切勿将水流直接射至熔融物，以免引起严重的流淌火灾或剧烈的沸溅
硫化钠（硫化碱）	采用水、雾状水、砂土灭火
硅化钙	消防人员须佩戴防毒面具、穿全身消防服，在上风向灭火 灭火剂：二氧化碳、砂土、干粉。禁止用水和泡沫灭火
三氯乙烯	消防人员须戴氧气呼吸器。喷水保持火场容器冷却，直至灭火结束 灭火剂：雾状水、泡沫、二氧化碳、砂土、干粉
硫氢化钠	雾状水、干粉、二氧化碳、砂土
硝化纤维素	雾状水、泡沫、二氧化碳、砂土
氰酸钠	用大量水扑救，同时用干粉灭火剂闷熄
烧碱	用水、砂土扑救，但须防止物品遇水产生飞溅，造成灼伤
硝酸铵	消防人员须佩戴防毒面具、穿全身消防服。切勿将水流直接射至熔融物，以免引起严重的流淌火灾或剧烈的沸溅。遇大火，消防人员须在有防护掩蔽处操作 灭火剂：水、雾状水
镁	严禁用水、泡沫、二氧化碳扑救。最好的灭火方法是用干燥石墨粉和干砂闷熄火苗，隔绝空气。施救时对眼睛、皮肤加以保护，以免飞来炽粒烧伤身体、镁光灼伤视力
钙	严禁用水、卤代烃灭火剂施救，也不宜用二氧化碳灭火。灭火时，如果灭火剂选用不当，也会发生猛烈反应，引起爆炸。必须特别注意消防施救安全 灭火剂：干燥石墨粉、苏打灰、氯化钠粉末
硝酸钙	消防人员须佩戴防毒面具、穿全身消防服。用雾状水、砂土灭火。切勿将水流直接射至熔融物，以免引起严重的流淌火灾或剧烈的沸溅

（7）教学目的：让学生在社会发展的大背景下理解科学与技术。通过学习前沿科学技术知识，探究其中的科学原理，分析其对社会产生的影响，提出多种解决问题的方案，促进学生对科学与社会之间关系的认识，参与到基于证据的推

理和有意义的讨论活动之中。

（四）环节四：拓展对科学风险的认知与决策能力，举一反三

作业：调查组还查明，本次事故对事故中心区及周边局部区域大气环境、水环境和土壤环境造成了不同程度的污染。这些关于环境污染的善后工作我们该如何进行呢？请在风险认知的基础上，给出决策。

8·12（燃烧与灭火）	产生原因	可能后果	防范措施
灾后环境问题	……	……	……

八、板书设计

（一）教材内容回顾

"燃烧和灭火"复习拓展

燃烧条件　　　　　　　　　　　灭火原理

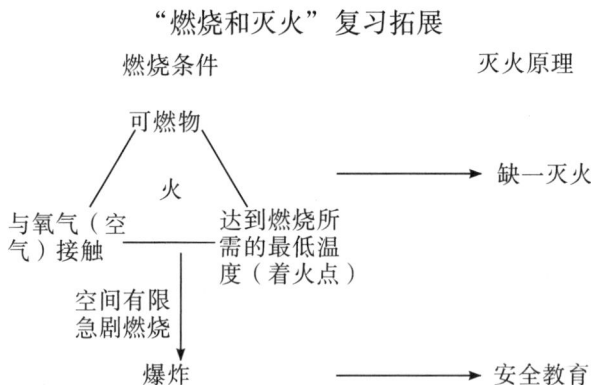

（二）天津港大爆炸事件评估

8·12（燃烧与灭火）	产生原因	可能后果	防范措施
灭火耗时将近两天	①仓库化学药品太多 ②危险品数量、内容、储存方式不明（可燃物） ③灭火方式不当（不了解可燃物属性） ④（充满空气） ……	①造成人员伤亡、财物损失 ②造成二次污染 ……	①工厂认真对待火灾等演练 ②制定好有效的应急预案 ……

（续上表）

8·12（燃烧与灭火）	产生原因	可能后果	防范措施
"大爆炸"	①高温天气下硝化棉湿润剂散失（T＞着火点且形成可燃物） ②堆放大量危险化学品（空间有限） ③相关人员不够重视，没有忧患意识 ……	①造成特大火灾，付出惨痛代价 ②环境污染 ……	①国家制定相应法律法规并严格执法 ②工作人员按时检查仓库药品及设备 ……

（三）作业

完成如下表格：

8·12（燃烧与灭火）	产生原因	可能后果	防范措施
灾后环境问题	……	……	……

苯 酚①

化学卓培生：谢丽璇

指导教师：黄俊生

一、教学指导思想

本节课以美国著名教育家布鲁纳的"结构主义教学理论"为指导思想。结构主义教学理论指出，掌握学科的基本结构是教学过程的中心。懂得基本原理，并进行知识和态度的迁移，可以使学生更容易理解。为深入贯彻该原理，教师引导学生对比之前所学的乙醇和苯的结构与性质，使学生掌握苯酚的基本概念、性质等，并且通过代表物质苯酚，迁移认识其他酚类化合物，从而使学生更加深刻地理解"结构决定性质，性质反映结构"。

二、教学内容分析

"苯酚"是人教版高中《化学》选修5《有机化学基础》第三单元"烃的含氧衍生物"中第一节的内容。在必修2中，学生已经学习过了乙醇、乙酸、乙酸乙酯的性质，而酚对于学生来说是崭新的教学内容，教材将酚和醇安排在同一节，旨在通过各自的代表物苯酚与乙醇在结构和性质上进行对比，使学生更加深刻地理解"结构决定性质，性质反映结构"；并且通过代表物质苯酚，迁移认识其他酚类化合物。

三、学情分析

已有知识：苯的结构与性质、醇的结构与性质、甲苯的结构与性质。
已有能力：初步具备官能团与有机物性质的相互推断；具备一定的实验探究能力。

四、教学目标

（1）知识与技能：
①掌握苯酚的结构特点、物理及化学性质。
②加深理解"机团相互影响"的基本思想方法。

---

① 本文获2016年第五届全国高等院校化学专业师范生教学素质大赛教学设计比赛二等奖。

③提高实验探究能力。

（2）过程与方法：

①通过苯酚的发现与应用，逐步认识苯酚的性质。

②实验探究苯酚具有弱酸性。

③学以致用，设计处理含酚废水的方案，学会对比学习方法。

（3）情感态度与价值观：

①通过实验，养成探究、团结协作的精神。

②学会辩证分析的观点，养成科学的方法论。

五、教学重难点

（1）教学重点：苯酚的化学性质。

（2）教学难点：

①培养学生在已有的知识基础上，推测化学性质。

②培养学生的设计验证实验的能力。

六、教学方法

以实验探究法、自主学习法和讨论法为主，以讲授法为辅。

七、教学流程分析

（1）创设情境，通过认识酚类物质→用医院来苏水的组成成分来引入本课。

（2）认识苯酚的结构→由课前两个表格得出苯酚的性质并不是苯和羟基的加和。

（3）认识苯酚的性质→用一则苯酚泄露的新闻来引入，从苯酚本身的性质和其他外界因素分析问题产生的原因，并讨论分析解决办法。

（4）学生结合课本设计实验方案→分析实验方案的合理性，验证实验方案的可行性。

（5）知识升华→分析苯酚的结构，得出"结构决定性质，性质反映结构"。

（6）小结→归纳内容，找出核心问题。

八、教学过程

（一）课前预习

1. 教师活动

教师布置学生课前预习本节课，并要求学生结合之前所学的知识独立完成下面两个表格。

（1）苯和苯酚都能与溴反应，有何异同？

类别		苯	苯酚
结构简式			
溴化反应	溴水状态		
	条件		
	产物		
	结论		
	原因		

（2）乙醇与苯酚性质的异同比较。

类别	乙醇	苯酚
结构简式		
官能团		
结构特点		
与钠反应		
酸性		
原因		

2. 学生活动

学生预习本节课相关内容，并独立完成教师布置的表格。

3. 设计意图

敦促学生养成课前做好预习工作的好习惯，便于新课的开展；通过苯酚与苯、醇羟基的比较学习，培养学生猜想、预测能力和比较学习的思想。

（二）创设情境

1. 教师活动

生病的时候难免要去医院看病，在医院我们会闻到一种特殊的气味，这种气味是一种医院用来给医疗器械和环境消毒的叫作"来苏水"的物质发出的。来苏水是由三种有机物（ —CH₃ 、 —CH₃ 、 OH——CH₃ ）与肥皂组成的混合溶液。让学生观察这三种有机物的共同点，再趁热打铁引出酚的概念：分子中羟基与苯环直接相连的有机化合物属于酚类。

2. 学生活动

学生观察投影上来苏水的三种有机物得出它们的共同点：均含有苯环及羟基，且苯环与羟基直接相连。

3. 设计意图

培养学生的观察能力，使学生更容易理解与记忆酚的性质与特点。

（三）展示模型

1. 教师活动

苯酚结构的认识。教师教导学生以苯酚为代表物来学习酚类的性质，苯酚是酚类化合物中最简单的一元苯酚。多媒体展示苯酚的分子式、结构简式及分子模型。

前面已经学习过苯和醇羟基的性质，提问：那么苯酚的性质是否是两种的加和呢？教师校对课前的两个表格。

（1）苯和苯酚都能与溴反应，有何异同？

类别		苯	苯酚
结构简式			
溴化反应	溴水状态	液溴	浓溴水
	条件	催化剂	不需催化剂
	产物		
	结论	苯酚与溴的取代反应比苯易进行	
	原因	酚羟基对苯环的影响使苯环上的氢原子变得更活泼	

（2）乙醇与苯酚性质的异同比较。

类别	乙醇	苯酚
结构简式	CH_3CH_2OH	

（续上表）

类别	乙醇	苯酚
官能团	—OH	—OH
结构特点	羟基与链烃基直接相连	羟基与苯环直接相连
与钠反应	比水缓和	比水剧烈
酸性	无	有
原因	苯环对酚羟基的影响使羟基上的氢变得更活泼，易电离出 H^+	

苯环和羟基的相互影响，使苯酚的性质与苯和醇的性质不同。羟基对苯环的影响使苯环邻对位的氢活化，易被取代。苯环对羟基的影响使羟基上的氢易电离。

2. 学生活动

学生观察、讨论并猜测苯酚的性质不是苯和醇羟基性质的加和。

3. 设计意图

有助于学生对苯酚结构的认识，为接下来学习苯酚的性质做铺垫。

（四）播放视频、思考讨论

1. 教师活动

播放一则新闻视频：2011 年 6 月 6 日，浙江省建德市应急办发布紧急通告，称 4 日深夜发生在杭新高速出口附近的一起交通事故导致部分苯酚泄露，适逢当地暴雨，苯酚随地表水流入新安江中，造成水体污染。紧急通告要求沿江居民、企业不要到新安江取饮用水，且勿食用江上出现的死鱼。提问：从新闻中可以知道苯酚的什么性质？再次抛出问题：怎样处理含有苯酚的废水，净化新安江？先来学习下面的知识，结合新学的有关酚的性质，最后请设计出处理含酚废水的方案。

2. 学生活动

学生观看视频，交流得出苯酚具有毒性的结论；学生思考讨论处理含酚废水的方案。

3. 设计意图

播放视频引起学生的好奇心与求知欲；思考讨论老师提出的问题，引出接下来的教学内容。

（五）药品展示

1．教师活动

观察药品，引导学生完成苯酚物理性质的填写：纯净的苯酚是 __无__ 色 __晶__ 体，具有 __特殊__ 气味，有毒（露置在空气中因小部分发生氧化而显 __粉红__ 色）。

2．学生活动

学生观察苯酚药品，独立完成填空。

3．设计意图

培养学生的观察能力，观察实物使学生对苯酚的物理性质掌握得更加牢固。

（六）教师实验

1．教师活动

苯酚的溶解性也是它的一个重要的物理性质。教师进行对比试验，在两支装有少量苯酚的试管中分别加入水和苯，并且将加入水的那支试管加热，让学生观察并描述现象。

最后教师总结出"常温下，苯酚微溶于水，易溶于有机溶剂"的结论。根据苯酚在水中和苯中的溶解度差异，提出可以用苯来萃取工业废液中的苯酚的方案。

2．学生活动

学生观察可以得出结论：常温下，苯酚微溶于水，易溶于苯；而加热情况下，苯酚可溶于水。

3．设计意图

培养学生的观察能力，观察实物使学生对苯酚的物理性质掌握得更加牢固。

（七）引导思考

1．教师活动

教师引出疑问：如何分离苯和苯酚？提示学生，工业上向苯和苯酚中加入NaOH溶液：①那是否说明苯酚具有酸性？②反应产物是什么？③反应产物又如何转化为苯酚？

2．学生活动

学生交流思考。

3．设计意图

引起学生的好奇心。

（八）教师实验

1. 教师活动

苯环对羟基的影响：苯酚的弱酸性。首先设置实验完成第一个问题：苯酚是否具有酸性。往两支装有 2mL 苯酚浊液的试管中分别加入 3 滴石蕊试剂和饱和 NaOH 溶液，让学生观察实验现象，并补充完整表格。

实验方案	实验现象	结论
石蕊试剂 3滴 苯酚浊液2 mL		
滴加饱和 NaOH溶液 苯酚浊液2 mL		

总结得出苯酚具有弱酸性，故可以与 NaOH 溶液发生反应，让学生写出相应的化学方程式：

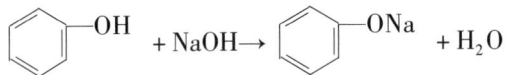

$$\text{—OH} + \text{NaOH} \longrightarrow \text{—ONa} + H_2O$$

接着提问学生：是否可以知道上述化学反应的产物是什么？引导学生思考第三个问题：反应产物苯酚钠又如何转化为苯酚？让学生思考并给出答案，提示盐与酸反应可以生成酸，教师往装有苯酚和饱和 NaOH 溶液的试管中加入稀盐酸，让学生观察现象并写出反应方程式：

$$\text{—ONa} + HCl \longrightarrow \text{—OH} + NaCl$$

2. 学生活动

学生观察实验现象，交流思考完成表格和写出化学方程式；学生回答第二个问题的答案是苯酚钠，并写出反应方程式；学生经教师提示，联想到之前学过的知识"盐与酸反应可以生成酸"，故回答"可在苯酚钠溶液中加入酸"；学生观看教师的演示实验，观察到溶液由澄清变浑浊，并写出相应的化学方程式。

3. 设计意图

实验使学生兴趣增强，有助于课堂气氛的调动；教师层层引导学生，使学生容易理解知识点。

（九）教师实验

1. 教师活动

教师演示实验：向澄清的苯酚钠溶液中通入二氧化碳气体，学生观察实验现象并写出化学反应方程式。观察化学反应方程式，教师引导学生思考并得出结论：

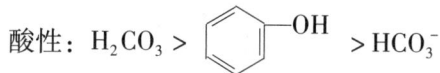

$$酸性：H_2CO_3 > \text{（苯酚）}OH > HCO_3^-$$

2. 学生活动

学生看到澄清苯酚钠溶液变浑浊，写出化学反应方程式，并在教师指导下理解苯酚酸性比碳酸弱。

3. 设计意图

当堂实验引发学生的兴趣与好奇心，教师的引导思考培养了学生的观察和思维能力。

（十）分析问题

1. 教师活动

通过以上的学习，让学生利用以上知识制订出工业上处理含酚废水的方案。提示学生分为两步：①富集废水中的苯酚；②分离、收集苯酚。结合本节课学过的苯酚的各种性质，制订出以下的处理方案：

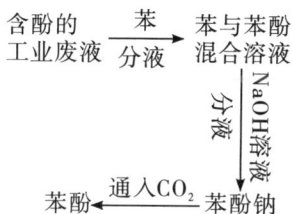

含酚的工业废液 —苯萃取分液→ 苯与苯酚混合溶液 —NaOH溶液分液→ 苯酚钠 —通入CO₂→ 苯酚

教师分析学生设计的实验方案的合理性。

2. 学生活动

学生结合教师给的提示和苯酚的性质，大部分可以制订出方案，小部分不能完整地给出方案。

3. 设计意图

激发学生思考，学以致用。

（十一）引发疑问

1. 教师活动

羟基对苯环的影响：苯酚的检验。

教师提出疑问：如果你是浙江省建德市的学生，现在老师要求每个学生用瓶子装家里的自来水带来学校实验室，并提供药品试剂，思考如何检验家里的自来水有没有受到苯酚的污染？请学生阅读课本第 54 页，并给出检验方案。

2. 学生活动

阅读课本，给出两种方案：①在自来水中滴加过量浓溴水；②滴加几滴 $FeCl_3$ 溶液。

3. 设计意图

培养学生的阅读和思维能力。

（十二）分组实验

1. 教师活动

教师将学生分为两两一组，一个学生往苯酚溶液中滴加过量浓溴水，另一个学生向苯酚溶液滴加几滴 $FeCl_3$ 溶液，观察实验现象，并完成多媒体投影上的表格。

实验方案	实验现象	结论
滴加过量 浓溴水 苯酚稀溶液1 mL		
滴加几滴 $FeCl_3$溶液 苯酚稀溶液1 mL		

2. 学生活动

学生动手实验，观察实验现象并自主完成表格内容。

3. 设计意图

提高学生的动手能力，并调动课堂的学习气氛。

（十三）投影交流

1. 教师活动

说明苯酚的用途。

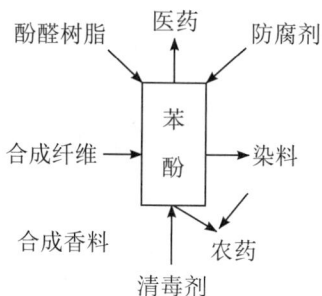

2．学生活动

学生了解苯酚在生活中的实际应用。

3．设计意图

介绍苯酚的用途，让学生更加深刻地理解性质决定用途，回归生活。

（十四）实战演练

1．教师活动

教师利用多媒体投影练习题：

（1）下列物质羟基上氢原子的活泼性由弱到强的顺序正确的是（　　）

①水　　②乙醇　　③碳酸　　④苯酚　　⑤醋酸

A．①②③④⑤　　B．①②③⑤④　　C．②①④③⑤　　D．①②④③⑤

（2）只用一试种剂把下列四种无色溶液鉴别开：苯酚、乙醇、NaOH、KSCN，现象分别怎样？

（3）漆酚如右图：若涂在物体表面，在空气中干燥时会产生黑色漆膜，则漆酚不具有的化学性质是（　　）

A．可与烧碱溶液反应

B．可与溴水发生取代反应

C．可与酸性高锰酸钾溶液反应

D．可与碳酸氢钠溶液反应放出二氧化碳

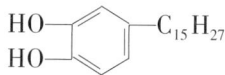

2．学生活动

学生结合本节课的内容，完成以上三道习题。

3．设计意图

通过本节课的学习，趁热打铁，巩固所学的内容。

（十五）课堂小结

1. 教师活动

教师分析苯酚的结构，得出结论"结构决定性质"。

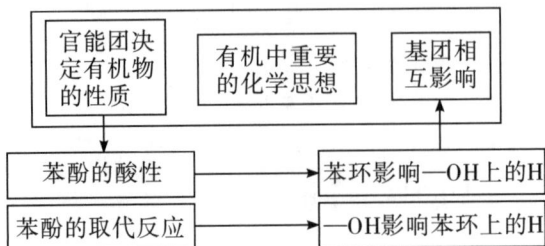

```
┌──────────┐  ┌──────────┐  ┌──────────┐
│官能团决  │  │有机中重要│  │基团相    │
│定有机物  │  │的化学思想│  │互影响    │
│的性质    │  │          │  │          │
└────┬─────┘  └──────────┘  └────▲─────┘
     │                           │
     ▼                           │
┌──────────┐         ┌────────────────────┐
│苯酚的酸性│ ──────▶ │苯环影响—OH上的H    │
└──────────┘         └────────────────────┘
┌──────────┐         ┌────────────────────┐
│苯酚的取代│ ──────▶ │—OH影响苯环上的H    │
│反应      │         │                    │
└──────────┘         └────────────────────┘
```

2. 学生活动

学生思考、做笔记。

3. 设计意图

利用苯酚再次向学生强调"结构决定性质，性质决定用途"的化学思想。

（十六）课后作业

1. 教师布置课后作业

下面是苯酚软膏的部分说明书，请分析其体现了苯酚的哪些性质。

【药品名称】苯酚软膏

【性状】黄色软膏，有苯酚特臭味

【药理作用】消毒防腐剂，其作用机制是使细菌的蛋白质发生变性。

【临床应用】用于皮肤轻度感染和瘙痒。

【注意事项】①用后拧紧瓶盖，当药品性状发生改变时禁止使用，尤其是色泽变红后。②连续使用一般不超过1周，如仍未见好转，请向医师咨询；用药部位如有烧灼感、瘙痒、红肿等症状应停止用药，用酒精洗净。

【药物相互作用】①不能与碱性药物并用。②如正在使用其他药品，使用本药品前请咨询医师或药师。

【贮藏】密封，在30 ℃以下保存。

2. 学生活动

学生课后基本能够独立完成。

3．设计意图

通过练习及时巩固加深理解。

九、板书设计

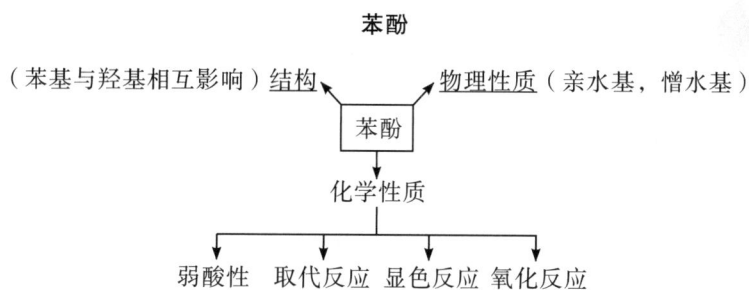

选修 4 第四章　原电池[①]

化学卓培生：章佳仪
指导教师：潘慧

一、设计思路

本节课主要是通过对已学的原电池知识的巩固，对原电池的形成条件进行进一步探究，在原有知识的基础上构建新的知识体系，确定明确的教学目标、教学内容和策略。为了锻炼学生的动手能力，培养学生的科学探究精神，探究实验占课堂的绝大部分；为了增强课堂上教师与学生的沟通和交流、适时地掌握学生的学习进度和认知情况，本节课还以小组的形式展开，每个小组都可以在组员交流后提出看法，并进行组与组之间的讨论交流。

二、教材内容分析

（1）教材地位：第一章"化学反应原理"着重研究了化学反应与热能的关系，而第四章"电化学基础"着重研究化学反应与电能的关系，二者都是要求学生掌握的重要的能量观。原电池作为电化学的基础，应用十分广泛，利用其原理可制成多种电池，在工农业生产和日常生活等方面都有广泛的用途。

（2）教材内容：本节课的内容是现行高中化学实验修订本第二册第四章第四节，融合了氧化还原反应、金属的性质、电解质溶液等知识并彼此结合、渗透；在学习过程中还涉及物理电学的相关知识，体现了学科内、学科间的综合，也是培养学生的创造性思维很好的教材。绿色能源开发和节约型社会的建设是当今社会关注的热点，是国家可持续发展理念的具体体现。

（3）知识结构：知识的积累都是呈螺旋式上升的，学习的过程需要遵循由浅入深的规律，做到温故而知新。

三、教学目标

（1）知识与技能：进一步了解原电池的构成条件，探究设计稳定电流原

---

① 本文获 2016 年第五届全国高等院校化学专业师范生教学素质大赛教学设计比赛二等奖。

电池。

（2）过程与方法：引导学生以问题为中心，学会发现问题、解决问题。

（3）情感态度与价值观：通过实验探究，使学生增强学习化学反应原理的兴趣，理解科学探究的意义，提高探究能力，养成严谨的治学品质。

四、教学重难点

（1）教学重点：巩固原电池工作原理和构成条件；进一步探究稳定、持续电流的原电池装置。

（2）教学难点：原电池构成条件的探究；理解原电池加入盐桥产生稳定、持续电流的原因。

五、学情分析

（1）心理特征：高二年级学生的心理正逐步走向相对稳定与成熟，从思维品质上看，正处于由"经验型"向"理论型"过渡的阶段，抽象思维能力得到进一步的发展，已有独立思考的意识，个人智力特征也逐渐显现出来。

（2）思想特征：随着学生生理、心理的逐步成熟，以及社会交往的逐步增多，学生思想品德逐步走向成熟与稳定，社会意识迅速发展并逐步趋向成熟，学生也正逐步确立自己的理想，其趋向也呈相对稳定趋势。但还是呈幼稚的特点，思想品德与行为表现容易出现两极分化或走极端。

（3）学习状况：①在学习上两极分化日益明显；②经过高一一年的学习，学生的知识掌握程度已较明显地分出层次。对成绩较好的学生来说，由于之前学得好，他们积极、自信的心理不断得到强化，学习兴趣上升为乐趣，学习已成为自觉的行为，并不断从中得到成功的心理体验；另一部分学生在一年学习中屡遭挫折，对学习自卑、害怕等心理也在渐渐固化，出现兴趣转移、偏科等倾向。

六、教学策略

（一）讨论法

学生通过讨论，进行合作，在小组或团队中展开学习，参与到明确的集体任务中；通过课堂讨论，让学生多多参与、亲自动手、亲自操作、激发学习兴趣、促进主动学习。

（二）实验探究法

一方面，把教师备课、讲授及学生实验探究有机结合起来，充分发挥学生的主体作用，将实验探究作为课堂教学的突破口；另一方面，引导学生在听取教师讲解的同时完成实验探究，通过动手操作、观察思考、积极思维来验证理论知识。

七、课前准备

多媒体：PPT 课件和配套练习。

实验器材：烧杯、导线、锌片、铜片、铁片、碳棒、电流表、盐桥等。

实验试剂：稀硫酸溶液、硫酸铜溶液、硫酸锌溶液、酒精溶液。

八、教学流程图

回顾原电池知识（7 分钟）→探究原电池组成条件（15 分钟）→设计稳定电流原电池（18 分钟）→小结（5 分钟）。

九、教学过程

（一）回顾原电池知识（7 分钟）

1. 教师活动

（1）引入：回顾化学能与热能通过化学反应可以相互转换的知识，引出化学能与电能也可以相互转换，但必须通过一个特殊装置——原电池，以此引入今天的课题。

（2）板书

一、原电池

化学能→电能

（3）化学史：讲述伏打电池的故事并提问：根据原电池的雏形，一个原电池的组成需要哪几个部分？

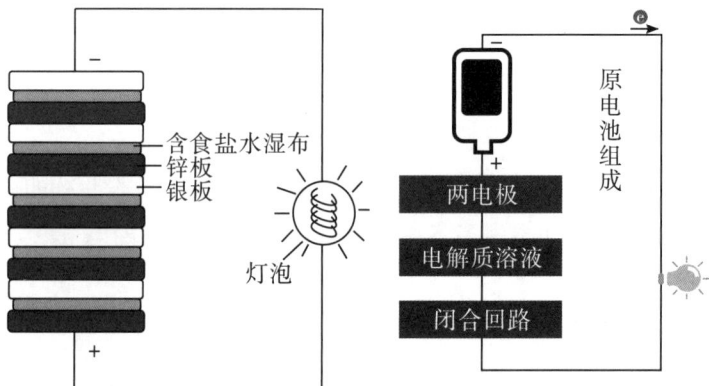

含食盐水湿布
锌板
银板
灯泡

两电极
电解质溶液
闭合回路

原电池组成

（4）PPT：回顾必修 2 原电池知识。

电解质：稀硫酸

负极：$Zn - 2e^- = Zn^{2+}$

正极：$H_2 - 2e^- = 2H^+$

总反应式：$Zn + 2H^+ = Zn^{2+} + H_2 \uparrow$

（5）提问：以上的总反应式属于什么类型的反应？请同学们标出电子得失。

（6）讲述：原电池装置形成的内部条件就是氧化还原反应，而氧化还原反应的本质就是电子的转移，除此之外原电池的形成还有电极、电解质、闭合回路三个方面的要求，利用内部条件就可以设计原电池进行实验探究，进一步探究原电池的形成条件。

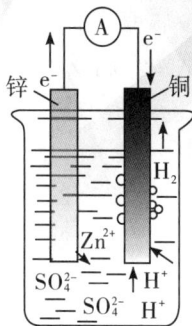

2. 学生活动

在教师引导下进入课程学习，参与课堂提问，与教师互动交流。

3. 设计意图

以已学的知识引出新知识，在已学的知识的基础上进行知识的迁移，从而把当前的课题纳入已有的知识体系中去。

（二）探究原电池组成条件（15 分钟）

1. 教师活动

实验安排：对学生进行分组，分配实验材料；让学生根据 PPT 展示的三套实验装置逐一实验，注意观察电流表指针是否有偏转。

【实验 1】探究原电池组成条件一：电极。

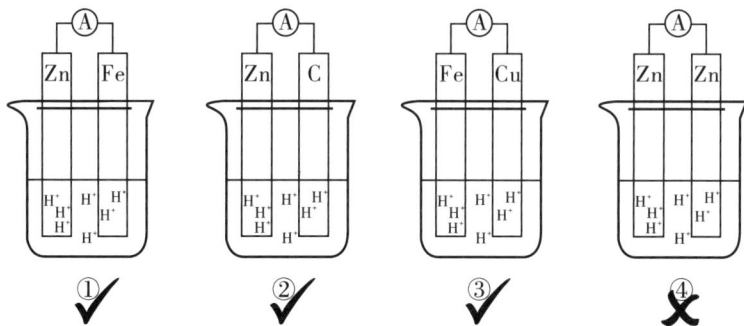

【结论1】需两个电极：两种活动性不同的金属或非金属作电极（活泼金属作负极，较不活泼金属或者非金属作正极）。

【板书】二、探究一：原电池的条件

　　　　1. 两个电极

【实验2】探究原电池组成条件二：电解质。

【结论2】电极材料必须与电解质溶液接触。

【板书】2. 电解质溶液

【实验3】探究原电池组成条件三：形成闭合回路。

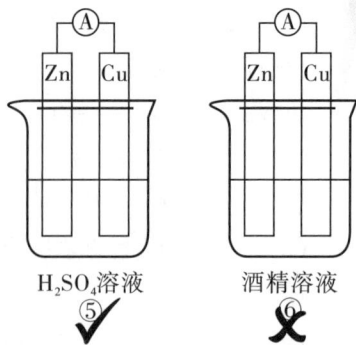

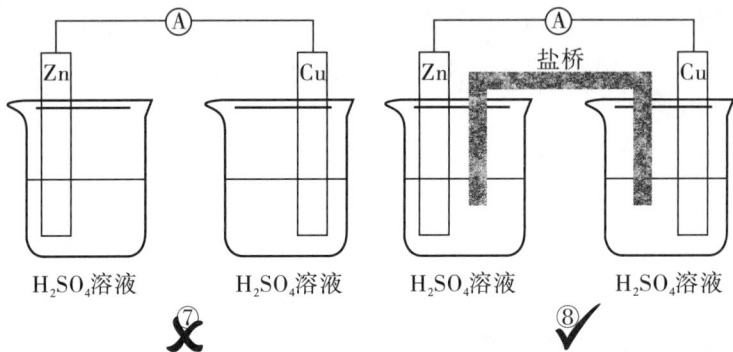

【结论3】两极相连形成闭合电路。

【板书】3. 闭合回路

【小结并PPT投影】通过同学们的探究实验，可以总结出原电池必须具备的四个条件。

原电池必须具备的四个条件要素实验结果记录

编号	电流表是否偏转				结论
实验1	①偏转	②偏转	③偏转	④不偏转	1. 有两种活动性不同的金属（或金属与导电的非金属单质或金属氧化物）作电极
实验2	⑤偏转		⑥不偏转		2. 电极材料必须与电解质溶液接触
实验3	⑦偏转		⑧不偏转		3. 两极相连形成闭合电路
					4. 内部条件——能自发进行氧化还原反应

【板书】4. 自发氧化还原反应

2．学生活动

根据教师给出的步骤操作，对发生的现象进行记录，在自由讨论时间内进行讨论。

与教师交流：将所观察到的现象提出来，与教师交流，分析现象。

3．设计意图

开展探究性实验教学，使学生参与到科学探究活动中去，锻炼学生的动手操作能力；有利于学生掌握科学研究的方法，培养学生的探究精神、实践能力及创新意识。

（三）设计稳定电流原电池（18 分钟）

1．教师活动

（1）提问：将锌片、铜片置于稀硫酸中可组成原电池。但如果用它们做电源，不但效率低，而且电流会随着时间延长逐渐减弱，这是什么原因造成的呢？

（2）分析：由于铜极上聚集许多氢气气泡，将铜极与电解质逐渐隔开，这样相当于增加电池内阻，减弱电流，这种作用称为极化作用。

（3）实验安排：分配实验 $ZnSO_4$ 溶液、$CuSO_4$ 溶液及盐桥，让学生根据 PPT 展示的装置（将两电极分置于不同电解质溶液）再次实验，大家看到什么现象？

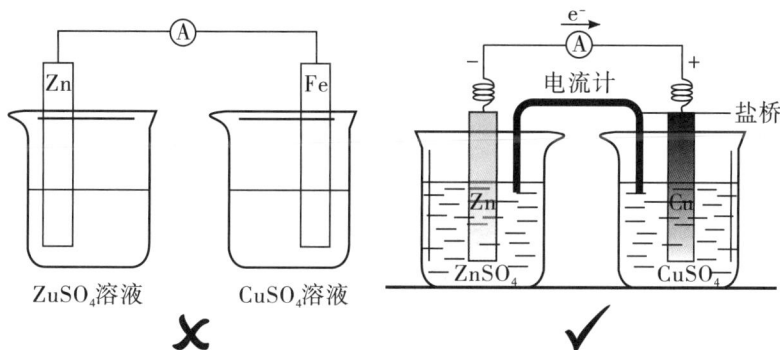

现象：左图电流表没有发生偏转，右图电流表指针发生偏转。

讲解：左图没有形成闭合回路。右图由于有盐桥，该装置可以产生稳定、持续的电流。

盐桥作用：①使整个装置构成通路，代替两种溶液直接接触；②平衡电荷。

板书：

三、探究二

盐桥：形成回路、平衡电荷

分析：原电池内电路离子的转移情况分析。

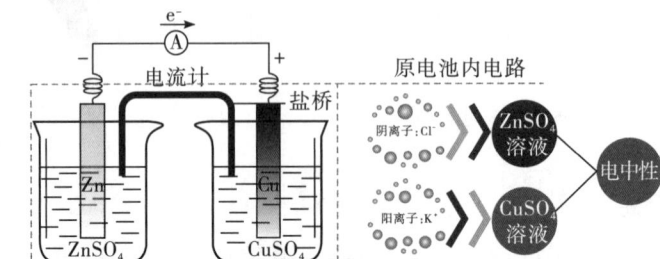

	现象	电极式	总反应式
负极	锌片溶解	$Zn - 2e^- === Zn^{2+}$	$Zn + CuSO_4 === Cu + ZnSO_4$
正极	生成铜沉积在铜片上	$Cu^{2+} + 2e^- === Cu$	自发氧化反应

2. 学生活动

讨论思考，进行探究实验。

（四）小结（5分钟）

1. 教师活动

（1）小结：

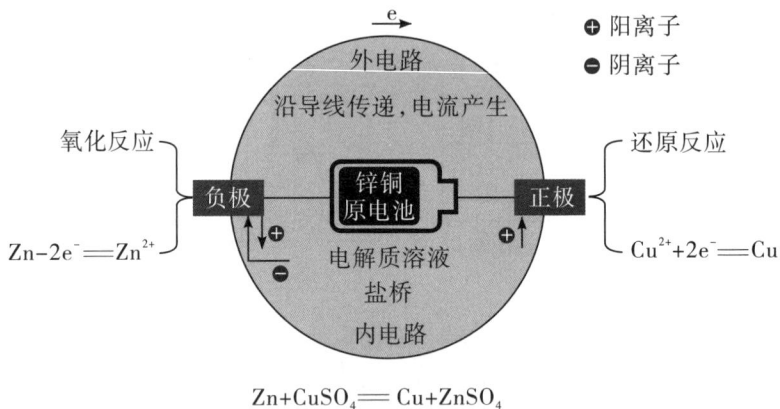

$$Zn + CuSO_4 === Cu + ZnSO_4$$

（2）讲述：原电池是化学电源的雏形，氧化还原反应所释放的化学能是化学电源的来源。根据这些原理，已经设计和生产了种类更多的化学电池，它们在生产、生活中得到了广泛应用。

（3）课后小测：

①如下图所示的装置能够组成原电池产生电流的是 （ B ）

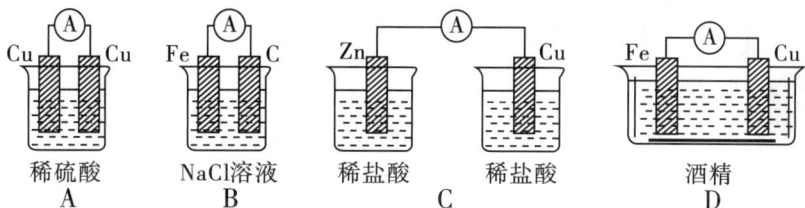

②下列叙述正确的是 （ C ）

A. 任何化学反应都能设计成原电池

B. 任何氧化还原反应都能设计成原电池

C. 原电池反应一定是氧化还原反应

D. 两个不同的金属电极插入电解质溶液中就能形成原电池

③下图为一原电池装置，下列叙述中正确的是 （ A ）

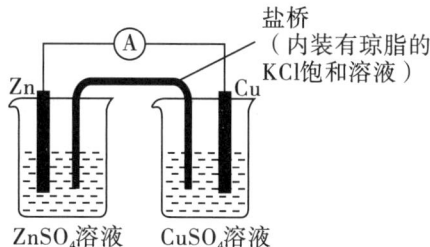

A. 铜离子在铜片表面被还原　　　B. 盐桥中的 K^+ 移向 $ZnSO_4$ 溶液

C. 电流从锌片经导线流向铜片　　D. 铜是阳极，铜片上有气泡产生

④某原电池的电池反应为：$Fe + 2Fe^{3+} = 3Fe^{2+}$，与此电池反应不符的原电池是 （ C ）

A. 铜片、铁片、$FeCl_3$ 溶液组成的原电池

B. 石墨、铁片、$Fe(NO_3)_3$ 溶液组成的原电池

C. 铁片、锌片、$Fe_2(SO_4)_3$ 溶液组成的原电池

D. 铜片、铁片、$Fe(NO_3)_3$ 溶液组成的原电池

⑤分析如下图所示的四个原电池装置，其中结论正确的是（ B ）

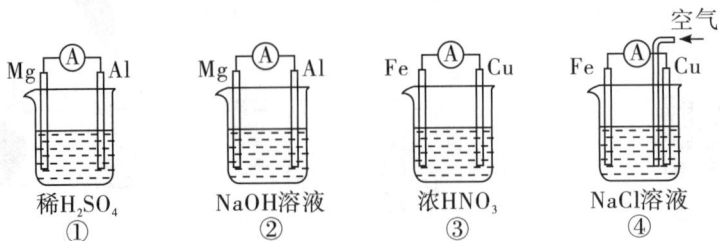

A. ①②中 Mg 作负极，③④中 Fe 作负极

B. ②中 Mg 作正极，电极反应式为 $6H_2O + 6e^- = 6OH^- + 3H_2 \uparrow$

C. ③中 Fe 作负极，电极反应式为 $Fe - 2e^- = Fe^{2+}$

D. ④中 Cu 作正极，电极反应式为 $2H^+ + 2e^- = H_2 \uparrow$

⑥为探究原电池的形成条件和反应原理，某同学设计了如下实验，并记录了实验现象：实验 A，向一定浓度的稀硫酸中插入锌片，看到有气泡生成；实验 B，向上述浓度的稀硫酸中插入铜片，没有气泡生成；实验 C，将锌片与铜片上端接触并捏住，一起插入上述浓度的稀硫酸中，看到铜片上有气泡生成，且生成气泡的速率比实验 A 中快；实验 D，在锌片和铜片中间接上电流计，再将锌片和铜片插入上述浓度的稀硫酸中，发现电流计指针偏转。下列关于以上实验设计及现象的分析，不正确的是（ C ）

A. 实验 A、B 说明锌能与稀硫酸反应而铜不能

B. 实验 C 说明发生原电池反应时会加快化学反应速率

C. 实验 C 说明在该条件下铜可以与稀硫酸反应生成氢气

D. 实验 C、D 说明该原电池中铜为正极、锌为负极

2. 学生活动

课后完成小测题目，自行按照附配的答案校对。

3. 设计意图

习题可以反馈本节课的教学效果及了解学生对知识的掌握情况，以便对后面的教学做出适当调整。

十、板书设计

原电池

一、原电池

化学能→电能

二、探究一：原电池的条件

1．两个电极

2．电解质溶液

3．闭合回路

4．自发氧化还原反应

三、探究二

盐桥：形成回路、平衡电荷

化学能与热能[①]

化学卓培生：彭洪涛
指导教师：赖鹤鋆

一、教材分析

此节内容选自人教版高中《化学》必修 2 第二章第一节第一课时"化学能与热能"。依据新课标，本节内容只笼统地将化学反应中吸收和放出能量的原因归结为反应物的总能量与生成物的总能量的相对高低，即只要求学生能从宏观和微观上对化学反应能量变化的主要原因有初步的了解。另外，本小节是在学习了物质结构和元素周期率之后，应用物质的结构理论指导化学反应原理的学习，更是对第一章内容的学习和深化，日后将在选修 4 中从焓变进一步深入和系统地学习。因此，此节内容既体现了学习的阶段性，又有必修、选修的层次性，在具体内容上还有交叉和重叠。

二、学情分析

根据学生的学情和知识储备分析，调整教学顺序，先从化学能与热能的相互转化学习，让学生从宏观上了解吸热与放热的概念之后，再深入微观学习化学反应能量变化的主要原因。这样从定性到定量的安排更有利于学生的理解与学习，层层递进，突破难点，使学生概念的形成和发展呈现一种螺旋式上升的形态。

另外，学生在九年级已初步学习了燃烧和能源转化的一些知识，并在上一章节中学习了化学键，对化学能源和化学键有了一定的知识储备，为学习此章节奠定了基础。此节内容在教法上形式多样，有利于培养学生积极向上、乐于探索的精神。

学生学习化学反应能量的变化要从物质的变化与化学键的变化的角度出发，从本质上认识物质变化与能量变化的关系。

[①] 本文获 2016 年第五届全国高等院校化学专业师范生教学素质大赛教学设计比赛二等奖。

三、教学目标

（1）知识与技能：

①理解化学能与热能的相互转化。

②能从化学键的角度理解并分析化学反应中能量的变化。

③能从微观角度解释宏观现象。

（2）过程与方法：

①采用微课小翻转的形式展开课题教学。

②通过小组实验合作的形式让学生自身感受化学能力的变化。

③采用播放动画的形式让学生从微观上解释宏观上能量变化的原因。

（3）情感态度与价值观：

①通过课堂小翻转和探究实验让学生理解化学能与热能的相互转化。

②能从化学键的角度理解并分析化学反应中能量的变化。

四、教学重难点

（1）教学重点：

①化学反应能量变化的主要形式。

②反应结果是吸收能量还是放出能量的决定性因素。

（2）教学难点：从微观及键能的角度判断化学反应能量的变化。

五、教学手段

（1）利用翻转课堂，培养学生自主学习能力。

（2）利用多媒体，更多、更快、更细地把知识点展示给学生。

（3）利用动画，在授课中吸引学生，使学生便于理解。

（4）利用分组实验，培养学生动手操作及协作能力，直观感受化学能的变化。

六、教学过程

（一）课堂小翻转实验

1. 教师活动

（1）提问：同学们，观看老师课前给你们的两个小视频之后有哪些疑问？两张表格有没有填好？（抽查部分学生，根据实际完成情况引导学生归纳总结小

视频所涉及的知识点并完成表格）

实验 1　盐酸和铝的反应

问题	实验结论
①铝条为什么需要用砂纸打磨	
②温度计有什么变化	
③自主推导出反应的化学方程式	

实验 2　氢氧化钡结晶水和氯化铵的反应

问题	实验结论
①为什么玻璃棒要快速搅拌	
②为什么有刺激性气味的气体生成	

（2）板书：

化学反应发生能量变化主要形式：放热和吸热

（3）引导：化学反应发生了能量变化，那怎样判断反应是吸热还是放热？让学生根据课本第33页图2-1水能、化学能变化的对比图，了解化学反应能量的变化与体系能量的关系。

（4）板书：

　　　　　宏观

物质能量与能量变化的关系

E 反总能量 $<$ E 生总能量

E 反总能量 $>$ E 生总能量

2. 学生活动

（1）课前观看两个小视频，学习实验1和实验2并自主做记录及完成表格。

（2）通过教师引导，把观看视频后总结出来的疑问在课上和大家一起讨论，最后表格和问题由教师进行指导、总结。

（3）倾听，思考为什么 E 反总能量 $>E$ 生总能量就是放热反应。学会总结和判断，总结出生活中需要吸收和放出能量的例子。

3. 设计意图

通过翻转小模式，一是把新式教学渐入教学中，为全面实施翻转课堂做准备，检验翻转课堂的效果；二是了解学生自主学习能力。另外，通过教材重排，让学生提前学习在宏观上化学反应能量的变化与反应总能量和生成物总能量之间的关系。

（二）学生分组实验

1. 教师活动

教师先讲解实验 3 的具体步骤、注意事项及实验目的；然后，将班级分成几个小组，分组做实验 3，让学生亲身感受反应能量变化；最后，教师巡逻指导学生实验，直至实验结束。

（1）提问：同学们，此反应是吸热反应还是放热反应？此实验有一个特殊的地方，大家知道吗？

（引出中和热）

（2）讲述：现在，我们又学了几个与吸热、放热有关的反应，让我们继续总结在过去的学习中有哪些类型的反应是吸热，有哪些类型的反应是放热。

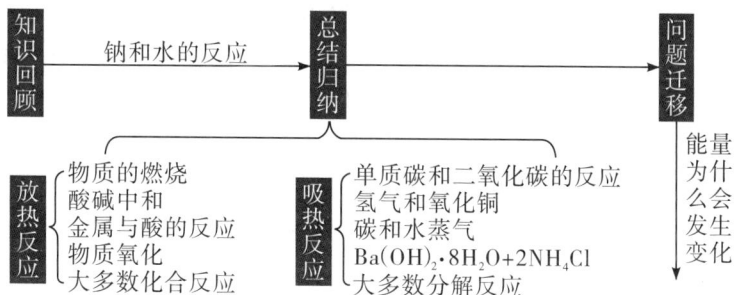

知识回顾	→ 钠和水的反应 →	总结归纳	→	问题迁移

放热反应：物质的燃烧、酸碱中和、金属与酸的反应、物质氧化、大多数化合反应

吸热反应：单质碳和二氧化碳的反应、氢气和氧化铜、碳和水蒸气、$Ba(OH)_2 \cdot 8H_2O + 2NH_4Cl$、大多数分解反应

问题迁移：能量为什么会发生变化

（3）提问及观看视频：化学反应为什么会有能量变化呢？变化的这部分能量能不能求算？若可以，结果是多少？（通过提问，带领学生进入微观学习：想了解化学反应能量变化的主要原因，就必须掌握化学键断裂与形成需要吸收和放出的能量）

（4）讲述：通过观看视频，我们可以得出：要断开甲烷 C—H 键是需要能量的，断开每个 C—H 键需要吸收 415 kJ 能量，断开 4 mol C—H 键需要吸收 1 660 kJ 能量；反之，同理。现在我们知道，物质化学反应和体系能量变化是同时发生的。不同物质的组成不同、结构不同而且所含的化学能也不同。再看一个例子：

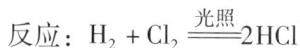

$$反应：H_2 + Cl_2 \xrightarrow{光照} 2HCl$$

$$结构式：H—H + Cl—Cl \Longrightarrow 2H—Cl$$

断开 1mol H—H 需要吸收 436 kJ　断开 1mol Cl—Cl 需要吸收 242 kJ

生成 1mol H—Cl 需要释放 431 kJ

则 $E_{吸热(678\ kJ)} < E_{放热(862\ kJ)}$　　放热反应　$E_{放热\,=\,184\ kJ}$

氢气和氯气的光照，从结构式上去解释反应物断开键所吸收的能量与生成物生成新键所释放的能量的对比，即可判断反应是吸热还是放热，并且可求出那部分的能量。

（5）板书：

　　　　　微观

化学键能变化的关系

断吸 > 成放　吸热反应

断吸 < 成放　放热反应

2．学生活动

（1）听讲做记录，迅速分组领取药品，按教师的要求规范操作实验，把实验 3 的现象及结果填入表格中。

（2）思考，和教师一起总结出常见的吸热与放热反应，积极回答并做笔记。

（3）观看视频，发现式学习，计算断开 1mol 甲烷需要吸收多少能量。

（4）计算，通过数值体会反应能量变化的大小。

（5）做笔记。

3．设计意图

（1）分组实验让学生亲身感受反应的能量变化，引出中和热作为课堂拓展。

（2）知识回顾，用钠与水的反应（融化成小球）说明是放热反应并及时总结，通过问题迁移、播放动画引入微观学习及帮助学生对微观的理解。

（3）通过举例，加强学生的理解，突破本节课的难点。

（三）课堂小结及作业布置

1．教师活动

（1）课堂小结：通过本节课的学习，我们先了解了化学反应的能量变化；然后从宏观上用反应物和生成物总能量差值推算反应是吸热还是放热；最后通过动画，从微观角度学习化学键的断裂和形成伴随着能量吸收、释放不相等，从而判断该反应是吸热还是放热。

（2）课后思考题：

①在一个反应中，反应物的键能越大，反应越难进行还是越容易进行？为什么？

②在一个反应中，反应物的总能量越大，反应越难进行还是越容易进行？为

什么？

③完成书中习题：第4题、第7题、第11题、第12题。

2．学生活动

板书梳理，回忆本节课知识点。

课后思考并做作业。

3．设计意图

通过课堂小结，使学生所学知识系统化、条理化；通过课后思考题让学生检查学习效果，查漏补缺。

七、板书设计

化学能与热能

化学反应能量变化主要形式：放热和吸热

     宏观   微观

物质能量与能量变化的关系   化学键能变化的关系

E反总能量＜E生总能量   断吸＞成放 吸热反应

E反总能量＞E生总能量   断吸＜成放 放热反应

模拟法庭审判二氧化硫
——翻转课堂之"二氧化硫的性质"①

化学卓培生：黄文婷
指导教师：林曼斌

一、教学设计思路分析

1. 教材依据

选自人教版高中《化学》必修1第四章"非金属及其化合物"，第三节"硫和氮的氧化物"第一课时。

2. 教材分析

（1）内容编排上，承接九年级《化学》下册第六单元"碳和碳的氧化物"的知识，是对必修1第四章非金属硅、氯及其化合物知识的延伸，也为下面氨、硫酸、硝酸的学习奠定知识基础。

（2）地位：起到承上启下的作用。

（3）意义：既提高学生环保意识，也让学生养成用辩证思维看待事物的两面性的习惯。

3. 学情分析

（1）认知基础：具备一定的元素化学性质学习理论基础。

（2）能力储备：具备一定的实验操作和观察分析能力。

（3）心理特征：好奇心强，乐于表现自己，渴望自我实现。

4. 教学设计思路

二氧化硫（SO_2）是高中化学中众多元素化合物的典型代表物，它因集多种角色于一身、融多向折射于一体而成为中学教学的重点，也是教师教学设计的"宠儿"。

本节课的教学设计，让学生认识到化学物质在造福人类、推动人类社会物质文明发展中所起的作用，并形成化学物质的不合理应用也会引起损害生命健康、污染环境等社会问题的观点，逐步树立合理应用化学物质的科学观。此外，让学生形成科学素养，培养学生的辩证思想。

---

① 本文获2016年第五届全国高等院校化学专业师范生教学素质大赛教学设计比赛二等奖。

二、教学目标

（1）知识与技能：

①了解 SO_2 的物理性质，掌握 SO_2 的化学性质。

②了解硫酸型酸雨的形成与危害，加强环保意识。

③了解 SO_2 的用途。

（2）过程与方法：

①初步掌握简单实验设计方法，提高动手操作能力。

②学会用类比推理方法，用旧知识构建新知识。

（3）情感态度与价值观：

①体验化学在生活中的作用，增强环保意识和社会责任。

②初步形成辩证地分析问题的方法和态度。

③通过 SO_2 的"罪行"和"辩白"，深化对 SO_2 性质的理解，了解 SO_2 的多种应用；树立正确的环境价值观，知道科学技术是一把"双刃剑"。

三、教学重难点

（1）教学重点：SO_2 的化学性质。

（2）教学难点：可逆反应、SO_2 的漂白性。

四、教学方法

（1）教法：实验探究法、类比—归纳法、联系法。

（2）学法：自主、合作、探究。

五、教学流程

1. 教学框架

课前：（微视频）酸雨腐蚀，食品漂白起诉 SO_2 →了解 SO_2 的性质。

课中：交流反馈→SO_2 的辩白→SO_2 的宣判。

课后：SO_2 的知识延伸拓展→附加任务。

2. 准备阶段

（1）制作教学微视频发给家长，下发纸质的"自主学习任务单"。家长播放微视频给学生看，学生根据"自主学习任务单"明确学习目标，完成课前学习任务。

（2）建立班级 QQ 群，学生在 QQ 群中讨论交流。收集学生观看微视频中存在的疑难困惑。

3．课前任务学习流程

任务一：酸雨腐蚀→食品漂白对话→现象原因，交互式学习。

任务二：SO_2喷泉实验→完成练习→SO_2喷泉实验后加热，Cl_2同样操作。

任务三：思考现象差别→完成"化学自助实验清单"。

任务四：SO_2浸泡蔬果，生活连线→思考原因。

六、教学过程

（一）环节一：检测自主学习成效（7分钟）

1．教师活动

提问：提问不同水平的学生，以基础知识点为主。

聆听：倾听学生在观看微视频过程中遇到的问题。

解释：讲解学生在观看微视频时遇到的问题。

2．学生活动

（1）回答所提的问题。

（2）完成针对性练习。

（3）提出疑难困惑。

（4）仔细倾听讲解。

3．设计意图

（1）学生就自己在课前知识建构过程中产生的疑问向教师请教，接受教师的启发和个性化指导。

（2）由于学生的提问带有很强烈的目的性，"我要学"的心理观念很强烈，效率很高。

（二）环节二：SO_2的辩白一（29分钟）

1．教师活动

从实验现象猜想SO_2的相关性质：SO_2为酸性氧化物。

提问：视频中二氧化硫溶于水仅仅是简单的物理性质吗？品红溶液褪色又是什么原因造成的呢？

展示：PPT展示CO_2、SiO_2的相关性质，引导学生猜想SO_2的相关性质。

衔接：学生容易想到紫色石蕊滴SO_2，教师给学生分发点滴板、紫色石蕊、胶头滴管和SO_2溶液。

辅助：教师从旁指导。

2. 学生活动

（1）学生积极思考、大胆猜想。

（2）动手操作实验。

3. 设计意图

培养学生的猜想假设思维。

4. 教师活动

SO_2 酸性氧化物。

写出有关 SO_2 酸性氧化物的反应方程式。

提示：与 H_2O 反应是可逆反应，一些学生难以想到，经提示，类比 CO_2 与 H_2O 反应可得出。

5. 学生活动

（1）学生小组合作探究紫色石蕊与 SO_2 的实验现象。

（2）写出相关反应方程式。

6. 设计意图

培养学生小组合作精神与探究精神，学会类比学习。

7. 教师活动

SO_2 的漂白性。

讲述：同学们，从课前的微视频中，我们可以看到圆底烧瓶中品红溶液遇 SO_2 后褪色，加热后又恢复颜色；氯水加热后却不会褪色。两种物质都具有漂白性，那么这两种物质的漂白原理相同吗？

讲述：各小组观看微视频后，请各小组提交"化学自助实验清单"，根据所申请的实验仪器，自主合作探究，验证实验现象。

8. 学生活动

（1）学生小组合作操作实验，探究两种物质的漂白原理。

（2）各小组口头表达和报告、分享实验成果和心得体会及存在的疑惑。

（3）完成表格。

9. 设计意图

培养学生的合作精神和实验操作能力。

10. 教师活动

SO_2 的还原性。

11．学生活动

（1）"生活连线"，抛出问题：在微视频中我们看到 SO_2 可以浸泡脱皮蔬果并使其光鲜亮丽，同学们知道这是 SO_2 的什么性质呢？

（2）提问：如何检验该性质呢？

（3）向学生提供验证该性质所需的试剂，并根据所学的氧化还原反应知识，引导学生写出相关反应方程式。

12．设计意图

（1）学生联想生活知识，思考问题。

（2）学生动手操作实验。

学生1：用高锰酸钾检验。

学生2：用溴水检验。

学生3：用 Fe^{2+} 检验。

（3）各实验小组口头表达、报告、分享实验成果和心得体会，并提出存在的疑惑。

13．教师活动

SO_2 的氧化性。

猜测：由视频中的 S 价态二维图引发学生思考，提问 S 是否具有其他化学性质。

播放视频：向学生播放有关 SO_2 氧化性的相关视频，引导学生写出相关方程式。

14．学生活动

（1）学生思考 S 其他化合价态。

（2）学生观看视频。

（3）写出相关反应方程式。

15．设计意图

巩固前面所学的物质的分类与氧化还原反应知识，使学生学会掌握章节与章节之间的联系，学会假设。

（三）环节三：SO_2 的"宣判"（9分钟）

1．教师活动

展示：微视频中 SO_2 给人类带来的危害。

讲述：举例说明 SO_2 给人类带来的危害与贡献，增强学生的环境意识和社会责任感。

展示：SO_2 在葡萄酒中的应用和在生活中的应用。

交流：师生交流讨论，对 SO_2 进行"审判"。

巩固知识：播放有关 SO_2 的相关性质的实验视频。

2．学生活动

（1）学生思考。

（2）学生了解 SO_2 给人类带来的危害与贡献，知道 SO_2 在生活中的应用。

（3）宣判无罪。

（4）观察实验视频，回忆所学知识点，完成学案。

3．设计意图

（1）引导学生树立良好的食品安全意识、法制意识，帮助学生在未来做一个有责任心的公民，逐步树立合理应用化学物质的科学观。

（2）让学生形成科学素养，培养学生的辩证思想，有助于学生形成正确的价值观。

（3）梳理知识点，形成条理系统的知识框架。通过播放视频，将注意力下降的学生重新吸引回课堂中。

（四）环节四：课后延伸拓展

1．教师活动

（1）安排小组合作，归纳总结出所学的具有漂白脱色作用的物质的不同漂白脱色原理，绘制成表。

（2）布置附加任务（可选做）：测定并记录居住地雨水的 pH 值，分析可能的原因；在生活中寻找 SO_2 的应用实例。

2．学生活动

讨论交流，完成课后拓展延伸题。

3．设计意图

拓展学生的知识面。

七、板书设计

SO_2 的性质

一、物理性质

颜色、水溶性、气味、毒性

二、化学性质

酸性氧化物

与水：$SO_2 + H_2O \rightleftharpoons H_2SO_3$

与碱：$NaOH + SO_2 = NaHSO_3$

与盐：$SO_2 + H_2O + Na_2SO_3 = 2NaHSO_3$

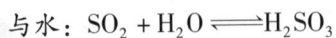

漂白性：品红褪色，加热恢复、不稳定、可逆

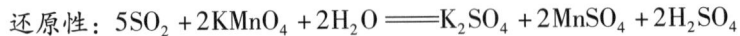

还原性：$5SO_2 + 2KMnO_4 + 2H_2O = K_2SO_4 + 2MnSO_4 + 2H_2SO_4$

氧化性：$SO_2 + 2H_2S = 2H_2O + 3S\downarrow$

酸碱盐离子的应用①

化学卓培生：刘增华

指导教师：林曼斌

一、教学设计依据

1. 知识点来源

人教版九年级《化学》下册第十单元与第十一单元。

2. 教学设计思路

学生在学习酸碱盐性质时就感觉混乱，全然不知道哪些物质可以反应。事实上，这两章是学习复分解反应和复习巩固置换反应的一个大综合。由于学生以往学习效果不佳，因此尝试总体设计本章的教学计划，再在具体的酸碱盐性质的学习中巩固和应用。主要从"离子找朋友"入手，进入复分解反应发生条件的设计，联系常见的酸碱盐的溶解性表，归纳总结出一些常见离子的"朋友"，学生在具体的酸碱盐性质的学习中逐渐体会应用，从而打破常规的教学设计，达到触类旁通的效果。

3. 学情分析

学生已经学习了解了一些常见物质如 O_2、H_2、CO_2、CO、C、Fe 等的性质、制法、用途以及在化学学习中的研究重点和一些具体的研究方法。在学习酸碱盐时学生都有明确的学习方法，但在学习复分解反应这部分内容时犹如"雾里看花"，在做题以及书写化学方程式时表现出"有心无力"的感觉。

二、教学目标

（1）知识与技能：

①了解复分解反应发生的条件。

②掌握复分解反应的书写方法。

③学会运用相关知识解释和解决生活中的相关问题。

---

① 本文获 2016 年第五届全国高等院校化学专业师范生教学素质大赛教学设计比赛二等奖。

（2）过程与方法：

①通过有规律的学习，让学生体会到学习的乐趣。

②学生自主观察常见酸碱盐溶解性表，独立思考，构建自己的知识体系。

③学生学会运用对比学习酸碱盐离子的应用，利用归纳等方法学会分析问题、解决问题。

（3）情感态度与价值观：通过体验理论知识和实践结合的过程，发展学习化学的兴趣与热情。

三、教学重难点

（1）教学重点：掌握复分解反应。

（2）教学难点：如何准确掌握离子与离子之间的结合。

四、教学方法

推理法、归纳法。

五、教学流程

提出问题→引入新课→独立探索→成果交流→找出实质→课堂总结，体会"离子找朋友"。

六、教学过程

（一）提出问题（5分钟）

1. 教师活动

引入：课前让同学们复习 NaCl 的形成过程。

2. 学生活动

自由发言。

（学生：Na 在氯气中燃烧实际上是 Na 原子失去一个电子带一个单位的正电荷，而 Cl 原子得到一个电子带一个单位的负电荷，从而形成了 Na^+ 和 Cl^-。）

3. 设计意图

学生就自己在课前知识建构过程中产生的疑问向教师请教，接受教师的启发和个性化指导，潜移默化地将学习方法运用到本节课中。

（二）引入新课（5 分钟）

1．教师活动

酸碱盐之间的反应实际上就像 NaCl 的形成过程。一些由阴阳离子构成的化合物在水溶液中发生了电离，从而形成了自由移动的阳离子和阴离子，然后很多不同的离子在水溶液中自由组合形成气体、沉淀、溶液。也就是说酸碱盐之间的反应实质是离子相互交换而化合价不变的一类反应。学生想学好酸碱盐之间的反应就必须掌握常见酸碱盐的溶解性表。

2．学生活动

回忆：探究 NaCl 的形成过程。

讨论：离子的形成过程以及离子如何组合为分子。

3．设计意图

（1）设置问题让学生动脑、动口，主动参与课堂。

（2）创设情境，小组成员按照讨论的学习法进行探究式学习。

（三）独立探索（10 分钟）

1．教师活动

学习常见酸碱盐的溶解性表：学生通过自己观察溶解性表，找出可溶物、微溶物和不溶物。

2．学生活动

聆听；思考；看书；总结出常见的可溶物、微溶物和不溶物。

3．设计意图

（1）让学生自主探索，激发学生的探究兴趣，训练学生的发散思维。

（2）把尊重学生的独立性贯穿于整个课堂设计，让学生在独立学习中构建自己的知识体系。

（四）成果交流（10 分钟）

1．教师活动

根据复分解反应的条件找出常见的几种沉淀：$Fe(OH)_3$ 红褐色、$Fe(OH)_2$ 白色、$Mg(OH)_2$ 白色、$Cu(OH)_2$ 蓝色、$CaCO_3$ 白色、$BaSO_4$ 白色、$AgCl$ 白色，并找出沉淀的颜色特征，抓住记少不记多的原则掌握并记忆几种沉淀。

2．学生活动

聆听；思考；讲解发言；学生根据成果进行对比。

3．设计意图

（1）通过展示探究结果和发现问题，来检查学生对本知识点的掌握情况，培养学生独立思考、分析问题的能力。

（2）系统整理分散的知识，让学生更好地掌握新知识，加深印象，强化记忆。

（五）找出实质（5分钟）

1．教师活动

根据原子核外电子排布规律，揭示原子得失电子的实质；再根据化学式中各元素和原子团的化合价找出其所带电荷数，把一种化合物还原成阴阳离子的一部分。

2．学生活动

思考：离子应该如何正确配对。

3．设计意图

培养学生用联系的观点看问题的能力。

（六）课堂总结（5分钟）

1．教师活动

再体会"离子找朋友"就是这些沉淀中的阳离子找到与其对应的阴离子，阴离子找到与其相对应的阳离子的过程。根据这个规律师生共同总结出常见离子要找的"朋友"。

CO_3^{2-}—Ca^{2+}、Ba^{2+}、H^+；SO_4^{2-}—Ba^{2+}；Cl^-—Ag^+；OH^-—Fe^{2+}、Fe^{3+}、Mg^{2+}、Cu^{2+}、NH_4^+、H^+

2．学生活动

聆听；记录（关键词——可燃物、氧气、着火点）。

3．设计意图

（1）回顾学习内容，加深记忆。

（2）指出重点，吸引学生注意。

七、课后反思

在学习酸碱盐时，将这一难题总结设计，使知识系统化、条理化，大大提高了学习效率。但在"酸碱盐的相互反应"中有两大难点：一是判断反应能否发生，二是正确写出反应方程式。我们只要掌握了"离子找朋友"，不用写出反应方程式就可以进行判断，完成很多练习题。一方面节约了时间，另一方面降低了难度，大大减少了学生学习酸碱盐的信息量。通过预期效果，运用本教学设计比按照教材内容顺序要好得多，大大提高了学生的学习效率与掌握程度。

燃烧和灭火①

化学卓培生：刘春颖
指导教师：林燕如

一、教学设计思路

本节课着重体现化学学习内容的现实性，使学生感受化学源于生活，了解化学与日常生活的密切关系；站在化学角度，运用所学知识和方法，逐步学会分析和解决与化学有关的一些简单的实际问题；从学生已有的经验出发，让他们在熟悉的生活情景和社会实践中感受化学的重要性。这体现了新课标要求"从生活走进化学，从化学走向社会"的思想。为了使学生形成自己的思维方式，初步发展学生的探究能力和提高自身的综合素质，可以给学生一定自由发挥的空间，让学生亲手设计实验，使学生积极地参与到课堂教学活动中，从而锻炼学生的动手动脑及互助合作能力。

二、教材分析

人教版九年级《化学》上册第七单元课题 1 "燃烧和灭火"。本课题共需两个课时，此设计为第一课时。

三、教学目标

（1）知识与技能：
①知道并掌握燃烧的条件、灭火的原理和方法。
②学会运用相关知识解释和解决日常生活中的燃烧和灭火现象。
③基本的化学实验技能得到发展，学会设计并能完成一些简单的化学实验。
（2）过程与方法：
①通过活动与探究，学习对于通过实验得出事实进行分析而得出结论的科学方法。
②认识科学探究的意义和基本过程，进行简单的探究活动，增进对科学探究的体验。

---

① 本文获 2016 年第五届全国高等院校化学专业师范生教学素质大赛教学设计比赛二等奖。

（3）情感态度与价值观：

①了解燃烧的功与过，从而辩证地认识燃烧。只有深入了解燃烧，才能更好地造福于人类。

②通过探究"燃烧的条件"与"灭火的原理与方法"，形成勤于思考、勇于探究的精神。

四、教学重难点

（1）教学重点：燃烧的条件和灭火的原理及方法。

（2）教学难点：对着火点的理解及对燃烧和灭火这两者之间关系的理解。

五、教学方法及学习方法

用多媒体技术既能营造良好的课堂氛围，又能将探究的方案、讨论的情景提前准备好，给学生更多的时间动手、思考、讨论。德国大教育家第斯多惠也说过："科学知识不应该直接传授给学生，而应该引导学生去发现它们，独立地掌握它们。"化学是一门以实验为基础的学科，本节课通过教师演示实验和组织学生亲手实验操作，能把书本知识由抽象变成具体，变无形为有形，使学生发现并掌握燃烧的条件与灭火的原理和方法。实验探究教学和引导启发式教学这两种教学方法能使师生双方相互配合、相互了解，还能充分调动学生的学习积极性和主动性，激发学生学习化学的兴趣。

本节课的主线是让学生提出猜想，制订验证计划，然后设计实验验证猜想，最后进行归纳总结。采用的学习方法是合作学习法和实验探究法。合作学习法让学生在讨论交流中取长补短，培养学生的合作竞争意识；实验探究法通过实验探究出灭火的原理，从探究中发现问题、分析问题，从而提高学生解决问题的能力。

六、教学过程

创设情境，引入新课→提出问题，进行猜想→实验探究，得出结论→学以致用，关爱社会→总结归纳，揭秘魔术→随堂反馈，巩固知识。

（一）创设情境，引入新课

1．教师活动

（1）导语：燃烧与我们的生活以及社会的发展有着密切的联系，让学生们谈谈生活中所看到的燃烧现象。

（2）讲述：大家讲的都没错，我们在生活中可以看到很多燃烧现象。接下来老师在课堂上给你们表演一个"冰碴燃烧"的小魔术。

（3）表演魔术"冰碴燃烧"。

（4）魔术表演后提问：冰碴为什么会燃烧？

（5）讲述：这其中蕴含着一定的化学原理，上完这一节课后，相信大家就可以揭开这个魔术的奥秘。

2．学生活动

（1）学生说出蜡烛燃烧、火灾等生活中的例子。

（2）观看魔术。

3．设计意图

（1）在熟悉的生活情景和社会实践中感受化学的存在。

（2）从小魔术引入课题，体会到化学的神奇，很好地激活了课堂，激发了同学们的求知欲，也导出对燃烧条件的探究。

（二）提出问题，进行猜想

1．教师活动

（1）提问引导：你们知道为什么会发生燃烧吗？能猜一猜燃烧需要什么条件吗？我们先来回忆一下之前在课堂上所见过的燃烧现象，看看这几个实验有什么共同点。

（2）肯定：对，没错，这几个实验的确有这些共同点。

（3）引导学生根据生活中的经验对燃烧的条件进行合理的猜想。

（4）梳理：对学生所提出的猜想进行梳理并加以整合，最终确立出三个合理的猜想。

①燃烧需要有可燃物的存在。

②燃烧需要达到一定的温度。

③燃烧需要氧气或者空气。

2．学生活动

（1）回忆学过的物质与氧气反应的现象，如木炭、硫、铁丝等在氧气中燃烧。

共同点：都与空气接触，都有火源——酒精灯。

（2）进行小组交流，讨论交流后提出猜想。

3．设计意图

（1）经过引导，学生能主动地对可能燃烧的条件进行猜想。

（2）让学生大胆提出心中的疑问，培养他们敢于发言的习惯。

（三）实验探究，得出结论

1．教师活动

（1）探究活动一。

①让学生根据提供的实验器材和物品来设计实验，验证猜想，并在旁适时引导学生向三个设计方案的方向设计出实验。

实验器材和用品：粉笔、木条、镊子、酒精灯、烧杯、水、蜡烛。

方案 A：用镊子分别夹取一根小木条和一块小石子在火焰上点燃。

方案 B：分别点燃两支小蜡烛，将其中的一支用烧杯盖住。

方案 C：用镊子分别夹取一张蘸有水的纸张和一张没有蘸水的纸张，在火焰上点燃。

方案 D：教师亲自演示课本上 7 − 1 的实验。

这四个实验操作结束后请学生完成以下表格。

实验方案	实验现象
A	小木条_____　　小石子_____
B	蘸水的纸张_____　　没蘸水的纸张_____
C	用烧杯罩住的蜡烛_____　　没用烧杯罩住的蜡烛_____
D	薄铜片上的白磷_____　红磷_____ 热水中的白磷_____ 通入氧气后，热水中的白磷_____

②小结。

完成填空后，和学生一起归纳燃烧所需要同时满足的三个条件：燃烧需要有可燃物的存在，需要氧气或空气，环境温度需要达到可燃物的着火点。得出这三个条件后，再给学生解释着火点这一概念，让学生理解着火点是物体的一种固有性质，就像物体的密度一样，是无法更改的。

（2）探究活动二。

①如果破坏燃烧所需三个条件中的一个，会发生什么现象？

②让各小组学生根据给出的实验器材和用品，自己动手设计出如何将蜡烛熄灭的方案。实验器材和用品包括蜡烛、小刀、烧杯、大理石、稀盐酸、水、火柴。让小组派代表依次在讲台上展示熄灭蜡烛的办法。

③小结灭火原理：使可燃物与氧气（空气）隔绝；将环境温度降低到着火点以下；隔离可燃物。

2．学生活动

（1）小组间进行合作，根据所给的仪器，进行实验验证，观察现象。

（2）完成表格填空。

（3）讨论交流可能会发生的现象：继续燃烧或燃烧停止。

（4）小组派出代表，上台演示熄灭蜡烛的办法。

3．设计意图

（1）在燃烧所需条件的探究中，让学生在实验中探索、在活动中体验、在尝试中感悟，从而激发学生对探究的热情，学生的动手能力和观察能力也得到提高。在这一过程中，学生依据已有知识和经验对猜想或假设作初步论证的意识也得到培养。

（2）课本7-1实验采取教师演示是因为在"燃烧的条件"这一探究实验中，学生已经可以得出燃烧的三个条件，教师亲自演示可节约时间，提高课堂效率。观看演示实验后请学生完成填空，使学生语言表达和归纳概括能力得到锻炼。

（3）让学生完成实验准备，自拟实验步骤，独立操作实验仪器及观察现象。这一过程，就是让学生动手、动脑，激活思维，充分发挥学生的潜能和创造性，培养和提高学生的自主学习能力。

（四）学以致用，关爱社会

1．教师活动

展示几张火灾照片。

2．学生活动

观看图片。

3．设计意图

让学生知道燃烧既会给我们带来好处，也会给我们带来巨大的危害，从而引导学生更关心生活，关注消防安全。

（五）总结归纳，揭秘魔术

1．教师活动

（1）总结：回顾这节课内容。

（2）揭秘：同学们，还记得老师在课堂一开始做的那个小魔术吗？冰碴为什么会燃烧？燃烧的当然不是真正的冰碴，那些极像冰碴的胶冻其实是包裹着酒精的乙酸钙晶体。我们知道，酒精是易燃物，当我用火柴去点燃它的时候，它就具备了燃烧的三个条件：可燃物、与空气接触、环境温度达到着火点，所以你们才会看到冰碴燃烧的现象。

2．学生活动

（1）回忆并认真听讲，记笔记。

（2）随着教师的讲解，脑海里构建知识网络，串联各个知识点。

3．设计意图

（1）对本节课进行整体的总结，和学生一起回顾两个重点的内容。根据学生的认知结构，总结出本课的重点。学生也将会对本课的重点由短时记忆过渡到有效的长时记忆。

（2）通过对魔术的揭秘，加深了学生对燃烧的条件的理解。

（六）随堂反馈，巩固知识

1．随堂测验

（1）用化学来解释成语"煽风点火""火上浇油"的意思。

（2）下面是一些灭火的实例，试试分析其灭火的原理。

①炒菜时油锅中的油不慎着火，可用锅盖盖灭。

②堆放杂物的纸箱着火时，可用水来扑灭。

2．学生活动

回答问题。

3．设计意图

通过随堂测验，对本节课所学到的知识加以巩固。

七、板书设计

课题1　燃烧和灭火

一、燃烧的条件

　　①可燃物

　　②氧气或空气

　　③温度达到着火点（着火点不能改变，是物体的一种固有属性）

　　　　　　　　　　　　　　三个条件，缺一不可

二、灭火的原理和方法

　　①清除可燃物

　　②将环境温度降到着火点以下

　　③隔离氧气或者空气

　　　　　　　　　　　　　　只要符合其中一个条件即可

钠的重要化合物①

化学卓培生：李燕淋
指导教师：邱永革

一、教学设计思想

新课程理论下的化学教学强调"学生为主，教师为辅"，注重学生主动学习、主动交流及动手做实验的能力，使其在实践中学会交流、学会合作。为了更好地激发学生的求知欲望，体现新课程的三维目标，体现探究过程和领悟学科思想，本课以趣味实验引出课题，用探究实验验证猜想，创设问题情境诱发学生思考，利用丰富的教学手段，使学生感受探究学习的乐趣、化学的神奇，提高学习化学的兴趣。

二、教学目标

（1）知识与技能：
①通过回忆上节课的实验，了解和巩固 Na_2O 的性质。
②通过本节课的学习，掌握 Na_2O_2 的性质和用途。
（2）过程与方法：
①通过演示实验，提高学生的视觉效果，增强学生的记忆。
②通过对比、类比的学习方法，提高学生运用比较、归纳、推理和知识迁移的能力。
③学生通过参与实验，体验实验探究的过程，初步培养实验操作技能、实验观察能力和分析问题能力。
（3）情感态度与价值观：
①通过化学趣味魔术实验的演示，体现化学的神奇，激发学生的好奇心，调动学生学习化学的积极性，提高学习兴趣。
②通过实验探究，鼓励学生积极提出问题，培养学生敢于质疑、探索，勇于创新和合作的精神。

---

① 本文获 2016 年第五届全国高等院校化学专业师范生教学素质大赛教学设计比赛二等奖。

三、教学重难点

（1）教学重点：Na_2O_2 的性质和用途。

（2）教学难点：Na_2O_2 分别与水和二氧化碳反应产物的判断。

四、教学过程

（一）新课导入

1. 教师活动

提问：同学们，老师手上有两块脱脂棉，如果要让棉花燃烧起来，要怎么做呢？今天老师不用点燃，而是分别向这两块棉花滴水和吹气，就能让它们燃烧，同学们信吗？

演示实验：滴水生火、吹气生火。

揭示奥妙：这两块棉花里都包裹着少量 Na_2O_2，为什么包裹着 Na_2O_2 的棉花能滴水生火和吹气生火呢？让我们一起来学习 Na_2O_2 的性质。

板书：

钠的重要化合物：Na_2O_2、Na_2O

2. 学生活动

回答：点燃。

思考：不相信，带着疑惑和好奇观看教师的演示实验。

听完教师讲解，恍然大悟，但还是不明白为什么棉花包裹 Na_2O_2 就能生火，带着好奇和疑惑进入学习。

3. 设计意图

引出课题，激发学生的好奇心；设置问题情境，让学生感到疑惑的同时进行思考，并迅速进入学习状态；感受化学的神奇之处，增强学生学习化学的兴趣。

（二）Na_2O_2、Na_2O 性质的学习

1. 教师活动

（1）组织学生回顾 Na_2O_2 和 Na_2O 的颜色与状态的知识。

（2）组织学生类比 CaO 与水的反应，写出 Na_2O 与水反应的化学方程式。

总结、板书：

类比：$CaO + H_2O =\!=\!= Ca(OH)_2$

得到：$Na_2O + H_2O =\!=\!= 2NaOH$

2. 学生活动

回忆，翻书找出答案，运用类比试着写出 Na_2O 与水反应的化学方程式。

3. 设计意图

回归课本，使学生带着对趣味实验的好奇学习 Na_2O_2、Na_2O 的性质，为后面的探究实验打下基础。

（三）实验探究 Na_2O_2 与 H_2O 的反应

1. 教师活动

组织学生一起探究：趣味实验中为什么包裹了 Na_2O_2 的脱脂棉滴入水或吹气后就会着火？同时引导学生回顾燃烧的三个条件：可燃物、氧气、温度达到着火点。启发学生做出大胆的假设：Na_2O_2 与 H_2O 或 CO_2 反应在放出热量的同时还放出了氧气。

组织学生两人一组，完成右边实验：向试管中滴入酚酞溶液，观察现象并说明原因。

板书：

过氧化钠与水反应：

（1）现象：试管内有气泡产生，带火星的木条复燃；试管外壁温度升高，溶液由无色变红色又迅速褪色。

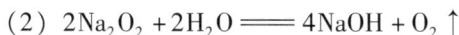

（2）$2Na_2O_2 + 2H_2O \rlap{=\!=} 4NaOH + O_2\uparrow$

2. 学生活动

认真听讲，找到棉花着火的原因。

动手实验，观察现象：试管内有气泡产生，带火星的木条复燃；试管外壁温度升高，试管溶液由无色变为红色后又迅速褪色。

得出结论：气体能使带火星的木条复燃，说明有 O_2 生成；试管外壁变热，说明反应放热；加入酚酞后溶液变红，说明有碱性物质生成；根据原子守恒，可知该碱性物质是 $NaOH$。

3. 设计意图

引导学生进行探究实验，从而得出结论；初步培养学生的实验操作技能、观察能力、探究能力，体验实验探究的过程与乐趣；同时，运用类比的学习方法，培养学生对知识的迁移运用能力。

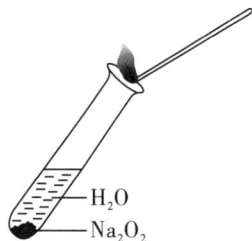

（四）Na_2O_2 与 CO_2 反应

1. 教师活动

讲述：根据吹气生火的趣味实验以及通过类比 Na_2O_2 与 H_2O 的反应，根据元素守恒，推测 Na_2O_2 与 CO_2 的化学反应方程式。

板书：

过氧化钠与二氧化碳反应：$2Na_2O_2 + 2CO_2 = 2Na_2CO_3 + O_2\uparrow$

2. 学生活动

思考、研究，试着写反应化学方程式。

3. 设计意图

类比，提高书写化学方程式的能力。

（五）Na_2O_2 的强氧化性（漂白性）

1. 教师活动

讲述：同学们，请大家标出 Na_2O_2 中 O 的化合价。标好了吗？告诉我你的正确答案。大家是不是很犹豫，Na_2O_2 中 O 到底是几价？我们接触过的都是 -2 价的，金属 Na 又是 $+1$ 价的，怎么回事呢？其实问题不难解决，请试着写出 Na_2O_2 的电子式。

板书：

过氧化钠的电子式：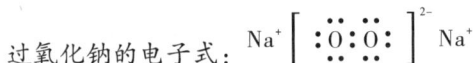

讲述：Na_2O_2 中的两个 O 其实是一个原子团，叫过氧根离子。这个原子团整体显 -2 价，Na_2O_2 中的 O 是 -1 价。同学们写对了吗？请同学们再思考一下，如果 Na_2O_2 中 O 是 -1 价，同时结合 Na_2O_2 分别与 H_2O 和 CO_2 的反应，这能说明 Na_2O_2 具有什么性质呢？

2. 学生活动

（1）动手标化合价。有的标上 -1 价，有的标上 -2 价，有的还在犹豫。

（2）写出 Na_2O_2 的电子式。

（3）听讲，思考。研究两个化学方程式，认识 Na_2O_2 既是氧化剂又是还原剂，并且因为 O 是 -1 价，所以得出 Na_2O_2 具有强氧化性，进而得出 Na_2O_2 具有漂白性的结论。

3. 设计意图

引导学生对化学反应进行探究，使其明白化学反应方程式可以推出很多信息，学生学习时应该去挖掘和全面掌握知识。

（六）知识总结

1. 教师活动

组织学生完成表格填写：

Na_2O_2 与 Na_2O 的性质对比

	Na_2O_2	Na_2O
固体颜色		
氧元素价态		
阴阳离子个数比		
与 H_2O 反应		
与 CO_2 反应		
重要用途		

2. 学生活动

有的同学翻书找答案，有的同学根据理解完成表格填写。

3. 设计意图

以表格的形式对知识点进行归纳总结，同时通过对比归纳可以提高学生对知识的记忆能力和掌握程度。

（七）当堂检测

1. 教师活动

组织学生完成练习，时刻关注学生动态并给予正确的指导。

（1）下列关于 Na_2O_2 的叙述正确的是（　　　）

A. 阴阳离子个数比为 1：1

B. 漂白原理与 SO_2 漂白原理相同

C. 分别跟 H_2O 和 CO_2 反应产生等质量 O_2 时，需要 H_2O 和 CO_2 的质量相等

D. 分别跟 H_2O 和 CO_2 反应产生等质量 O_2 时，转移电子的物质的量相等

（2）下列说法正确的是（　　　）

A. 可用 H_2O 来确定某 Na_2O 粉末中是否含有 Na_2O_2

B. 可用 CO_2 来确定某 Na_2O 粉末中是否含有 Na_2O_2

C. 可利用在空气中加热的方法除去 Na_2O 中的 Na_2O_2

D. 将足量的 Na_2O 和 Na_2O_2 分别加入酚酞试液中，溶液最终都是红色

2. 学生活动

认真读题、思考，与同学交流讨论，得出答案，或向老师提出疑问。

3．设计意图

随堂练习，老师可有效及时地得到学生对本节课知识点的掌握程度的反馈；同时也用来查漏补缺，使学生了解自己对哪些知识点没弄懂，及时与同学们交流或与老师交流。

五、板书设计

钠的重要化合物：Na_2O、Na_2O_2

1．类比：$CaO + H_2O \xlongequal{\quad} Ca(OH)_2$

得到：$Na_2O + H_2O \xlongequal{\quad} 2NaOH$

2．过氧化钠与水反应：

（1）现象：试管内有气泡产生，带火星的木条复燃；试管外壁温度升高，溶液由无色变红色又迅速褪色。

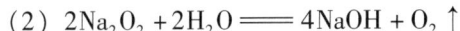

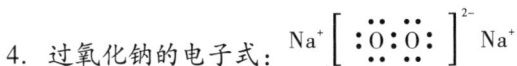

（2）$2Na_2O_2 + 2H_2O \xlongequal{\quad} 4NaOH + O_2\uparrow$

3．过氧化钠与二氧化碳反应：$2Na_2O_2 + 2CO_2 \xlongequal{\quad} 2Na_2CO_3 + O_2\uparrow$

4．过氧化钠的电子式：$Na^+ \left[:\overset{\cdot\cdot}{O}:\overset{\cdot\cdot}{O}: \right]^{2-} Na^+$

5．Na_2O_2 与 Na_2O 性质总结

Na_2O_2 与 Na_2O 的性质对比

	Na_2O_2	Na_2O
固体颜色		
氧元素价态		
阴阳离子个数比		
与 H_2O 反应		
与 CO_2 反应		
重要用途		

氧化还原反应①

化学卓培生：周志思
指导教师：邱永革

一、教学设计思路分析

本课基于目标导向教学理论，通过课标分析、教材分析、学情分析确立以教学目标为核心的基本教学内容；以教学目标为中心，教师选择和采用不同的教学策略、教学实施方案、教学评价方案，目标决定教法，目标决定教学结果的测量和评价；通过任务分析，确立终点教学目标，以不同的方式到达终点。

1. 课标分析

（1）根据事实了解氧化还原反应的本质是电子的转移。

（2）举例说明生活、生产中常见的氧化还原反应。

2. 教材分析

（1）内容：本课题属于人教版高中《化学》必修1第二章第三节第一课时，既是概念原理的重要组成部分也是中学化学核心知识。

（2）结构：人教版高中《化学》必修1的第一章"从实验学化学"属于概念原理知识（如物质的量、电解质等）；第二章"化学物质及其变化"属于概念原理补充，是元素化合物知识的实践基础；第三章"金属及其化合物"及第四章"非金属及其化合物"属于元素化合物知识（如钠、镁、铝、铁、氧、硫、氮、氯）。氧化还原反应是高中《化学》必修1的重要概念原理之一，是第一章和第二章的补充与承接，为第三章、第四章元素化合物的学习和综合运用提供了理论基础，起到承上启下的作用。

（3）意义：氧化还原反应是学生"宏观—微观—符号"思维模式转化的重要桥梁。

3. 学情分析

本节课教学对象是高一学生。从心理特点来看，高一学生好奇心强，思维活跃，但概念转变比较薄弱。从知识储备来看，学生在初中已经学习过有氧气参与的氧化反应、化合价、得氧失氧判据以及电解质、离子反应等。从能力储备来

———————

① 本文获2016年第五届全国高等院校化学专业师范生教学素质大赛教学设计比赛二等奖。

看，学生知道简单的氧化还原反应，会用得氧失氧的方法判断氧化还原反应，判断电子得失的个数和方向。

二、教学目标

（1）知识与技能：

①能从化合价变化认识并建立氧化还原反应的概念。

②通过典型化学反应的分析，理解氧化还原反应的本质是电子转移。

（2）过程与方法：

①通过氧化还原反应的学习，学会怎样从特殊到一般，再从一般到特殊的认识方法。

②通过氧化还原反应分析，建立宏观微观符号的内在联系，形成三重表征的思维模式。

（3）情感态度与价值观：

①在理解氧化还原的本质上，形成对立统一的思维方式。

②通过氧化还原反应概念的演变，养成用发展的眼光、科学的态度、勇于探索的品质学习化学。

三、教学重难点及其策略

（1）教学重点及其策略：

①氧化还原的含义——采用情境创设策略、知识结构化策略教学。

②氧化还原的特征——采用对比分析策略、知识联系策略教学。

（2）教学难点及其策略：氧化还原的本质——采用三重表征策略、诱导启发策略教学。

四、教学仪器及媒体

茶水、硫酸亚铁溶液、多媒体等。

五、教学过程

自学自研（教师精心设计导学案）→互学互研（组内分享自研成果，提出各自疑难，倾听同伴解释或教师点拨，重组知识结构）→深学深研（随堂测试并总结）→且行且思（提供扩展资料，布置作业）。

（一）自学自研

1．教师活动

（1）课前，教师精心设计学生自学自研导学案。

（2）以"是什么"的知识问题为主，以"为什么""怎么办"的知识问题为辅。

（3）对学生可能遇到的难题进行预测并提供解决引导方案。

2．学生活动

课前学生通过自学自研，对"是什么"层次的内容可以达到"识记"程度；对"为什么"层次的内容有自己的思考，若无法解决则将疑问留给小组，进行合作学习。

3．设计意图

（1）学生通过自主参与、自主完成、自主反思，养成自主学习的习惯，转变学习方式，提高学习效率。

（2）将学习主动权交还给学生，让学生从被动接受者变成学习活动中的"主动者""探究者""活动者"。

（二）互学互研：氧化还原含义（重点）

1．教师活动

自学检测（3分钟）：对自学自研的习题进行核对。

情境导入（6+2分钟）：茶水—墨水—茶水。茶水中加入 Fe^{2+} 后变成蓝黑色墨水，加入草酸后又变成茶水（反应过程：$Fe^{2+} \rightarrow Fe^{3+} \rightarrow Fe^{2+}$）。

提问：对比初中的氧化还原反应，现在这个氧化还原的过程有什么异同？（对比学案的初中氧化还原反应）$C + H_2O \xrightarrow{\text{高温}} CO + H_2$（提示：从化合价方面考虑）

深入讨论（7+3分钟）：上述讨论中确定氧化还原反应都涉及元素化合价的变化。

分析下列的氧化还原反应中各元素化合价在反应前后有无变化，并讨论氧化还原与元素化合价的升降有什么关系。

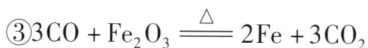

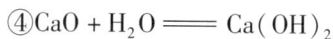

①$CO + CuO \xrightarrow{\triangle} Cu + CO_2$ 　②$C + H_2O \xrightarrow{\text{高温}} CO + H_2$

③$3CO + Fe_2O_3 \xrightarrow{\triangle} 2Fe + 3CO_2$ ④$CaO + H_2O == Ca(OH)_2$

2．学生活动

自我检测：自测题目并进行检查修改。

小组讨论：①不同点：未必有得氧或失氢。②相同点：元素化合价发生变化；氧化还原反应同时进行。③结论：并非只有得氧、失氧的反应才是氧化还原反应；凡是有元素化合价升降的化学反应都是氧化还原反应。

深入交流讨论：①分析结果：式①中 C：$+2\to +4$，Cu：$+2\to 0$；式②中 C：$0\to +2$，H：$+1\to 0$；式③中 C：$+2\to +4$，Fe：$+3\to 0$；式④中元素化合价没变化。②结论：物质所含元素化合价升高的反应是氧化反应；物质所含元素化合价降低的反应是还原反应。

3．设计意图

（1）"自学自研"可将课堂从"知道""领会"等较低层次的学习目标中解放出来，从而提高学习效率。

（2）从真实的情境中挖掘有关氧化还原的知识，学会运用化学知识去分析解决实际问题。

（3）通过小组内合作学习，在自学自研的基础上，进行深入交流讨论，达到知识的内化。

（三）互学互研：氧化还原特征（重点）

1．教师活动

（1）总结归纳：

①氧化反应——（氧化）扬扬得意；为何：化合价升高。

②还原反应——郁郁寡欢（还原）；为何：化合价降低。

（2）提问：塞翁失马，焉知非福。氧化价升，还原价降。但实际得到 A 必定会失去 B，失去 C 也一定会得到 D。在化学价的升降中发生了什么变化呢？

（3）提示：

①化学反应的实质是原子之间的重新组合。

②元素化合价的升降与电子的转移密切相关。

2．学生活动

（1）合作研讨：

①组长组织成员开展讨论。

②组长收集讨论成果并评价研讨质量。

③组内派代表对商讨结果进行汇报。

（2）成果汇报：

以元素化合价变化判断化学反应类型可分为两类。

①元素化合价有变化的反应为氧化还原反应。

②元素化合价没有变化的反应为非氧化还原反应；化合价的升降与电子转移有关（得失）。

3．设计意图

（1）小组内进行合作汇报将疑难和困惑一一讨论解决，体现了团队合作的精神。

（2）氧化还原反应中化合价变化是电子转移的外在表现。

（四）互学互研：氧化还原本质（难点）

1．教师活动

（1）渐入佳境（8＋4分钟）：

①提供两个素材：原子示意图、氯化钠形成示意图。

②氢气和氯气反应。

（2）提问：氧化还原过程中的特征是元素化合价的升降，但化合价的升降与电子的转移密切相关。请思考如何从微观角度认识氧化还原反应。

（3）提示：电子的转移包括两种，即电子的得失（金属与非金属反应例：钠与氯气反应）、共用电子对（非金属与非金属反应例：氢气与氯气反应）。

（4）总结：

钠＋氯气：敌强我弱，电子被夺，电子发生得失。

氯气＋氢气：势均力敌，电子对共用，电子发生偏移。

氧化还原的本质为电子的转移（得失或偏移）过程。

2．学生活动

学生从微观角度思考氧化还原的本质是电子的转移。

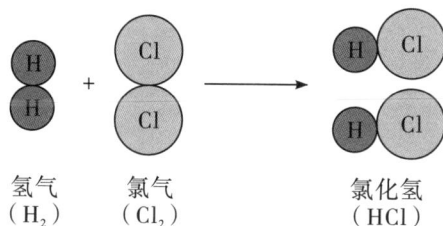

$$\text{氢气} \quad \text{氯气} \quad \text{氯化氢}$$
$$(H_2) \qquad (Cl_2) \qquad (HCl)$$

氢气和氯气反应微观图

回答：谁强电子归谁，氯核电荷多，氢的电子会被氯抢去。

回答：电子的得失或偏移。

3．设计意图

由于涉及微观结构，学生在知识的建构上有一定的难度。采用多媒体辅助教学，微观模拟演示 NaCl 和 HCl 形成过程，可以帮助学生理解氧化还原反应中电子转移与化合价升降的关系，从而更易理解氧化还原反应的实质是发生了电子转移，理解氧化还原的相互依存和对立统一的辩证关系，从而得到知识、技能和情感态度与价值观的提升。

（五）深学深研：总结归纳

1. 教师活动

随堂练习（4 + 3 分钟）。

课堂小结（3 分钟）。

2. 学生活动

自主练习与检查；小组归纳总结。

3. 设计意图

"深学深研"的问题与课堂讨论的内容有很大的关联度，但又不是简单的重复，而是知识的联系与巩固。

（六）且行且思

1. 教师活动

拓展应用：生活中的氧化还原反应。

2. 学生活动

课后思考：通过报纸、杂志、网络等查阅有关氧化还原在日常生活、工业生产和科学技术方面的具体应用实例。

3. 设计意图

通过生活中的氧化还原反应来深刻认识其对人类生活的影响，如水果氧化变色、食物氧化腐败等都可让学生直观地认识氧化还原反应，以情（情境）促情（情感）。

六、板书设计

第三节　氧化还原反应

一、氧化还原反应的概念

1. 表观认识：得氧失氧（片面）

2. 特征认识：化合价升降（判断依据）

3. 本质认识：电子转移（本质）

失去 $2 \times e^-$，价态升高，被氧化

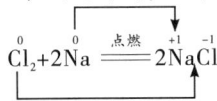

$$\overset{0}{Cl_2} + 2\overset{0}{Na} \xrightarrow{\text{点燃}} 2\overset{+1}{Na}\overset{-1}{Cl}$$

得到 $2 \times e^-$，价态降低，被还原

"溶解度"第一课时（饱和溶液）①

化学卓培生：林雪玲

指导教师：文剑辉

一、教学设计导航图

基于目标导向教学理论，通过教材分析、课程标准、学情分析确定教学目标，并以教学目标为基础，确定合适的教学内容。为高效地完成教学内容，达到教学目标，根据学生特点及教学内容，制定合适的教学策略及教学过程，并设计教学评价，逐步将教学内容具体化，环环相扣、条理清晰，从而高质量地完成教学。

二、教学设计思路分析

（一）指导思想

化学概念教学要注意概念形成的阶段性、发展性和学生的可接受性。化学学科特有的思维方式是从宏观向微观的延伸、从定性向定量拓展，这也是化学学科发展的趋势。本节课的指导思想是让学生广泛参与探究活动，通过探究活动体验科学探究是获取知识的一个重要途径，从而在探究过程中引导他们重视知识和概念的形成过程。

（二）教材内容分析

1. 课程标准

（1）使每一个学生以愉快的心情去学习生动有趣的化学，激励学生积极探究化学变化的奥秘。

（2）注意从学生已有的经验出发，让他们在熟悉的生活情境和社会实践中感受化学的重要性。

（3）让学生有更多的机会主动地体验科学探究的过程，在知识的形成、相互联系和应用过程中养成科学的态度、学习科学方法，在"做科学"的探究实践中培养学生的创新精神和实践能力。

---

① 本文获 2016 年第五届全国高等院校化学专业师范生教学素质大赛教学设计比赛二等奖。

2．教材分析

（1）本节课选自人教版九年级《化学》第九单元课题二"溶解度"第一课时。

（2）本节课是在学习了溶液之后进一步研究溶质在溶剂中溶解的情况。正确理解"饱和溶液"和"不饱和溶液"是学好"溶解度"以及有关溶质质量分数的计算的基础。因此，本节课在本单元中起着承上启下的作用。

（三）学情分析

授课对象：九年级，平时成绩属于中上层的学生。

1．知识储备

已学知识：溶液的形成、溶液的定义。

未知知识：从定量的角度去认识物质的溶解性，思考溶液的状态。

2．能力储备

（1）自主观察分析能力：

①能自主观察分析问题，如是否形成溶液、溶质是否充分溶解。

②未能自主观察分析问题，如溶质与溶质之间有何联系、溶质为什么不能一直溶解。

（2）实验能力：

①已有实验能力，如溶解、搅拌、过滤、加热。

②未有实验能力，如实验设计、实验现象描述。

3．兴趣动力

九年级的学生好奇心强，对神奇的化学世界充满探知欲。另外，动手能力和理解能力也比较成熟，对化学实验更是充满兴趣。

三、教学目标

（1）知识与技能：

①通过实验建立与理解饱和溶液的概念。

②说明饱和溶液的条件。

③了解结晶现象。

④认识饱和溶液与不饱和溶液的相对性及相互转化。

（2）过程与方法：

①通过对实验的观察、分析、讨论，初步了解实验探究的学习方法。

②学会运用类比方法认识事物的共性和个性。

③通过对实验的观察、分析、讨论，养成质疑、探究、归纳、总结的能力。

（3）情感态度与价值观：

①通过"实验探究"，体验科学严谨的探究意识。

②通过新知识学习，感受化学对人类生产、生活的贡献，养成学以致用的意识。

四、教学重难点

（1）教学重点：

①建立饱和溶液的概念。

②饱和溶液与不饱和溶液相互转化的方法。

（2）教学难点：正确理解饱和溶液的概念。

五、教学方法

（1）情景导入。

（2）小组合作。

（3）实验探究：质疑→探究→归纳→总结。

六、教学设计思路及教学准备

1. 教学思路

问题一：提问学生"生活中我们刚吃饱饭并且吃得很饱时，还能不能继续吃东西？"→引导学生思考"一定量的水中能否无限制地溶解某种溶质？水会不会也有'吃饱'的时候？"→初步认识"饱和"的概念。

问题二：由"人吃饱了过一段时间又会饿了，又可以继续吃东西"引出"水吃饱，饱和了，有什么办法让它继续吃？"→初步认识"饱和"与"不饱和"是可以相互转化的。

问题三："水吃饱了氯化钠，还可以继续吃其他的物质吗？"→引导学生探究一种物质的饱和溶液能否继续溶解其他物质→完善饱和溶液的概念。

问题四："若将该温度下的一杯'饱和溶液'继续降温或蒸发，溶剂会出现什么样的现象呢？"→引导学生初步认识"结晶"现象。

2. 教学准备

（1）图片素材。

（2）实验仪器及试剂：NaCl 固体、KNO_3 固体、蒸馏水、100 mL 烧杯若干、

250 mL 烧杯若干、玻璃棒若干、25 mL 量筒若干、冰块、酒精灯、水槽。

七、教学过程

（一）问题导入（2分钟）

1. 教师活动

（1）展示图片素材。

（2）提问：生活中我们刚吃完饭并且吃得很饱时，还能不能继续吃东西？

（3）引出问题一：一定量的水中能否无限制地溶解某种溶质呢？水会不会也有"吃饱"的时候呢？

2. 学生活动

（1）观察：观看、倾听、思考。

（2）回答：不能。

（3）学生猜想：能；不能。

3. 设计意图

从生活中的问题引出本节课内容，从一开始就激发学生的学习兴趣、探究欲望。

（二）实验探究（33分钟）

1. 教师活动

（1）提供实验仪器和试剂。

（2）确定实验方案：引导学生根据提供的实验器材，大胆设计实验方案，并最终协助学生确定两个实验方案。

方案一：向 20 mL 水中每次加入 5 g 氯化钠，看最后是否有剩余。

方案二：向 20 mL 水中每次加入 5 g 硝酸钾，最终两组都出现剩余。

（3）进行实验一：将学生（共40人）分为A、B两组，每组20人；A、B两组内部再细分为10个小组，每组2人。A组按照方案一进行实验，B组则按照方案二进行实验。

（4）建立概念一：在学生得出"水吃饱了"的初步结论后，向学生讲解"吃饱了的水"此时的状态，我们称之为"饱和"。若水还可以继续溶解溶质，我们则称之为"不饱和"。

（5）提出问题二，进行实验二：①如何让"吃饱的水"通过实验来验证呢？②指导学生制订如下方案：A 组向刚才的氯化钠溶液中继续加入 20 mL 水；B 组将刚才的硝酸钾溶液用酒精灯加热，并继续加入硝酸钾到溶液中。③指导学生进行实验。

（6）建立概念二：通过这次实验探究，引导学生意识到饱和与不饱和是相对的。饱和是有一定条件的，如温度、溶剂的量，即饱和溶液必须在一定温度下、一定量溶剂中才能存在。条件改变时，饱和溶液与不饱和溶液是可以相互转化的。这是对饱和溶液的进一步理解。

（7）提出问题三，进行实验三：紧接着提出第三个关于饱和溶液的问题，水吃饱了氯化钠，还可以继续吃其他物质吗？一种物质的饱和溶液是否不溶解其他物质呢？学生继续进行实验，往饱和的氯化钠溶液中加入硝酸钾，硝酸钾溶解。

（8）建立概念三：在一定温度、一定量溶剂中不能再溶解某种溶质的溶液叫作这种溶质的饱和溶液。

至此，通过一系列的探究活动、发现和思考，学生对概念的认识不断加深，最终形成完整的饱和溶液认知体系。

（9）提出问题四，进行实验四：①在不饱和溶液转化为饱和溶液时，紧接着提出问题："若将该温度下的一杯'饱和溶液'继续降温或蒸发，溶剂会出现什么样的现象呢？"②引导学生继续通过实验来揭晓答案。A 组继续加入氯化钠直至饱和，过滤除去多余的氯化钠，用酒精灯加热蒸发，观察现象；B 组将刚才的溶液置于冰水中，观察现象。③通过这一补充探究，使学生认识到结晶这一现象，知道热的溶液冷却后，已溶解在溶液中的硝酸钾从溶液中以晶体的形式析出，这一过程就叫作结晶；同时，使学生认识到结晶有降温和蒸发两种实现方法。

2. 学生活动

观察：猜想、思考、设计；学生小组合作，利用提供的实验器材设计实验。

实验：小组分别进行实验，认真观察，并记录现象。

小组讨论，得出初步结论→水吃饱了→在教师讲解下认识"饱和"与"饱和溶液"的状态。

观察、思考：观看，结合生活经验小组讨论、思考。

设计实验：在教师的引导下最终提出用加水和加热两种方法，再在教师的指导下制订实验方案。

按原先分组继续进行实验，观察现象，记录现象。

最终两组都发现原先溶液中剩余的溶质继续溶解了，并且 B 组继续加入的硝酸钾也全部溶解了，此时由学生小组讨论分别得出两个结论：①增加水的体积，水可以继续溶解氯化钠；②升高温度水可以继续溶解硝酸钾。

思考、理解：实验现象→饱和是有一定条件的——"一定温度下，一定量溶剂中"→饱和溶液与不饱和溶液是可以相互转化的。

继续按照提供的方案进行实验探究，观察现象。

得出结论：小组讨论，通过实验认识到对某一种溶质而言，即在一定温度、一定量溶剂中不能再溶解某种溶质的溶液叫作这种溶质的饱和溶液。

进行实验：观察现象→小组讨论→得出结论→结晶的定义、结晶的两种方法。

3．设计意图

（1）引导学生根据提供的实验仪器和试剂大胆设计实验，培养学生实验设计能力。

（2）采用探究式的教学方式，更符合学生的认识规律，体现了素质教育对课堂教学的要求，改变了传统教育中灌输式的教学模式。

（3）采取小组合作方式，促进学生合作交流，通过学生自主实验探究，并以小组合作方式得出结论，培养学生自主实验及交流讨论总结的能力。

（三）随堂练习（5 分钟）

1．教师活动

（1）提问引导：如何使接近饱和的硝酸钾溶液变为饱和溶液呢？

（2）人类生活与生产中使用的大量氯化钠主要是从海水中提取出来的，其提取过程大致如下：

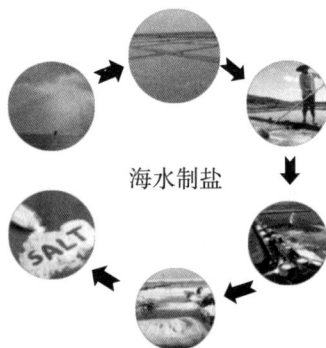

海水制盐

请回答：①从海水中提取食盐主要利用了什么原理？②海水在蒸发池中蒸发到一定程度再转入结晶池蒸发到什么程度最好呢？

（3）饱和溶液一定比不饱和溶液浓吗？

2．学生活动

思考、解答、回顾知识。

3．设计意图

（1）深化理解饱和溶液与不饱和溶液的概念。

（2）检验教学效果。

（3）升华内容，学以致用。

（四）课堂小结（3 分钟）

1．教师活动

回顾本节课的内容，对本节课的内容进行总结。

2．学生活动

回顾思考，尝试总结本节课所学的内容。

3．设计意图

根据遗忘曲线规律，及时总结，更能巩固旧知识，扎实掌握新知识。

八、板书设计

饱和溶液

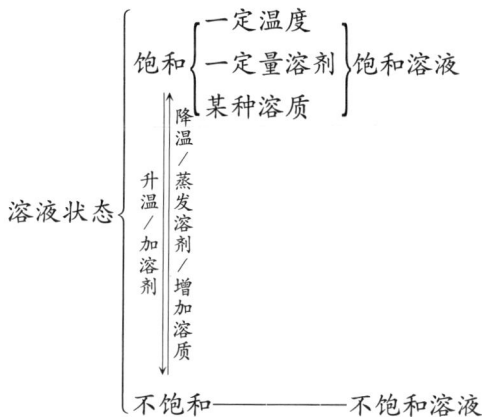

最简单的有机物——甲烷①

化学卓培生：邓玉珊

指导教师：袁明华

一、教学设计思路

1. 教材依据

本节课的内容选自人教版高中《化学》必修 2 第三章第一节"最简单的有机物——甲烷"第一课时。

2. 教材分析

本节课是学生在中学阶段第一次系统地学习有机物结构和性质的相关内容的一堂课。因为有机化学是化学学科的重要分支，烃是一切有机物的主体，而甲烷是烃中最简单的分子，学生对它的理解将为今后深入学习各种有机物分子结构奠定基础。因此，本节内容对帮助学生树立正确学习有机物的方法有重要的作用。

甲烷在生产生活中有重要的用途。它作为重要的资源，能为生产、生活提供能源物质保障，解决社会发展问题。因此，研究甲烷参与化学变化的规律，将成为学生学习甲烷的内驱力。

3. 学情分析

本节课的教学对象是高一学生。从学生心理特点来看，高一学生好奇心强，思维较活跃，有积极的参与意识和较强的表现欲，形式逻辑思维占主导地位，但抽象逻辑思维较薄弱。从学生知识储备来看，在初中阶段，学生已经知道甲烷是一种化石燃料，可以燃烧，能从甲烷的组成上认识燃烧反应的产物，但学生未知的是甲烷的分子结构以及取代反应的实质。从学生的学习能力来看，高一学生已经建立"结构—性质—用途"的无机物学习模式，有了一定的知识迁移能力。根据之前的建构经验，在有机化合物的学习中紧紧抓住结构与性质的关系，在学生的头脑中逐步建立有机物的立体结构模型，帮助学生打好进一步学习的方法论基础。但高一的学生学以致用的能力较差，很难将所学的知识应用于生活中，所以本课也将侧重锻炼学生理论联系生活实际、学以致用的思想，让学生真正明白生活中处处有化学知识，从而提高学习化学的积极性。

---

① 本文获 2016 年第五届全国高等院校化学专业师范生教学素质大赛教学设计比赛二等奖。

二、教学目标

（1）知识与技能：

①掌握甲烷的分子式、电子式、结构式的写法。

②理解并掌握甲烷分子的正四面体结构及其化学性质。

③建立有机物"结构决定性质，性质体现用途"的认知关系。

（2）过程与方法：

①通过分组并动手制作"甲烷立体构型"，认识有机物分子具有立体结构，并逐步养成自主、合作、探究的学习习惯。

②通过课堂观看改进后的甲烷氯代微型实验，学习科学探究的基本思路和方法。

（3）情感态度与价值观：

①通过复习已学的知识点，学会知识迁移，并学会归纳总结。

②通过学习甲烷的燃烧放热，了解甲烷作为能源的重要意义，感受化学研究对人类生活生产的价值，激发学生学习化学的兴趣。

三、教学重难点

（1）教学重点：甲烷的立体结构特点和甲烷的取代反应实质。

（2）教学难点：学生对有机物立体结构模型的建立。

四、教法学法

（1）教法：实验探究法、小组讨论法。

（2）学法：自主探究、合作学习、交流讨论。

五、教学实验器材准备

（1）实验器材：橡皮泥（准备 3 种不同大小的，分别代表碳、氢、氯原子）、竹签、U 形管、玻璃管、胶塞等。

（2）技术媒体：通过搜集相关视频资料和图片制作成多媒体课件（PPT），准备甲烷取代反应的改进实验（宏观）和甲烷取代反应的实质动画（微观）。

六、教学过程

新课导入→甲烷的结构→甲烷的物理性质→甲烷的氧化反应→甲烷的取代反应→与置换反应的对比学习→巩固练习。

（一）新课导入——观看两则新闻

1．教师活动

引入：使用多媒体播放《非凡中国之西气东输》和《西气东输湘潭联络线天然气管道发生泄漏》两则新闻视频。

讲解：能源在我国生产生活中的重要性，引出今天的主角——甲烷。

过渡：甲烷是一种有机物，是最简单的有机物。

2．学生活动

认真观看视频。

3．设计意图

在观看视频的同时吸引学生对甲烷这种有机物的有意注意，使其对甲烷有初步的印象，并逐渐形成生活中处处有化学的意识。

（二）教学——探索甲烷的结构

1．教师活动

提问：根据初中所学的知识想一想，甲烷是由哪些元素组成的呢？它的分子式是什么呢？

提问：根据前面所学的原子结构，可以画出碳原子跟氢原子的原子结构图吗？请学生在黑板上演示。

讲解：得出甲烷的电子式，以此推出甲烷的结构式的写法，用短线来表示一对共用的电子。

板书甲烷的分子式、电子式和结构式。

追问：甲烷分子中的原子在空间如何分布呢？是平面的吗？

实验探究：拿出事先准备好的橡皮泥、竹签等教具分给学生，让学生制作甲烷的空间构型，并提供科学信息，根据科学信息进行交流和讨论。

科学信息：4个C—H键长度、强度相同；H与C间的夹角相等。

副板书为小组制作汇总的结果。

讲解：甲烷是正四面体结构，并制作出正确的空间构型。

主板书为甲烷的分子式、电子式、结构式的写法。

2．学生活动

回答：甲烷由碳、氢两种元素组成，分子式为 CH_4。

回忆：思考后举手回答，画出碳原子跟氢原子的原子结构图。

活动：认真听课、做笔记。

思考并发言：

学生 A：平面。

学生 B：正四边形。

学生 C：不知道。

…………

活动：大胆猜想，然后分组动手实践。

学生一边思考一边做笔记。

3. 设计意图

（1）学生利用所学的知识一步一步推出甲烷的分子式、电子式和结构式，巩固知识的同时学会融会贯通。

（2）由于现阶段学生的抽象逻辑思维较薄弱，对物质结构方面的认识有局限性，因此在学习甲烷分子的空间结构时，拿出橡皮泥、竹签等教具分给学生，先让学生大胆猜想，然后分组动手实践，最后汇总各组所制作的模型，使学生在对比之中，化抽象为具体，从而对甲烷的正四面体结构有比较清楚的认识。

（三）新课教学——学习甲烷的物理性质

1. 教师活动

过渡：学习了甲烷的结构，就要转入对它的性质学习，让学生形成"结构决定性质"的思想。

提问：同学们知道甲烷具有哪些物理性质吗？请同学们观察盛有甲烷的试剂瓶并阅读教材，小组内展示并汇报甲烷的物理性质。

讲解：甲烷确实是无色无味、密度比空气小的气体。补充说明甲烷的另外一些物理性质，如溶解度。

主板书为甲烷的物理性质。

2. 学生活动

阅读教材。

自由发言：

学生 A：无色无味。

学生 B：密度比空气小的气体。

学生 C：……

学生听课并做笔记。

3．设计意图

回应前面所讲的"结构决定性质"，引导学生通过结构理解甲烷的有关性质，并通过实物加强学生的感性认识；通过展示汇报培养学生的归纳总结能力和语言表达能力，从而使其掌握甲烷的物理性质；让学生自己去发现、探究、总结，增强学生的合作探究精神。

（四）新课教学——学习甲烷的氧化反应

1．教师活动

提问：甲烷的可燃性决定了它有什么用途？有什么优点？请同学们试着写出甲烷的氧化反应的化学方程式。

板书甲烷的氧化反应的化学方程式。

小结：提醒学生甲烷的化学方程式中不使用"＝＝＝"，而要用"——→"表示，因为有机物的反应往往比较复杂，副反应较多。

讲解：以甲烷作能源为例讲解科学与社会的关系，渗透环保、能源问题。

追问：回到《西气东输湘潭联络线天然气管道发生泄漏》这则新闻视频，为了避免事故的发生，应该采取哪些安全措施？

讲解：总结学生的观点，并适当补充甲烷爆炸极限的知识点。

2．学生活动

思考。

自由发言：

学生A：作为能源、做菜烧饭等。

学生B：优点是可以省电，属清洁能源，无污染物生成。

（写甲烷的氧化反应的化学方程式）

回答：严禁烟火等。

学生听课并做笔记。

3．设计意图

（1）巩固"性质决定用途"的思想，逐渐形成生活中处处有化学的意识。

（2）通过甲烷的燃烧进行安全教育，同时引导学生用辩证的观点看待化学物质给我们生活带来的利与弊。

（五）新课教学——学习甲烷的取代反应

1．教师活动

过渡：在通常情况下，甲烷比较稳定，与高锰酸钾等强氧化剂不反应，与强酸、强碱也不反应，但是在一定条件下会发生取代反应。

实验改进：甲烷取代反应的实验。U形管的左端被水和胶塞封闭有甲烷和氯气（体积比为1:4）的混合气体，假定氯气在水中的溶解度可以忽略。将封闭有甲烷和氯气的混合气体的装置放置在有光亮的地方，让混合气体缓慢地反应一段时间。（宏观）

提问：大家观察到了什么现象？

讲解：甲烷分子中氢原子能被其他原子取代，向学生说明甲烷分子中的氢原子不止一个能够被取代，而且可以全部被取代，其次通过给出甲烷与氯气反应的几步方程式，进而讲清取代反应的实质。

板书取代反应的定义。

副板书：汇总整合同学们的观察现象并适当做补充。

播放动画：PPT展示甲烷取代反应的实质动画。（微观）

提问：同学们可以试着写出甲烷和氯气的取代反应方程式吗？

板书取代反应的方程式。

实验探究：同学们，你们可以用刚才的橡皮泥制作甲烷的全部氯代物吗？请大家分组讨论并动手操作。

提问：二氯甲烷有多少种空间构型？

讲解：只有一种。（亲手制作二氯甲烷）

过渡：使用多媒体课件展示工业合成中常见的取代反应，让学生分析这些反应当中的取代关系。

2. 学生活动

聆听，认真观看教师演示实验并记录现象。

思考。

讨论发言：

学生A：室温时，混合气体无光照，U形管无现象。

学生B：光照后，气体颜色逐渐变浅，U形管壁出现油状液滴等，U形管左壁的液面上升。

学生C：出现白雾等。

学生动手写甲烷的取代反应。

学生分组并动手制作甲烷的全部氯代物。

回答：一种、两种……

分析记录反应当中的取代关系。

3. 设计意图

（1）甲烷的取代反应是本节的一个难点，也是学生第一次接触的有机反应类型。由于实验的反应物——氯气具有毒性，不适合学生动手操作，所以在课堂上，对课本的实验做了改进，采用微型实验的原理。

（2）从宏观、微观和符号三个方面来认识取代反应的实质，把抽象的内容形象化，学生更容易接受，学习兴趣更大。

（3）感受化学研究对人类生产、生活的价值。

（六）新课教学——与置换反应的对比

1. 教师活动

提问：同学们，还记得前面学习的置换反应吗？回忆之前所学的知识，一起完成表格。

小结：与同学们一起完善表格并小结。

2. 学生活动

回忆并完成表格。

3. 设计意图

通过复习置换反应，学会对比学习甲烷的取代反应，学会归纳总结。

（七）巩固练习——温故知新

1. 练习

有针对性地选择习题，由浅及深，巩固本节课知识。

2. 作业

（1）个人作业：复习并完成书本的课时作业。

（2）小组作业：调查并收集周边家庭对甲烷燃料的使用数量，并组织一场关于甲烷的防护措施的宣讲会。

3. 设计意图

用新颖开放的作业形式增强学生的学习兴趣，增加生活常识，体现学以致用的价值观。

七、板书设计

最简单的有机物——甲烷

一、甲烷的结构

分子式、电子式、结构式（正四面体结构）

二、甲烷的物理性质

无色无味、密度比空气小的气体，难溶于水

三、甲烷的化学性质

1. 氧化反应

（1）化学方程式：

$$CH_4 + 2O_2 \xrightarrow{\text{点燃}} CO_2 + 2H_2O$$

（2）举例甲烷作为能源的应用。

2. 取代反应

（1）定义。

（2）实验现象与结果。

（3）化学方程式。

（4）举出甲烷的取代反应在工业上的应用实例。

（副板书）

爱护水资源[①]

化学卓培生：余文龙
指导教师：袁明华

一、教学设计思路分析

1. 教材依据

本课选自人教版《化学》九年级上册第四单元课题1。

2. 教材分析

（1）内容：本课题为人教版《化学》九年级上册第四单元课题1，主要包括水资源概况和水资源爱护两个方面。水资源概况，从地球总体储量上说是丰富的，从可利用的淡水资源上说是短缺的。从水体污染和水危机解决措施两个方面讲解水资源爱护。考虑到学生在日常生活中接触的节水知识较多，书中只给出了水体在工业、农业和生活中遭受的污染三条线索，让学生通过实际调查和文献调查两种方式总结出爱护水资源的方法途径。

（2）地位：本课题是第二单元"我们周围的空气"的同一类型课题的拓展，也为本单元课题2"水的净化"和课题3"水的组成"奠定坚实的基础，可谓起到了承上启下的作用。

（3）意义：对水资源分布进行深入的了解、学习水资源的节约和防止水体污染的方法，通过对爱护水资源课题的探究，学生可以更好地体会到学习化学的意义，感受化学世界的魅力。

3. 学情分析

（1）知识储备：在学习本课题之前，学生已经在人教版《地理》八年级上册中初步了解了水资源在时间和空间上分布不均，以及从地理学角度分析的合理利用与保护水资源的相关知识，有了一定的知识储备。

（2）能力基础：具有较强的自我学习能力，可以通过教学微视频掌握本课题的主要知识点。同时，具有一定的实际调查能力和文献查找能力，可以完成课前关于水质污染来源的调查。

（3）心理特征：初中生正处于精力充沛、思维活跃、敢于想象、敢于探索

---

① 本文获2016年第五届全国高等院校化学专业师范生教学素质大赛教学设计比赛二等奖。

的年龄阶段。所以，不能只是单纯把知识灌输给学生，这种做法会束缚学生的思维，压制学生的创造力和求知欲。结合此时学生刚接触化学学科时间不长、具有很强的探究兴趣的特点，可以让学生展开家庭内、小区内用水情况的调查活动，并且想出相应的节水措施，提出合理的防治水体污染的建议。

（4）生活经验：爱护水资源是学生从小便耳濡目染的话题。在家庭、学校和社会生活中，爱护水资源是对每一个人的基本要求。因此，学生具有一定的节水意识和节水方法。

（5）所处环境：笔者所在的南方地区降雨充沛，学生对水资源短缺缺乏一定的感性认识。因此，可以通过带领学生调查韩江水质、观看缺水产生严重后果的相关新闻报道以及查阅水资源现状文献资料等方式弥补这一缺陷。

4. 教学设计思路

本节课采用翻转课堂模式。学生在课前根据自己的学习进度，观看录制好的视频，并完成相应的学习任务，然后通过网络或小组形式与同学、老师进行交流讨论。

课前：学生观看老师提前录制好的视频、网上查阅水资源现状的资料，在老师的带领下调查韩江水质情况，学习基本的理论知识并完成相应的探究活动。老师根据学生的学习情况，制订相应的教学方案，对重难点做好充分的讲解准备。

课中：让学生以小组的形式讨论生活中的水体污染现象和防止水体污染的方法，营造活泼的课堂氛围，激发学生的学习兴趣，适当提问和展示图片贯穿整个课堂。

课后：从节流方面进行分析，设计家庭节水计划，并绘制爱护水资源的手抄报，在所在小区或街道宣传水资源爱护的知识。查阅与水资源爱护相关的政策法律法规，从政府的角度出发，为减少水资源浪费和污染出谋划策。

二、教学目标

（1）知识与技能：

①了解地球上水资源的存在和分布情况，理解水资源既是丰富的又是短缺的这一现实情况。

②了解世界及我国的水资源状况，找出水资源短缺的原因，掌握节水和防止水污染的一些基本方法。

（2）过程与方法：

①通过播放新闻视频和展示图片，意识到水资源短缺的严重性。

②通过文献资料调查地球水资源的状况，明白水资源的现状。

③通过实地调查韩江水污染状况，弄清水污染的主要三大来源。

（3）情感态度与价值观：

①通过水资源状况的学习，感受到水资源缺乏离我们并不远，节约用水迫在眉睫。

②设计家庭节水计划，使学生牢固地树立"节水从我做起"的信念，树立保护水资源、珍惜水资源、节约用水的意识。

三、教学重难点

（1）教学重点：

①地球上水资源的分布情况、可利用水资源的情况。

②造成淡水资源短缺的原因。

③节约用水和防止水体污染的措施。

（2）教学难点：学生对"水资源既是丰富的又是短缺的"这一现实情况的认识。

四、教学方法

以实地调查法、自主学习法和讨论法为主，以讲授法为辅。

五、教学流程

（1）课前模块设计：

环节一	教师录制教学视频		
	学生观看教学视频	自我学习	构建知识网络

环节二	师生开展水质调查	团体合作	探究水污染来源
	学生网上查阅资料	文献调查	了解水资源现状

（2）课中教学模块设计（共45分钟，一个课时）。

六、教学过程

（一）效果测试（8分钟）

1. 教师活动

（1）课前让各位同学查找当前水资源的状况的文献资料。现在，请一位学生代表，展示一下其调查成果，结合教学微视频的内容，说说水资源的现状。

（学生回答后继续下一个问题）

（2）在学习本课题之前，笔者曾和同学们一起前往韩江分组进行水质调查活动，并做了进一步的研究调查，总结出一些关于韩江水质的结论。下面，请一位小组代表来总结一下此次活动。（学生回答后继续下一个问题）

（3）在观看微视频后，首先来看几道测试题。

①苏联宇航员尤里·加加林认为，地球看上去更像什么？

②地球的水陆比例约为多少？

③我国降水量从南到北的特点是什么？时间上的特点是什么？

④世界水日是哪一天？

⑤解决水资源空间分布不均的常用措施是什么？

2．学生活动

（1）学生代表分享水资源的现状资料。

某学生：地球上，71%被水覆盖，有 1.386×10^{18} 立方米的总水量。如果按 70 亿人，每人每年用水量 100 吨计算，则可以使用 1 980 000 年。所以说，地球上的水资源是极度丰富的。但是这其中 96.5% 是海水，不能直接饮用，只有 2.53% 的淡水资源；并且，近 70% 的淡水资源以冰雪的形式存在于两极、高山中，利用的难度相当大。所以不得不说，水资源又是有限的。这就是我所了解到的当前水资源现状，总的来说，既丰富又有限。

（2）小组代表总结韩江水质调查的过程与结论。

某小组：在我们小组调查韩江水质的过程中，发现韩江水整体情况良好，正值夏季，江中还有不少市民在游泳，说明水质还是不错的。傍晚时分，我们在江边看到不少垂钓的居民，上前询问收获情况，被告知最近几年钓鱼或网捕鱼的收获越来越少，不仅因为之前的过度捕捞，更为重要的是江水污染使江中的鱼难以生存。因此，钓鱼更多的是作为一种休闲放松的方式，并非以往的谋生手段。我们继续沿江边走，发现在沿江的不少地方有生活垃圾，其中塑料用品居多。此外，一些流入韩江的水沟或排水管流出非正常颜色的水，进一步跟踪得知是周边工厂流出的工业废水。同时，韩江周边也有不少的菜地和农田，农民会喷洒农药和施用化学肥料。所以，对于韩江水等水资源的污染来源，我们大致分为生活污染、工业污染和农业污染三类。

（3）参考答案：

①水球。②3∶7。③逐渐减少；夏多冬少。④3 月 22 日。⑤跨流域调水。

3．设计意图

（1）检测学生完成课前文献资料调查的成果，突破重难点：水资源的现状及其丰富性和有限性。

（2）展现学生实地调查韩江水质的成果，掌握一般水资源污染的三大来源，也是水资源短缺的重要原因。

（3）敦促学生课前观看教学微视频，自我检测，发现不足。

（二）提出并确定问题（2分钟）

1. 教师活动

（1）提问引导：在上课之前，布置了回去观看教学微视频的任务，相信同学们都已经完成。那么，在观看微视频后，同学们都有哪些收获和疑问呢？下面大家以小组为单位共同交流学习，分享你们的收获，大胆地提出疑问。

（2）讲述：看到同学们都很踊跃参与到讨论中去，也说出了自己的想法和主见，这是很不错的表现。

（3）接下来我们请几个小组来给全班同学展示一下他们所总结出来的问题，其他小组同学认真倾听，听听这些问题你们是不是也不懂，是否能替他们解除心中的疑惑。

（4）板书：

一、人类拥有的水资源

丰富性：

有限性：

我国水资源分布特点：

二、爱护水资源

水污染的来源：

解决水危机措施：

2. 学生活动

自由发言、讨论。

某小组内：

学生甲：因为水资源中绝大部分是海洋水，海水是咸水，而我们日常饮用的是淡水，所以才造成了水资源短缺的现状。

学生乙：淡水占比重少是水资源短缺的唯一原因吗？

学生丙：既然海水数量巨大，那我们可不可以将海水转化为淡水，弥补淡水资源不足的缺陷？

确立以下问题：

（1）探索水资源短缺的原因。

（2）如何做到爱护水资源？

（3）如何去平衡经济发展与水资源爱护？

3．设计意图

（1）勾起学生对视频内容的回忆，快速在脑海再现知识点。

（2）让学生大胆地提出心中的疑问，培养他们敢于发言的习惯。

（3）有重点地从众多问题中选择具有典型意义的问题进行探讨。

（三）小组讨论（20分钟）

1．教师活动

（1）讲述：经过同学们的思考，每个人的心中都有了自己的答案，那么答案的正确与否又该如何去验证呢？下面的时间各小组进行组内交流讨论，和组内成员去分享思考的结果。

（2）行动：到各小组内走动，解决问题，并参与到讨论中，融入到学生中去。

2．学生活动

针对问题一：探索水资源短缺的原因。

学生甲：地球上的水看似很多，但绝大部分是海水，不能直接饮用。另外，大部分淡水资源以冰雪的形式存在于两极、高山中，利用的难度相当大，所以才造成水资源的短缺。

学生乙：尽管这样，我个人还是觉得这些可利用的水资源是足够给人类使用的。但是，水资源的分布不均带来了很大的困难，比如在我国东南地区，降水充沛；但是在我国西北地区，降水量少之又少，无法满足日常生活用水需求。此外，降雨季节分布不均，使水资源短缺更严重。

学生丙：这些都是自然的原因，是无法改变的。近百年来，随着经济的快速发展，水资源变得更加短缺，特别是在城镇化程度高的地区，这说明水资源的短缺与人类的活动关系密切。一方面，人口的快速增长导致用水量加剧，另一方面，生活垃圾、工业废水、农药残留使水体遭到严重的污染，不适合人类饮用。

…………

针对第二个问题：如何做到爱护水资源？

学生甲：开源：第一，兴建水库，如三峡工程，解决降雨季节分布不均匀的问题。第二，跨流域调水，如南水北调工程，将水从水资源丰富的南方调到北方，解决地域水资源不均的问题。第三，探索新的技术，高效率地转化海水为可利用的淡水，减少人类对地表水的依赖性。

学生乙：节流：节约用水。工业上，改进工艺，循环用水。农业上，使用科学的种植技术，使水资源得到最大的利用。生活中，不能浪费水，学会使用少的水做多的事。

学生丙：除了以上的方法外，我觉得水体遭到破坏有一个重要的原因。在我的家乡农村地区，山青水绿，小溪里的水不仅可以作为生活用水，甚至还可以饮用。然而在城市里，多数是大江大河，按理应该用水充足，结果却是水资源短缺严重，调查报告也说明排在我国缺水城市前列的大部分是大城市。水质受到污染的一个主要原因是工业废水未经处理直接排放至河流，企业为了经济效益而忽视了环境。此外，垃圾肆意丢弃也是造成水质污染的重要原因。

…………

3. 设计意图

（1）通过小组讨论的形式去解决同学们心中的疑问，重点培养学生敢于发表个人见解的精神，在不同思想的激烈碰撞过程中牢牢地掌握知识并学会尊重个人见解。

（2）教师参与讨论可以提高同学们对问题讨论的更大参与度，帮助学生解疑，使讨论更加顺畅地进行，使学生有更大的收获。

（3）通过小组讨论的问题一和问题二，突出本课题的重点②和重点③。

（四）各组交流（5分钟）

1. 教师活动

（1）讲述：经过个人和小组内部的激烈讨论，相信同学们已经对确立的问题有了明确的答案。还有不懂的、小组内部无法解决的问题都可以提出来。那么下面就请几个小组派代表讲讲小组内的讨论成果，如收获、疑问、建议等。

（2）行动：积极引导、支持并鼓励小组代表发言。

2. 学生活动

第一小组：通过小组内部成员积极发表意见观点后，我们组基本解决了上述两个问题，了解到水资源的现状：水资源虽丰富，但可利用的少，加上人口数量多，污染、浪费使水资源短缺的问题更明显。同时也学习到许多自己力所能及的节水方法：及时关水龙头，向身边的人宣传爱护水资源的知识，引起大家对水资源的关注。另外，还有问题想留给大家思考：在爱护水资源这件至关重要的事情上，政府该扮演怎样的角色？是否应该制定一些切实可行的法律法规去规范人们的行为？又该如何保证它的实施？

第二小组：……

第三小组：……

…………

3. 设计意图

通过小组交流，检查同学们的组内交流成果、对本节课知识的掌握程度。

提出一个尖锐的问题，把爱护水资源从个人上升到国家乃至全球的层次，引发大家的深思，并鼓励大家课后查阅相关资料并结合自身经历提出切实可行的方案。

（五）小结（5分钟）

1. 教师活动

板书与讲解结合。

讲述：这节课的新课内容就到此结束。学完这节课，针对这节课我们小结一下。主要内容包括以下两个方面。第一个方面为了解人类拥有的水资源的丰富性主要体现在地球表面大部分被水体覆盖。

（"丰富性"板书：地球70%被水体覆盖）

尽管如此，我们可利用的水依然是有限的，其中一个原因是可利用的淡水极少。

（"有限性"板书：可利用的淡水不到0.65%）

另外我国水资源还呈现出以下几个特点：

（"我国水资源分布特点"板书：总量多，人均占有量很少；地区分布不均；时间分配不均）

第二个方面为有针对性地爱护水资源，包括弄清楚水污染的来源：工业污染、农业污染、生活污染。

（"水污染来源"板书：工业污染、农业污染、生活污染）

然后，有针对性地寻找解决方案。对于资源分布不均的现状，现在更多采取的方法是蓄水和调水，分别对应时间和空间分布不均问题。

（"解决水危机措施"板书：①改善资源分布不均：兴建水库；跨流域调水）

对于个人和集体来说，更多的是从生活小事做到爱护水资源，节约用水、科学用水和防止水污染。

（"解决水危机措施"板书：②爱护水资源：节约用水，科学用水；防止水污染）

2. 学生活动

（1）回忆并认真听讲，记笔记。

（2）随着老师的讲解，在脑海里构建知识网络，串联各个知识点。

3. 设计意图

（1）理清思路，培养学生归纳总结的能力。小结也方便学生的记忆。

（2）构建知识网络，对本节课的内容有一个清晰的了解。

（六）习题巩固（3分钟）

（1）水对人类的生存具有非常重要的意义，没有水就不可能有生机勃勃的地球，所以保护水资源是人类共同的责任。下列各项能造成水质严重污染的是（ B ）

①生活污水的任意排放　②海上油轮的原油泄漏　③水力发电

④农药化肥的不合理使用　⑤使用无磷洗衣粉

A.①②③　　　　B.①②④　　　　C.③⑤　　　　D.②③⑤

（2）今年5月11—17日是全国城市节约用水宣传周。南昌市有关部门呼吁南昌市民"像北方缺水城市一样珍惜水资源"。下列做法中有利于节约用水的是（ D ）

A. 洗脸、刷牙时，不间断地放水

B. 洗澡擦肥皂时不关喷头，任水流淌

C. 任由水龙头漏水而不及时修理

D. 洗菜、淘米的水用来浇花、拖地、冲厕所

（3）"赤潮"是水质恶化的一种表现，在我国沿海地区多次发生，造成重大经济损失。下列可能造成此现象的是（ D ）

A. 鱼虾的大量养殖　　　　　　　B. 沿途建设水电站

C. 工业废水排放入海　　　　　　D. 大量含磷物质排放入海

（4）自然界中储水量最多的是（ D ）

A. 气态淡水　　　B. 陆地淡水　　　C. 陆地咸水　　　D. 海水

（七）课后作业（2分钟）

1. 教师活动

受干旱气象影响，2016年印度小麦和巴西玉米产量大大降低。而在2006年时，我国重庆发生百年一遇的旱灾，直接经济损失达71.55亿元，农作物受旱面积1 979.34万亩，815万人饮水困难。

水资源短缺会给人类生活带来巨大的经济、生命损失，虽然我们处于水资源相对丰富的地区，但爱护水资源依然是我们每天的必修课，我们应当尽量避免缺水情况的发生。

课后，请各位同学完成以下三个作业：

（1）从节流方面进行分析，制订家庭节水计划。

（2）绘制爱护水资源的手抄报，在所在小区或街道宣传爱护水资源的知识。

（3）查阅与爱护水资源相关的政策法律法规，从政府的角度出发，平衡经

济发展与爱护水资源的关系，为减少水资源浪费和污染出谋划策。

2．学生活动

课后自主完成作业1、2、3，并与班上学生进行交流。

3．设计意图

（1）通过设计家庭节水计划，使学生牢固树立"节水从我做起"的信念，树立保护水资源、珍惜水资源、节约用水的意识。

（2）培养更多的人树立节约用水的意识，为爱护水资源贡献自己的力量。

（3）意识到爱护水资源是全社会的责任，需要个人、社会和政府的共同努力；认识到政府的宏观调控是爱护水资源的重要途径。

七、板书设计

课题1　爱护水资源

一、人类拥有的水资源

丰富性：地球70%被水体覆盖

有限性：可利用的淡水不到0.65%

我国水资源分布特点：总量多，人均占有量很少；地区分布不均；时间分配不均

二、爱护水资源

水污染的来源：工业污染、农业污染、生活污染

解决水危机措施：

①改善资源分布不均：

兴修水库；跨流域调水

②爱护水资源：

节约用水，科学用水；防止水污染

第四章 "微课题"研究

基于中国象棋的化学游戏设计与实现[①]

化学卓培生：林雪玲

指导教师：黄俊生　文剑辉　柯东贤

一、化学象棋游戏的意义与作用

化学象棋游戏是将传统且富有生命力的中国象棋与化学知识结合起来形成的一种新兴游戏。化学象棋游戏有多方面的作用。

第一，夯实化学基础。学生可以通过课后的化学象棋游戏回顾课堂内容、巩固相关知识。在游戏的过程中，学生可以重复接触课堂上学到的化学知识，夯实基础。

第二，提高学生学习化学的主观能动性。化学象棋游戏本身的趣味性及对抗性可以激发学生学习化学的兴趣。此外，好胜心理会驱使学生主动学习、记忆相关知识点，从而提高学习效率。

第三，让学生相互促进学习。化学象棋游戏为双人游戏，具有一定的对抗性。对弈双方都需要掌握一定的化学知识，若一方化学知识掌握太少就处于明显的弱势地位。在游戏的过程中，双方可以互相学习，逐渐积累化学知识，实现共同进步。

第四，弥补传统课堂教学的不足。众所周知，传统课堂教学比较乏味，难以调动学生学习的积极性，学生在课堂上学到的知识容易被遗忘。而化学象棋游戏

---

① 载于《教育观察》2016 年第 24 期。

充满趣味性,让学生在游戏中学习,不仅能够很好地弥补传统教学的不足,调动学生学习的积极性,还能让学生在课后游戏的时候复习相关化学知识。因此,化学象棋游戏是很好的学习辅助工具。

第五,培养学生的多元智能。现今社会,越来越强调学生智能的多元化发展。化学象棋游戏融合了中国象棋的智慧,学生不仅能从中学到知识、丰富文化生活、陶冶情操,还能训练思维,培养顽强意志。

二、化学象棋游戏的设计

化学象棋游戏的设计有选择母体游戏、融入化学知识和设计游戏过程三个方面。

(一)选择母体游戏

首先,所选母体游戏的普及率应较高。传统中国象棋的发展历史悠久,有众多爱好者,普及率也较高。除此之外,中国象棋的游戏规则相对简单,易于接受,难度适中,而且游戏过程丰富多彩,充满趣味性。选择中国象棋作为母体游戏不仅能将化学知识很好地融入其中,还能使其增趣不少,较易为学生所接受。

其次,所选游戏应具备一定的连贯性,能够把化学知识很好地联系起来。中国象棋棋子间的联系较大,它需要棋子间的相互配合来控制整个战局,以尽可能取胜。另外,中国象棋的棋盘与规则的可发展性很强,将其与化学知识融合改造为化学象棋时的改进方向较为宽广。

最后,所选游戏应具备一定的包容性,以融入更多的内容,使游戏过程更为丰富有趣。中国象棋在游戏过程中不仅可以融入化学知识,还可以结合扑克牌形成棋牌游戏,扩充游戏内容,使游戏更加丰富,同时使知识内容更加充实。

(二)融入化学知识

母体游戏挑选完毕后,需要考虑可以融入哪些化学知识。要融入的化学知识难度应该适中。因为化学象棋游戏的主要对象是广大中学生和化学爱好者,重在用化学基础知识激发学生的学习兴趣,过偏过难的知识点应该舍弃。

在笔者设计的化学象棋游戏中,笔者将中学常见的金属和氧化剂融入其中,并将各棋子按其还原性和氧化性的强弱排列(中学阶段的氧化还原强弱判断方式:第一,同一反应方程式,反应物的氧化还原性比生成物强;第二,同主族由上到下的还原性增强,同周期由左至右氧化性增强;第三,当不同氧化剂作用于同一还原剂时,若氧化剂价态相同,可根据反应条件的高低进行判断;第四,根据氧化产物的价态高低判断;第五,根据元素最高价氧化物对应的水化物酸碱度的强弱判断；第六，根据原电池、电解池的电极反应判断）。另外，在初次设计游戏时，笔者只将中学常见金属和氧化剂的基本性质融入游戏过程，学生可依照自身掌握的情况自行对内容进行补充，加深难度，升级游戏。

（三）设计游戏过程

在象棋游戏与化学知识初步融合后，需要进一步规划棋盘，进一步调整游戏规则，适当增减母体游戏的主要内容，优化化学象棋游戏。

1. 游戏设计与攻略

（1）棋盘。

棋子活动的场所叫作棋盘（如图1所示）。在一个长方形的平面上绘制12条平行的竖线和10条平行的横线，二者相交组成化学象棋游戏的棋盘。棋盘上共120个交叉点，棋子就摆在这些交叉点上。其中，中间第六、七两横线之间未画竖线的空白地带，称为"河界"，整个棋盘以"河界"为分界线分为相等的两部分。双方的 K（将）、F_2（帅）分别被囚禁于对方画有米字方格的位置，这个位置叫"九宫监"。

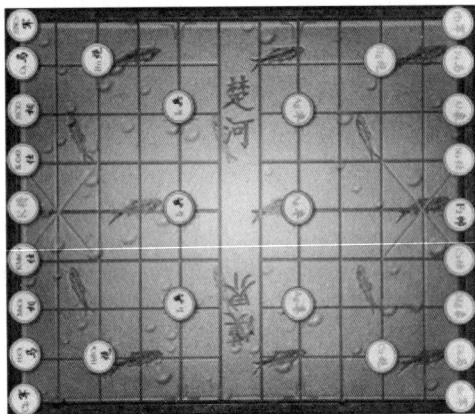

图1　化学象棋母板棋盘

（2）棋子。

化学象棋的棋子共28颗（中国象棋为32颗），分红、黑两组，双方各执一组，每组棋子性质有所不同。对弈双方各有14颗棋子。红为具有还原性的一组，黑为具有氧化性的一组。红、黑两组棋子各按其还原性、氧化性强弱排列，如表1所示。各棋子的摆放位置如图1所示。

表1 棋子种类及其数量

红方	黑方	数目
K	F_2	1
Ca	$KMnO_4$	1
Na	$K_2Cr_2O_7$	1
Mg	MnO_2	1
Al	$HClO$	1
Zn	H_2O_2	1
Fe	O_2	1
Sn	Cl_2	1
Pb	HNO_3 (稀)	1
Cu	H_2SO_4 (浓)	1
Hg	Br_2	1
Ag	I_2	3

（3）棋子走法说明。

化学象棋走法与中国象棋走法不同，化学象棋走法更灵活多样，考验的是游戏体验者的综合能力。具体走法如表2所示。

表2 化学象棋与中国象棋走法

棋子	化学象棋走法	中国象棋走法
K（将）或 F_2（帅）是双方各自的将或帅，但将或帅在一开始就被囚禁在对方的九宫监中，是双方极力营救的目标	移动范围：①在自己领地内可任意移动；②被囚禁于九宫监是不能擅自移动的，需要棋子营救并背在身上，直至过河 移动规则：①被囚，在敌军九宫监内失去功力，在九宫监内可以移动；②营救，部下将其背在身上，走出九宫监后，它可将水平或垂直一步之遥的棋子吃掉；③营救成功，回到领地后，功力恢复，可水平或垂直任意移动	只能在九宫内活动，可上可下，可左可右，每次走动只能按竖线或横线走动一格 帅与将不能在同一直线上直接对面，否则走方判负

（续上表）

棋子	化学象棋走法	中国象棋走法
$KMnO_4$、$K_2Cr_2O_7$（士）或 Ca、Na（士）是九宫监的忠实守卫	移动范围：只能在九宫监内移动 移动规则：每步只可以沿对角线方向移动一点	它也只能在九宫内走动。它的行棋路径只能是九宫内的斜线
MnO_2、HClO（相）或 Mg、Al（象）主要作用是防守，防止敌军的将或帅被救走	移动范围：河界的一侧 移动规则：每步只可以沿四个小正方形（"田"字）的对角线方向移动一步（当"田"字中心有棋子时，不能越过）	每次循对角线走两格，俗称"象走田"。相（象）的活动范围限于"河界"以内的本方阵地，不能过河。如果它走的"田"字中央有一个棋子，就不能走，俗称"塞象眼"
H_2O_2、O_2（马）或 Zn、Fe（马）	移动范围：任何位置 移动规则：每步只可以水平或垂直移动一点，再按对角线方向向左或向右移动一点，另外，移动过程不能穿越障碍	走动的方法是一直一斜，即先横着或直着走一格，然后再斜着走对角线，俗称"马走日"。马一次可走的选择点可以达到四周的 8 个点，故有"八面威风"之说。如果在要去的方向有别的棋子挡住，马就无法走过去，俗称"蹩马腿"
Cl_2、HNO_3（军）或 Sn、Pb（军）	移动范围：任何位置 移动规则：可以沿水平或垂直方向任意移动	无论横线、竖线均可行走，只要无棋子阻拦，步数不受限制。因此，一车可以控制17个点，故有"一车十子寒"之称
浓 H_2SO_4、Br_2（炮）或 Cu、Hg（炮）	移动范围：任何位置 移动规则：①可以沿水平或垂直方向移动；②跳过一个棋子吃掉对方的棋子	在不吃棋子的时候，走动与车完全相同
I_2（兵）或 Ag（卒）	移动范围：任何位置 移动规则：①每步只能向前移动一点；②过河后，增加了向左、向右的能力；③只有在解救了将之后才有后退的能力	在未过河前，只能向前一步步走；过河以后，除不能后退外，允许左右移动，但一次只能移动一步

2．胜负规则

（1）K 或 F_2（将或帅）被敌军吃掉，对方赢。

（2）若双方都无法救出各自的将或帅，作和。

（3）若双方剩下的棋子皆走不出九宫监或过不了河界，作和。

3．游戏规则

（1）将或帅被囚禁于九宫监时，只能被敌军主帅吃，不能被其他棋子吃。除这种情况之外，任何棋子能吃任何棋子。

（2）"凭什么放过你"：当棋子要被吃时，吃者可以给将被吃者两个选择：①吃者握"性质牌"提问将被吃者有关问题，被吃者答对可向左、右、后或沿对角线移动两步，躲过一劫，答错则被吃，且吃者的任一战友可前进一步（不适用于将或帅，将或帅会直接吃掉将被吃者）。②直接被吃。

（3）在同一河界内两主帅一照面（中间没有棋子隔着），在自己战场的将或帅便可将对方吃掉。

4．性质牌提问规则

（1）对元素化学性质的提问，回答出三点及以上才可执行，否则不可以执行。

（2）对元素物理性质的提问，回答出三点及以上才可执行，否则不可以执行。

（3）对于情景设疑的问题需要完成正确的化学方程式，否则不可以执行（汞除外）。

性质牌的制作如图 2 所示。

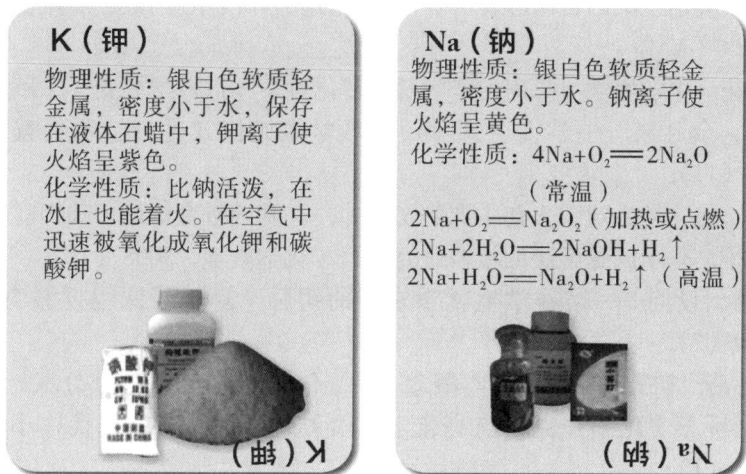

K（钾）

物理性质：银白色软质轻金属，密度小于水，保存在液体石蜡中，钾离子使火焰呈紫色。
化学性质：比钠活泼，在冰上也能着火。在空气中迅速被氧化成氧化钾和碳酸钾。

Na（钠）

物理性质：银白色软质轻金属，密度小于水。钠离子使火焰呈黄色。
化学性质：$4Na+O_2 {=\!=} 2Na_2O$
（常温）
$2Na+O_2 {=\!=} Na_2O_2$（加热或点燃）
$2Na+2H_2O {=\!=} 2NaOH+H_2\uparrow$
$2Na+H_2O {=\!=} Na_2O+H_2\uparrow$（高温）

图 2　钾、钠的性质牌

三、结语

化学象棋游戏的设计旨在帮助学生更好地掌握中学常见的氧化剂、还原剂以及常见金属的相关性质。游戏中，学生不仅要记住常见金属、常见氧化剂，还要记住其相关知识点，这样才有把握获胜。当前的氧化还原反应模块的化学象棋游戏只是笔者对化学象棋游戏的初步探索，只融入了部分中学化学知识，无法囊括所有中学化学知识。但是，笔者可以尝试将化学象棋游戏系列化、模块化，逐一呈现化学知识，这样不仅使游戏针对性强，模块之间还能形成既独立又相互联系的关系，并形成网状格局，在总体上囊括中学化学知识。

参考文献

[1] 谢敏，彭豪，钱扬义. 国内外中学化学教育游戏设计研究进展［J］. 远程教育杂志，2011（6）.

[2] 周群力，钱扬义. 中学化学教育游戏在中国大陆的设计研究进展［J］. 化学教育，2014（1）.

[3] 李银慧，谢长法. 近代中学教育研究的现状、问题与构想［J］. 沈阳师范大学学报（社会科学版），2013（5）.

[4]《教育研究与评论（中学教育教学)》2016 重点话题征稿启事［J］. 教育研究与评论（课堂观察），2016（3）.

[5] 罗斯. 实用主义的自由教育［N］. 黄德远，译. 中国社会科学报，2015 - 05 - 29（A7）.

[6] 杨金花. 中学生学习障碍的产生及其转化对策［J］. 学周刊，2015（32）.

[7] 谢非，余胜泉. 中学混合式学习的教学实施模式［J］. 现代教育技术，2007（11）.

[8] 肖峰. 将化学游戏引入初中课堂初探［J］. 基础教育论坛，2010（6）.

[9] 王后雄. 化学问题解决的策略研究［J］. 化学教学，2008（1）.

[10] 张晶. 设问——培养学生化学素养的钥匙［J］. 新课程（教育学术），2010（7）.

[11] 宋心琦. 初等化学中的基本概念［J］. 化学教学，2011（12）.

[12] 王荣桥. "化学扑克"点亮化学用语习题设计［J］. 现代中小学教育，2015（12）.

[13] 赵子亮，肖小明，耿淑玲. 化学游戏与桌上游戏结合的设计初探［J］. 化学教学，2014（7）.

基于元素周期表的化学飞行棋游戏的设计与实现①

化学卓培生：谢丽璇

指导教师：黄俊生　文剑辉　柯东贤

随着素质教育的实施与推进，人们越来越重视在玩中学、快乐学习等教学理念，教育游戏应运而生，开发教育游戏成为现阶段教育领域的热点之一。随着新课改的深入，中学课堂可用的游戏素材越来越多，教育工作者越来越注重教育游戏在教学中的应用。更深层次地了解游戏化教学现状，有利于设计者设计更适合课堂教学的教育游戏。笔者基于高中化学学科，将元素周期表与飞行棋游戏结合起来，开发了化学飞行棋游戏，试图通过化学飞行棋游戏将枯燥的知识生动化、趣味化，激发学生的学习兴趣。

一、化学飞行棋游戏的开发与设计

（一）筛选母体游戏

筛选好的母体游戏是化学游戏设计成功的一半，因为并不是所有的桌游都适合化学知识的融入，化学游戏设计需要从众多游戏中筛选合适的母体游戏。筛选母体游戏时，设计者要考虑游戏的娱乐性与难易度。首先，若一个游戏的娱乐性不够，那人们对其兴趣不高，很容易被淘汰，作为化学游戏则更难以推行。其次，不适合选择那些难度过高或者过低，抑或化学知识难以融入的游戏。例如，现在流行的桌游"三国杀"与"狼人杀"，要么内容复杂，涉及的环节难以拆解，难以找到与之匹配的化学知识，要么内容过于简单，游戏乐趣完全依靠玩家的口头表述，化学知识难以加入其中。而笔者所设计的游戏"基于元素周期表的化学飞行棋"，是将元素周期表作为棋盘，将飞行棋游戏规则加以改动的化学游戏。虽然飞行棋游戏盛行多年，但它的玩法不过时。作为一种简单的益智类游戏，飞行棋游戏规则虽多但不复杂，且能拆开单一使用，很容易将化学知识融入其中。因此，基于元素周期表的化学飞行棋游戏可以通过游戏方式帮助学生学习、记忆、掌握元素周期表以及元素的各种知识点。

---

①　载于《教育观察》2018 年第 2 期。

（二）融入化学知识

挑选母体游戏后，设计者要考虑融入游戏的合适的化学内容，融入游戏的化学内容难度要适中。化学游戏的本质是一种辅助学习的工具，对象不是成绩优异的学生，更多的反而是成绩不大理想、需要用不同手段调动学习兴趣的学生。因此，游戏中的化学内容不宜过难、过偏，应重在基础知识的融入。此外，选取的化学内容最好是某一知识点或是互有联系的内容，设计者不可生搬硬套，否则化学游戏过于繁复难玩，达不到学习的目的。飞行棋是这样一款游戏：玩家通过克服游戏过程中的困难，避免掉入陷阱，留意别被其他玩家吃掉，比赛谁先将自己的全部棋子走到终点。笔者以此为灵感，将化学元素周期表作为飞行棋棋盘，在棋盘上设置各种陷阱，将飞行棋与元素周期表内容完美结合起来。

由于高一学生基本上已完成对常见金属物质或非金属物质内容的学习，关于元素周期表的内容也是高中化学的重难点，因此化学飞行棋游戏主要针对正在学习或是已完成对元素周期表相关内容的学习的学生。学生可以通过此游戏对常见金属、非金属物质的性质以及元素周期表知识进行复习巩固，达到在游戏中自主探索学习和合作学习的目的。

（三）设计游戏规则

化学游戏来自母体游戏，部分游戏规则可沿用原有的游戏规则，但仍需要适当修改。在化学飞行棋游戏设计中，设计者需要保留飞行棋中最有特色的规则，如谁的全部棋子先到达终点谁就取得胜利。

行棋中玩家会碰到撞子、迭子等情况。在化学飞行棋游戏中，笔者在元素周期表格子中设置陷阱，有前进，有后退，有抽牌答题环节，这要求玩家对某一物质的化学性质要有一定的知识储备。

（四）细化游戏规则

棋盘：棋盘是基于元素周期表设计的，按族方向前进，每个族上方的箭头提示即为该族的行走方向，如图1所示。

氦（He）

O		
氦（He）		
氖（Ne）同主族从上往下，气态氢化物越稳定，向后退2步		
氩（Ar）		
氪（Kr）		
氙（Xe）		
氡（Rn）		

ⅢA	ⅣA	ⅤA	ⅥA	ⅦA
硼（B）在金属性递增增强方向往前进2步	碳（C）抽牌答题，答对前进2步，答错后退2步	氮（N）抽牌答题，答对前进3步，答错后退3步	氧（O）抽牌答题，答对前进2步，答错后退2步	氟（F）同主族从上往下，气态氢化物稳定性减弱，向后退3步
铝（Al）抽牌答题，答对前进2步，答错后退2步	硅（Si）抽牌答题，答对前进3步，答错后退3步	磷（P）同周期内往阴离子方向经过越多，方向进2步	硫（S）抽牌答题，答对前进2步，答错后退2步	氯（Cl）同主族内非金属性越弱，向后退3步
镓（Ga）	锗（Ge）同周期内与金属族往前进2步	砷（As）	硒（Se）	溴（Br）同主族内非金属性越弱，向后退3步
铟（In）	锡（Sn）	锑（Sb）	碲（Te）	碘（I）同主族内非金属性越强，减小方向进3步
铊（Tl）同周期内离子半径越小往前经过越多方向	铅（Pb）	铋（Bi）	钋（Po）	砹（At）

ⅢB	ⅣB	ⅤB	ⅥB	ⅦB	Ⅷ			ⅠB	ⅡB
钪（Sc）	钛（Ti）	钒（V）	铬（Cr）	锰（Mn）抽牌答题，答对铜前进2步，答错铜往后退2步	铁（Fe）	钴（Co）	镍（Ni）	铜（Cu）抽牌答题，答对前进2步，答错后退2步	锌（Zn）抽牌答题，答对前进3步，答错后退3步
钇（Y）	锆（Zr）	铌（Nb）	钼（Mo）	锝（Tc）	钌（Ru）	铑（Rh）	钯（Pd）	银（Ag）	镉（Cd）
镧系 La～Lu	铪（Hf）	钽（Ta）	钨（W）	铼（Re）	锇（Os）	铱（Ir）	铂（Pt）	金（Au）	汞（Hg）
锕系 Ac～Lr	𬬻*（Rf）	𬭊*（Db）	𬭳*（Sg）	𬭛*（Bh）	𬭶*（Hs）	鿏*（Mt）	𫟼*（Ds）	𬬭*（Rg）	*（Uub）

ⅠA	ⅡA
氢（H）	铍（Be）抽牌答题，答对前进2步，答错后退1步
锂（Li）同主族往下，水化物碱性增强方向进1步	镁（Mg）
钠（Na）抽牌答题，答对前进2步，答错后退1步	钙（Ca）
钾（K）同主族往下，速度快往前进5步	锶（Sr）碱过渡元素，民选钙元素
铷（Rb）	钡（Ba）
铯（Cs）	镭（Ra）
钫（Fr）	

| 1 | 2 | 3 | 4 | 5 | 6 | 7 |

图1 基于元素周期表的化学飞行棋游戏棋盘

注：元素周期表棋盘按箭头方向向前行。

棋子：棋子是由蓝、绿、红、黄 4 种颜色组成的，每种颜色有 4 颗棋子，每个玩家各执一种颜色，适合 2~4 人同时进行游戏。

图 2　棋子

注：棋子，每个玩家各执一色，每种颜色四颗棋子，要求四颗棋子均到达终点才算获胜。

骰子：飞行棋里有一个骰子，骰子有 6 个面，分别为点数 1 至 4、暂停一轮、多掷一次。玩家随机转动骰子，根据骰子上的点数或要求进行游戏，但是只有投到点数 1，飞机才能起飞，如图 3 所示。

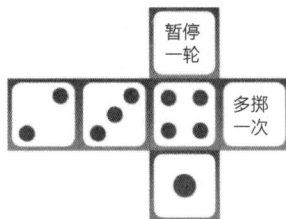

图 3　基于元素周期表的化学飞行棋游戏用到的骰子

注：骰子掷到点数 1 才可起飞，按照掷到的点数或要求进行游戏。

牌面：总共 11 张牌，牌面上分别有物质钠、镁、铁、铜、锌、铝、碳、硅、氮、硫、溴，其中金属物质为黑桃牌面，非金属物质为红桃牌面，每种物质的物理性质、化学性质和典型化学方程式都会在牌上列出，以供玩家抽牌，便于玩家对手参考。玩家对手可根据玩家的情况随机提一个问题，难易程度可自行把握。牌面上写出的仅仅是物质在高中阶段主要考查的内容，而非全部性质，玩家对手可在有把握的情况下针对该种物质在牌面上未出现的性质进行提问，如图 4 所示。

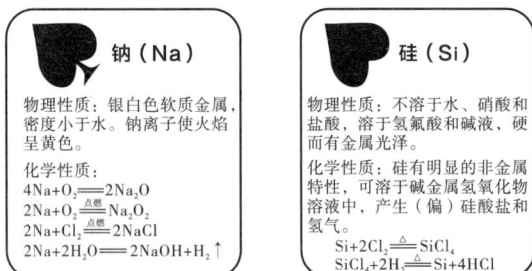

图 4　基于元素周期表的化学飞行棋游戏的牌面示例

注：牌面，玩家可按照所处学段进行问题设置。

起飞：当掷到点数 1 时，方可将其中一枚棋子由"停机坪"起飞至氢元素所在的格子，该棋子即可进行游戏。

迭子：同种颜色的棋子走至同一格内，可叠在一起，即"迭子"。敌方的棋子不能直接越过"迭子"继续前进；当"迭子"上方刚好停留有敌方棋子时，双方要全部同时返回"停机坪"。

撞子：棋子在飞行过程中到达某一格，并且该格已有别的颜色棋子停留，可将敌方的棋子逐回"停机坪"。

跳子：棋子在元素周期表棋盘行走时，如果停留在有内容提示的格子中，可以按要求前进或后退相应的格数。若玩家对某一知识点不熟，导致走错，则退回原来的位置，并在此基础上后退两步。

答题：棋子在图上行走时，如果停留在有"抽牌答题"字样的格子中，那么该玩家必须随机抽牌，并回答出其他玩家提出的有关该格子中物质的相关性质或化学方程式。答对按格子中的要求前进相应格数；答错按格子中的要求后退相应格数；如果玩家回答不出问题，则暂停一轮。在暂停的这一轮期间，玩家可通过牢记对应的牌面上的全部内容，在这一轮结束后，玩家在不看牌面的情况下对对手提出的问题（可另外提问题）进行回答。如果依旧回答不出，则一直暂停直至回答正确，并且每一轮只有一次重新回答的机会。需答题的物质有钠、镁、铁、铜、锌、铝、碳、硅、氮、硫、溴，每种物质的性质和典型化学方程式都会在牌上列出。

终点：终点即氢上方的"停机坪"，它是游戏棋子的目的地，到达氢后要前进一格到达"停机坪"才算到达终点。只要掷出的点数大于当前位置到达"停机坪"的距离，就不需往回走，直接抵达"停机坪"，且不再继续控制该棋子。

胜负判定：某一玩家的四颗棋子均率先到达"停机坪"，则该玩家获胜，游戏结束。

二、基于元素周期表的化学飞行棋游戏的优势与局限性

（一）化学飞行棋游戏的优势

第一，可有效消除焦虑。在严肃急促的课堂氛围中，填鸭式教学让学生喘不过气，学生听不懂、学不懂，尤其在面对老师的提问和同学间的竞争压力时，很容易产生焦虑的情绪。但是，如果在游戏中学习知识，学生不会因为回答不出老师的问题而产生挫败感，因为游戏没到终结的一刻，每个人都有反败为胜的机会，学生只会越战越勇，所以化学飞行棋游戏可以带给他们在课堂上所体会不到

的乐趣，寓教于乐，可有效抑制焦虑的产生。

第二，引发学习兴趣。为了回避或减少应试教育中化学学科学习的枯燥无味，将元素周期表与飞行棋相互融合，目的在于通过游戏的方式来促进高中阶段学生学习常见物质的性质、化学方程式以及元素周期表的规律。这种具有趣味性与竞争性的学习方式更容易为学生所接受与认可，使学生产生进一步学习和探究其本质的欲望，在游戏中潜移默化地掌握知识。

（二）化学飞行棋游戏的局限性

第一，游戏涉及的化学知识有局限性。学生只有等到学完元素周期表相关内容以及物质的性质和化学方程式后才能玩这款游戏，否则就体验不到该游戏的娱乐性和刺激性。时间拉得太长，学生可能在之前的学习中觉得枯燥无味，学习兴趣降低。如果前面的基础没有打好，利用元素周期表来玩飞行棋有一定的难度。

第二，游戏时间的局限性。到高二结束时，学生才学完各物质的性质以及元素周期表中的规律。高三时，课程的复习进度会加快，作业也会增多，各种各样的模拟考试也会增多，学生会有学习上的紧张感和焦虑感。如果这个时候让学生玩化学飞行棋游戏，无论是教师还是学生，都不太愿意接受。

三、结语

学生是渴望学习的，他们对这个世界充满好奇。对学生而言，游戏是最自然的学习方式。在应试教育的大环境下，知识的灌输与游戏是可以两全的，这便是化学飞行棋游戏的设计主旨与动力。该化学飞行棋游戏以元素周期表为棋盘，囊括了大部分高中知识点，游戏对象范围较广，可在高中课堂上开展，将寓教于乐的理念贯彻于整个课堂，让学生潜移默化地掌握知识，让学生真正做到在玩中学，在学中玩，从而激发学生的学习兴趣，培养学生的多元智能。

参考文献

［1］谢敏，彭豪，钱扬义. 国内外中学化学教育游戏设计研究进展［J］. 远程教育杂志，2011（6）.

［2］赵子亮，肖小明，耿淑玲. 化学游戏与桌上游戏结合的设计初探［J］. 化学教学，2014（7）.

［3］周群力，钱扬义. 中学化学教育游戏在中国大陆的设计研究进展［J］. 化学教育，2014（1）.

［4］刁钰华，钱扬义. 在游戏中轻松突破高一化学用语——化学扑克牌学习法［J］. 中学化学教学参考，2010（Z1）.

［5］钱扬义，颜璜. "520 化学网络扑克"游戏的开发及其应用［J］. 中国电化教育，2009（11）.

［6］黄秀梅，钱扬义. "忘不了"化学扑克牌教育游戏新牌的开发与应用［J］. 考试周刊，2013（79）.

［7］李艳艳. 化学教学中的游戏化学习初探［N］. 学知报，2011 - 06 - 13（G01）.

［8］肖峰. 在初中化学教学中实施游戏化教学的实践研究［D］. 天津：天津师范大学，2012.

［9］罗敏. 中学化学游戏型学习软件的研究与开发［D］. 成都：四川师范大学，2009.

［10］蒋江河. 问题解决式教育游戏的设计与应用［D］. 济南：山东师范大学，2011.

基于 Scratch 软件的化学贪吃蛇游戏设计与实现①

化学卓培生：刘增华

指导教师：黄俊生　柯东贤

中国首款教育游戏"乐萌学堂之家有小宠"将小学课本知识搬进手机游戏，使学生的学习过程充满乐趣。这是教育游戏在无线互联网时代的积极尝试，也是多媒体教育的一种新形式，它利用手机的便利性和游戏的娱乐性充分勾起学生的好奇心与求胜心，使他们能更加积极主动地投入学习中，从而达到事半功倍的效果。这对笔者设计化学贪吃蛇游戏有一定的启发。

一、化学贪吃蛇游戏的作用

（一）激发学习动机，培养学习能力

学生的学习动机是学习过程的核心，激发学生的学习动机、培养学生的学习兴趣是教师的一项重要任务。游戏可以令学生兴趣大增，主动地投入学习中；也可以充分调动学生的好奇心，为了求胜而仔细研究每一个关卡，从而记住游戏中所出现的内容。学生在每一关都要分析技巧，思考如何才能更容易取得胜利，这有助于培养学生的发散性思维和创造性思维。

化学贪吃蛇游戏不仅需要运用化学知识，还保留了原游戏的规则与技巧，既可以帮助学生学习知识，也可以培养学生的逻辑推理能力、空间想象能力，有利于学生的全面发展。

（二）作为个性化教学检测工具

教师可以通过化学贪吃蛇游戏培养学生的学习兴趣，让学生对自己的学习负责，并积极地投入学习活动中。化学贪吃蛇游戏主要考查学生的基础知识掌握情况，它可以让学生在娱乐中巩固所学知识并了解自己的不足与所处的位置，从而更加有效地进行下一步学习。

学生一般分为追求胜利者和躲避失败者，大多数学生属于第一种。学生会为了胜利而细心研究游戏的技巧，在研究技巧的同时潜移默化地学习了游戏中的化学知识，从而提高学习化学的兴趣和主动性。

---

① 载于《教育观察》2018 年第 2 期。

二、化学贪吃蛇游戏的设计

（一）筛选母体游戏

市面上各种游戏数不胜数，并且都对中学生有较强的吸引力，但不是所有游戏都适合化学学习，需要从中筛选母体游戏。比较流行的围棋、象棋、五子棋，笔者认为难以利用。因为象棋游戏内容复杂，欲设计成化学游戏，难以找到十分匹配的化学内容；而五子棋则过于简单，化学知识更加难以加入其中。笔者设计的化学贪吃蛇游戏的母体游戏是贪吃蛇，选择它的原因主要是蛇可以到达屏幕中任何一个地方，并且操作简单。

（二）融入化学知识

确定母体游戏后，再考虑是否有合适的化学内容可以融入游戏。化学贪吃蛇游戏的本质是一种辅助学习的工具，主要面向成绩不太理想、需要用不同手段调动学习兴趣的学习困难生。故游戏中的化学内容不宜过难、过偏，重在融入基础知识。

（三）设计游戏过程

1. 制定游戏规则

屏幕从开始到结束都有5个"食物"，当玩家吃掉一个"食物"时，屏幕上会随机出现另一个"食物"，直到蛇身加到20截（成功吃掉17个"食物"，蛇身开始为3截）时，通到下一关。若玩家失误5次（吃到的"食物"与游戏规则不相符）、蛇头与蛇身碰在一起或蛇身小于3截时，则游戏结束。

当"蛇"的头部显示化学"名称"时，若找到与它（头部的提示）相对应的化学式则蛇身"加一"，否则"减一"。

当"蛇"的头部显示"化学式"时，若找到与它（头部的提示）反应一致的化学式则蛇身"加一"，否则"减一"。

当"蛇"的头部显示"氧化性"时，若吃到氧化性物质则蛇身"加一"；若吃到还原性物质则蛇身"减一"。

当"蛇"的头部显示"还原性"时，若吃到还原性物质则蛇身"加一"；若吃到氧化性物质则蛇身"减一"。

2. 游戏设计

Scratch是由美国麻省理工学院设计开发的一款面向少年的简易编程工具。构成程序的命令和参数通过积木形状的模块来实现，如下图所示。

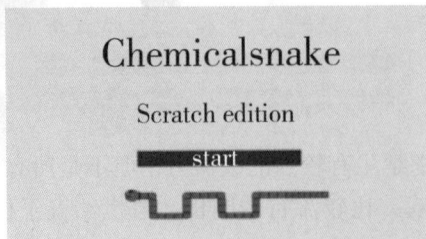

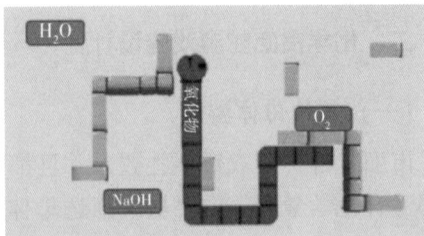

化学贪吃蛇游戏设计

3. 游戏关卡的设置

第一关：化学元素的认识。

"蛇"的头部出现化学元素名称，则将元素符号当作"食物"。当两者相匹配时蛇身"加一"，否则"减一"。

第二关：化学式的认识。

笔者将本关游戏依据难易程度分为第一部分与第二部分（第二部分相对于第一部分较难）。与第一关相似，"蛇"的头部会显示化合物名称，玩家应将化学式当作"食物"，规则与第一关一致。

第三关：氧化性与还原性。

当"蛇"的头部出现"氧化性"时，游戏中一次出现 15 个"食物"（其中 12 个为氧化性物质，3 个为还原性物质）。如果玩家吃到一个氧化性"食物"，蛇身"加一"。当蛇身增加到 10 截时，游戏通关。若玩家吃掉其中一个还原性"食物"，此物质会和之前吃掉的氧化性物质反应，蛇身"减一"。若玩家将 3 个还原性物质全部吃掉或者一开始就吃到还原性物质，游戏就结束。

当"蛇"的头部出现"还原性"时，游戏中一次出现 15 个"食物"（其中 12 个为还原性物质，3 个为氧化性物质）。如果玩家吃到一个还原性"食物"，蛇身"加一"。当蛇身增加到 10 截时，游戏通关。若玩家吃掉其中一个氧化性"食物"，此物质会和之前吃掉的还原性物质反应，蛇身"减一"。若玩家将 3 个氧化性物质全部吃掉或者一开始就吃到氧化性物质，游戏就结束。

第四关：化学反应方程式。

第一部分：分解反应。当"蛇"的头部出现化学式时，屏幕中会呈现此化学式分解后的化学式（可能为几个），玩家将分解后的化学式（分解后有 2 个或 3 个）全部"吃掉"，蛇身才会"加一"；与此同时，头部会出现另一个化学式，以此类推。直到蛇身增加到 7 截，通关成功。若玩家"吃掉"不对应的化学式，则蛇身"减一"。一共有 11 个化学式，玩家最多能错 2 次。若第一次吃掉的化学式不对，游戏当即结束。例如，头部出现"碳酸"（分解后产生二氧化碳和水），玩家将"二氧化碳"与"水"全吃掉后，蛇身"加一"。

第二部分：化合反应。当"蛇"的头部出现化学式时，屏幕中会呈现可以与之（"蛇"头部的化学式）发生化合反应的化学式（2个），玩家将相对应的化学式全部"吃掉"，蛇身"加一"；与此同时，头部会出现另一个化学式，以此类推。直到蛇身增加到9截，通关成功。若玩家"吃掉"不对应的化学式，则蛇身"减一"。一共有13个化学式，玩家最多能错2次。若玩家在游戏开始就出现错误，游戏结束。例如，头部出现"水"，玩家将"氢气"与"氧气"全吃掉后，蛇身"加一"。

第三部分：置换反应。通过"蛇"的头部的化学式找出屏幕中可以与之发生置换反应的化学式，若玩家成功找出，蛇身"加一"，否则蛇身"减一"。当蛇身长增加到14截时，通关成功，否则失败。若玩家一开始就出现错误，游戏结束。此部分一共有20个化学式，玩家最多能错3次，超过3次则游戏失败。

4. 开展游戏过程

玩家可以通过上、下、左、右键控制"蛇"移动的方向。当"蛇"移动的轨迹通过"食物"所在的位置时，"食物"即被吃掉；当玩家达到游戏成功的条件时，游戏跳到下一关，当游戏失败时游戏仍会停留在本关，直到游戏成功。以此类推，直到进行到最后一关。

化学贪吃蛇游戏是较好地学习化学知识的载体，它能将初高中化学知识囊入其中，在成功引起学生的化学学习兴趣的同时，也能激发其学习动机。在游戏的过程中，学生不仅可以学到化学知识，还能增强判断力和灵活性。此外，基于Scratch软件开发的游戏便于修改，可供师生进一步学习。

参考文献

[1] 赵子亮，肖小明，耿淑玲. 化学游戏与桌上游戏结合的设计初探 [J]. 化学教学，2014 (7).

[2] 杨孟姣. 基于 Flash 的俄罗斯方块游戏设计与实现 [J]. 计算机时代，2011 (8).

[3] 李家，郑磊，杜怀英，等. 模仿贪吃蛇模式的英语造句游戏的实现 [J]. 计算机系统应用，2011 (10).

[4] 雷丽娟，郑永彬. 使用 Java 制作贪吃蛇游戏 [J]. 科技视界，2013 (4).

[5] 张明娟. 教育游戏在小学英语教学中的应用研究 [D]. 曲阜：曲阜师范大学，2009.

"中国梦"融入思想政治理论课教学的探讨及微课程设计研究
——以《思想道德修养与法律基础》第三章为例①

化学卓培生：黄文婷

思想政治理论课是"中国梦"宣传、教育的主渠道，而"思想道德修养与法律基础"（以下简称"基础"）是高校基础性的思想政治理论课程。因此，将"基础"课作为开展"中国梦"的重要宣传教育阵地，有利于贯彻"中国梦"思想。

一、"中国梦"融入高校思想政治理论课教学的意义

"基础"课中的道德修养、爱国主义、人生价值等内容，涉及大学生成长成才中的基础性思想理论问题。《思想道德修养与法律基础》第三章中的"领悟人生真谛 创造人生价值"，主要是帮助大学生创造人生价值。将"中国梦"与"基础"课结合起来，切实贯彻社会主义核心价值观下的"敬业""和谐"两大价值观，对帮助大学生树立正确的世界观、人生观、价值观具有积极的意义。

在"领悟人生真谛 创造人生价值"的思想政治理论教学探讨及微课程设计研究中，采用微课程教学设计法，并融入"中国梦"的元素，将"中国梦"的思想与社会主义核心价值体系的思想有机结合起来，旨在提升大学生践行社会主义核心价值体系思想中的"敬业""和谐"精神。

二、"中国梦"融入高校思想政治理论课教学的微课程教学模式

随着"微时代"的到来，短小精练的数字化网络阅读越来越受到人们的青睐。"微课程"教学模式是以解决某一重难点为主的在线教学微视频，时长为5～10分钟。自"微课程"教学模式在全国范围内推广以来，学校教学也步入了"微时代"，形成了一个半结构化的学习环境。在这种学习环境中，教师和学生高阶思维能力得到迁移和提升。当前，微课程教学模式蓬勃发展，微型学习已被全国各中小学乃至高等院校广泛采纳。

据此，在教学"领悟人生真谛 创造人生价值"时，笔者采用微课程教学

---

① 载于《教育观察》2017年第5期。

法，将"中国梦"的元素融入其中，并结合社会主义核心价值体系下"敬业""和谐"两大主题，制作成多个微视频，以实现教学效果最大化。

三、微课程设计中"中国梦"融入高校思想政治理论课教学的设计

（一）微视频的设计与开发

制作 PPT，使用 Camtasia Studio 软件录制视频或者使用摄像机拍摄。设计开发时，针对某个知识点进行讲解，并形成系列微视频上传至网络共享平台。

（二）确定微视频的教学目标

不同的学生，学习能力与理解力有所不同。所以，微视频设计之初，教师要做好微视频应用的整体规划，明确"需要达到什么样的效果和目标""如何使教学效果最大化"。

微视频由三个部分组成："用科学高尚的人生观指引人生""在实际中创造有价值的人生"体现的是"中国梦"思想中的"敬业"的主题；"科学对待人生环境"体现的是"中国梦"思想中的"和谐"的主题。

（三）微视频的教学设计

大学生认识事物往往更多地依赖感性和直觉，容易受影响和感染。"中国梦"与教材内容有机结合，寓教学内容于具体形象的情境中，深刻内化"中国梦"。

"用科学高尚的人生观指引人生"一课主要讲的是批判拜金、享乐、极端个人主义三个方面的内容。教材中的内容大多是理论性说教，无法吸引学生、使学生产生共鸣。为了提高教学效果，教师可以联系实际，充分运用生活中的例子，并将其与"中国梦"的精神结合起来，促进大学生世界观、人生观、价值观的形成。微课程可以联系以下内容进行设计：通过"女主播王茫茫，鞋子不慎掉落后淡定主持""春节期间，工作人员工作到凌晨和铁路部门、边防军人坚守岗位"等内容，突显"敬业"精神，使大学生产生强烈共鸣，进而深化思想道德认识。

"科学对待人生环境"一课的主要内容包括大学生要促进自我身心、个人与他人、个人与社会、个人与自然的和谐四个方面。在微视频中，教师可以结合当前的三个热点——"香港旺角暴乱事件""中国女留学生暴力事件""深圳泥石流事件"，分别阐述社会和谐问题、个人与他人的和谐问题、人与自然的和谐问题。

微课程视频短小精练，感染力强，寓理论于实际生活中，能实现教学效果最大化，能够帮助大学生领悟人生真谛，创造人生价值，树立正确的人生观。

（四）微课程视频录制中存在的优缺点及问题解决方法

在高校"中国梦"融入思想政治理论课的教学微课程视频制作过程中，由于种种原因，难免会出现停顿、卡带、语言错误等问题。针对这些问题，教师可以使用录制视频软件 Camtasia Studio 的剪辑、降噪功能进行修改。另外，为便于学生理解，还可添加字幕，使内容更清晰。

但如果仅利用现有的 PPT 软件和 Camtasia Studio 录制视频软件，有时难以达到预期效果，无法很好地呈现课堂教学思路。如上述的几个微视频就囿于技术水平而无法呈现设想的动画效果，微课程中规中矩、按部就班，设计较为简单。为了使"中国梦"融入高校思想政治理论课的教学微课程视频能更好地呈现给大学生，教师需要多方面"充电"，利用各方面资源，了解、学习更多的设计软件，如手绘、Flash、Prezi 等。

四、结语

在高校思想政治理论课程中应用微课程教学模式是新时期对大学生进行思想政治教育的新路径。把"中国梦"的宣传教育活动与"基础"课的教学和主题实践活动有机结合起来，是"中国梦"宣传教育活动的重要方式，旨在帮助大学生了解"中国梦"的深刻内涵。每一种新兴的教学模式，都需要不断的磨炼与完善。在思想政治理论课教学中，要想"中国梦"思想遍地开花，我们就要不断地研究微课程教学模式，发现问题、解决问题，不断提升教学效果。

参考文献

[1] 尹铁燕."中国梦"融入高校思想政治理论课教学的路径探讨——以《思想道德修养与法律基础》为例 [J]. 湖南广播电视大学学报，2014（2）.

[2] 蒋瑞雪."中国梦"融入思想政治理论课教学的途径探究——以"思想道德修养与法律基础"课为例 [J]. 黑龙江生态工程职业学院学报，2015（9）.

[3] 李小刚，王运武，马德俊. 微型学习视野下的微课程设计及教学应用研究 [J].现代教育技术，2013（10）.

中职学校开展创业教育的研究
——以广东省陶瓷职业技术学校为例①

化学卓培生：彭洪涛

广东省陶瓷职业技术学校开展了创业教育探索和实践研究，笔者通过问卷调查、实地访谈等途径从创业计划、创业教育、创业素养等方面进行深入研究，对各年级各专业学生进行抽样调查，发放问卷调查 102 份，回收 98 份，回收率 96.08%，所调查的对象具有代表性，数据具有有效性，数据分析对创业教育具有指导性。在此研究基础上，笔者对创业教育在中职类学校的开展有了新的认识，认为在中职类学校开展创业教育前景广阔且意义重大。

一、中职学校开展创业教育的必要性及意义

随着国民经济高速发展，产业结构调整，社会掀起了"双创"热潮，不断冲击着人们的就业危机意识，越来越多的人意识到具备创业意识、创业素养、创业技能是更好地发挥学术和职业技能必备的条件。中职教育旨在培养具有专项技能的技术工人和企业劳动者，对企业的发展和人才的输送有着不可小觑的作用。每年接受职业教育的人数有近千万人，并且呈整体上升的趋势。在这种经济体制以及就业形势下，中职教育也要从传统的就业教育转型为素质教育，以培养能够适应新经济体制的人才。通过创业变被动就业为主动创业，将中职学生就业的包袱转化成创业的人力资源，既是实现素质教育和教学革命的突破口，又符合全新经济社会环境的要求。在广东省陶瓷职业技术学校的调查也显示：仅有 8.27% 的学生未曾有过创业打算；大部分学生有创业计划但由于经验不足和对创业的要素未曾有过了解，最后只能放弃该想法。谈及学校是否有必要进行创业教育时，有 78.57% 的学生认为非常有必要开展创业教育，仅有 4.10% 的学生觉得没有必要。所以，开展创业教育是大势所趋，对中职生的职业生涯规划有极大的意义。

（一）能促使中职生学会生存，快速立足于社会

新的经济体制对人才素质提出了新的要求，开展创业教育并培养创新创业的

---

① 载于《教育观察》2017 年第 14 期。

人才，也是职业教育新的使命。而对于中职教育此类教育基础来说，更加有必要在中职阶段培养学生既有敢于创新、敢于创业的精神，又有善于创业的能力。这样，可以减少社会的不稳定因素，使学生在当今就业压力大又没有就业优势的环境中具备创新意识、自主创业、更好地融入社会。另外，具有创业精神和创业机会，学生在学校中所学到的创业知识将受用终身。调查显示，学生对创业教育的期望更多在于个人能力的提高，毕业能够找到工作、自主创业的学生比例达到64.20%，所以这使创业教育的目的非常明确。

（二）发展中职生创业教育具有特殊性

1. 学生群体的特殊性

中职生是一群刚初中毕业、怀揣某一个目标、钻研某一项技能的青少年，他们朝气蓬勃，但社会经验不足、学历不高，对创业有较少的认知，有些人甚至都不敢想象自己能够创业。所以，中职生创业教育是具有非凡意义的，这种教育能够在学生心中扎根，让他们早早抓紧目标，找到人生定位，提高综合素养，并且把创业和自己所学的专业技能结合起来，这样也容易成功。因此，创业教育在中职阶段普及是势在必行的。

2. 学制的特殊性

国内大部分中职学校的学制都是"2.5＋0.5"模式，即"学习＋实践"模式。这样的学制不同于高中时的学习压力大、理论知识强的学习模式，中职教育中的素质教育非常重要。所以，职业教育学制将有利于素质教育的普及。创业教育是属于素质教育中的一部分，创业教育既包括理论教育和实践教育，包括专业方面的教育，也包括非专业如人际交往、沟通能力、礼仪和商务谈判等，对提高学生的素质具有重要意义。

3. 发展中职生创业教育是推进新农村建设的重要途径

在我国，城乡差距比较明显，不仅经济出现两极分化，教育也出现一边倒的情况，如翻转课堂已在一线城市盛行，而农村地区的人们还不清楚微课的概念。所以，要促进农村经济的发展必须发展农村教育。据有关数据统计，在现有的农村劳动力中，通过专业技能培训的仅有9.1%；在进城务工的1.2亿农民工当中，初中及以下文化程度占85.0%，有专业技术的只占2.4%。由此可见，教育在农村是比较薄弱的，在农村进行中等职业创业教育是势在必行的。中职教育给了农民子弟一个平台，能为农村地区培养一批创业型人才，能更快更有效地促进新农村建设。

4. 发展中职生创业教育是实现职业教育深化改革和可持续发展的主要途径

我国职业教育工作会议对职校生就业问题提出了几点要求，要求学校转变教育观念,积极寻求校企合作,拓宽毕业生的就业渠道,引导学生转变就业观念,开展创业教育和创业实践活动;政府要出台相关政策,鼓励学生到中小城镇、农村就业,加强学生自主创业意识,改变如今的人才饱和现象。调查发现,我国职业教育管理体制仍不够完善,不能有效利用资源;中职教育基础比较薄弱,发展不平衡。更重要的是,职业教育与劳动力市场联系不够密切,企业文化未能深入职业教育之中,课程和教学内容的设置不能适应劳动力市场变化的需要。因此,在"大众创业,万众创新"的时代背景下,中职学校实施创业教育能够实现教育深化改革和可持续发展。

二、中职学校开展创业教育存在的显著问题

(一)缺乏创业环境、创业意识

中职生创业的主要问题有创业投资起点低、速度慢、融资机会少,许多高校毕业生由于资金问题在创业的道路上止步不前。近年来,国家虽大力支持创新创业,但只是针对部分大学生,而对于即将走上工作岗位的中职生来说,创业还是困难重重的。此外,在传统观念中,中职教育就是培养技能型人才的教育。例如,以广东省陶瓷职业技术学校为代表的中职学校,仍然沿袭以学生就业为导向的传统理念,殊不知,随着经济和科技的快速发展,人才培养计划也要随之改变,社会对社会劳动力的综合素质也有了新的要求,中职学校过去的办学理念已经不能够满足现代社会的人才需求了。而要解决这一现状,国家、当地政府、学校应该形成一种三级对接的创业教育理念,创造创业环境,开展创业教育,增强学生的创业意识。

(二)缺乏创业教育的师资

大学生创业教育师资匮乏,中职学校更缺乏好的创业教育教师。据调查,中职生创业教育活动少、影响力不大,主要是因为创业教师团队的匮乏。传统的教育体制培养的是学术型的教师专家,对教师的创业知识理论体系的要求并不高,或者说,专门的创业教育教师队伍尚未成熟。由于缺乏专业型的创业导师,因此即使学校开展了创业教育,活动也通常流于形式,时效性差。一个完整的教学过程是由教育者根据一定的教学要求和受教育者的实际情况,对受教育者施加有目的、有计划、有组织的教学影响,促使其观念内化和知识化的过程。所以,在这种完整的教学过程中,教师就应当采取多元化的教学方式,实行第二课堂的教学,使学生将理论和实践结合起来。据调查,学生认为创业教育最好的方法是到企业实地参观考察或邀请成功人士讲授经验,当前,这种教育方式占据了创业教

育方式的 60.53%。由此可见，学生需要更丰富的教学方式，而不是一种书面的活动形式。这就要求创业教育的教师具有扎实的创业素养。

（三）创业教育目标和意图不明确

创业教育方面的学者大都认为，创业教育的目标主要是增强经济价值和就业机会，创业教育的意图应当是培养高综合素养的人才。根据中职生的学习体制、学习目标和意图，创业教育目标要精准化，这有利于引导创业教育的各种行为，引导学生的学习和发展。但是，目前中职生创业教育目标和意图不明确，使创业教育的普及举步维艰。

1. 创业教育目标不准确

创业有广义和狭义之分，本文取创业的狭义定义，即创建一个新企业的过程、从事某种商业行为。而在创业教育中，学生创办自己的企业可以说是职业生涯中巅峰的标志，也是学校、学生共同追求的目标。但是，许多职业学校和学生在实现这一目标的过程中，往往会过于功利或过于理想化。目前，创业教育更多地停留在对成功企业家成长历程的分析、企业家的营销理念上，忽视了学生的创业实践，对创业素养的锻炼少之又少。这种教育方式会使受教育者急功近利，急于求成而盲目地创业。由于创业素养不高和基本技能不够扎实，创业成功的概率极低，尽管部分学生创业成功，但不能长久保持良性发展。国内某项调查研究表明，国内创业企业每 100 家中大约有 30 家可以熬过 1 年，约 9 家可以熬过 3 年，高校毕业生的创业成功率仅有 1%。因此，创业教育应该改变现状，调整创业教育的目标，使教育意图更加明确。学校要让学生的创业学习过程不再功利化，不过于浮躁，踏实掌握创业的基本素养和技能，做好一定的力量储备，实现创业教育目的。

2. 就业、择业、事业（创业）层次不明

每个学生都有自己的目标追求，能力也各不相同，因此学校在创业教育中应因材施教，了解学生的能力以及需求，对其生涯规划进行针对性的指导。但在许多创业教育的指导中，有两种情况：一是教师往往单方面地引导学生毕业后应当先找工作，一味考虑"以先就业为导向"，将学生输送到生产的一线；二是教师鼓励学生辍学创业。盲目的引导方式和保守的教育观念往往会使学生盲目地就业或创业，没有按照自身的需求采取相适应的行动，无法实现更好的发展。

三、反思与策略

在对广东省陶瓷职业技术学校开展创业教育活动的调研中，我们应深刻反思中职学校开展创业教育研究的严峻性、挑战性。国家应出台更多的政策鼓励学校

开展创业教育，鼓励学生自主创业。

首先，学校开展创业教育的首要目标应当明确为，在创业教育活动中，培养学生的创新创业能力。学校应当围绕"创"字展开教学活动，着手让学生具备创新创业意识，激发学生年轻有为的斗志，鼓励学生探索科学、接触新事物和勇于开拓进取的精神，为今后的创业之路做铺垫。

其次，采用"一种方法"，大力发展第二课堂。调查显示，学生对第二课堂的兴趣很大，因此学校可以多开展创业经验讲座、模拟创业训练、创业技能大赛、创业策划比赛等活动。发展第二课堂，不仅能让学生学到扎实的理论基础，还能让学生提前规划好职业生涯，提高学生的创业意识和创业技能，为今后的创业打下基础。

最后，校企合作是学生获得创业知识最有效的途径。不管是学校还是政府，都应当积极鼓励企业走进中职校园，鼓励学生走出校园，实行"引进来，走出去"的方式。这样，企业能按自己所需，有目的地培养专一技能的人才；学生也可以借此机会和企业零距离接触，了解企业的运营模式，为今后的创业点亮一盏明灯。

参考文献

［1］王昌东. 浅析中职基于网络经营环境下创业教育的实施［J］. 网友世界，2013（8）.

［2］张非非. 我国中等职业教育发展研究［D］. 成都：电子科技大学，2008.

［3］陈万柏. 思想政治教育载体论［M］. 武汉：湖北人民出版社，2003.

［4］姚梅芳，葛宝山. 生存型创业理论研究［M］. 北京：现代教育出版社，2008.

［5］姜荣国. 创业导论：创业意识与企业家精神［M］. 北京：电子工业出版社，2010.

如何制作化学微课并运用于教学中
——以实验室用高锰酸钾制取氧气为例①

化学卓培生：彭洪涛

指导教师：严赞开　袁明华

一、微课的定义及作用

1. 微课的定义

微课是指利用 5 ~ 10 分钟时间来讲解一个碎片化的知识点、考点、例题、作业题或教学经验的一种微视频。例如，氧气是化学里的一个重要知识点，其中实验室制取氧气的方法是学习的重点，而高锰酸钾制取氧气是重中之重。因此，选用微视频讲解这个知识点（包括实验原理、实验步骤、实验注意事项和实验现象等），就是微课了。

2. 微课的作用

微课的作用在于启惑、解惑而非授业，用网络在线教育（不受时间、空间的限制）不能代替课堂新知识的教学。课堂接受能力较差，无法及时理解、掌握课堂教学内容的学生，可以通过微课程视频平台反复观看、反复学习，从而掌握相关内容。

二、如何制作化学微课

1. 知识点的选取

对于初学者来说，学化学需要记忆的知识点、化学符号、方程式等比较多。为了帮助学生达到学习目标，选取重要的知识点制作微视频是很有必要的。

在选知识点时，尽量选择热门的考点、教学重点、难点，但不可过多过杂，要求在 5 ~ 10 分钟内能讲详细、透彻。例如，实验室制取氧气的方法是学习的重点。就氧气的实验室制取方法而言，有加热双氧水法和氯酸钾法，然而高锰酸钾制取氧气是教学的重中之重，所以我们选定了这个知识点来制作微课。高锰酸钾制取氧气的反应为：

$$2KMnO_4 \xmel{\triangle} K_2MnO_4 + MnO_2 + O_2 \uparrow$$

2. 制作化学微课的类型及步骤

我们所知道的微课类型有很多种，有用精美的 PPT、有趣的动画、白板录屏

---

① 载于《中学化学教学参考》2016 年第 16 期。

讲授或者直接视频讲授等。由于化学是一门以实验为基础的学科，不仅有化学理论及原理，还有化学实践活动。因此，要做好化学微课，教师就必须根据知识点，选择好微课的制作类型，这样才能提高微课的利用率，激发学生学习的主动性。根据知识性质、教学方法，现介绍几种常见的微课类型，具体如下：

（1）讲授类。教师运用口头语言向学生传授知识。可使用 PPT + 录屏软件，把所要讲解的知识点归纳在一起，制作课件，录成视频，边讲解边播放。这是最常见、最主要的一种微课形式。

设备配置：多媒体电脑一台、麦克风一个、PPT 课件、录屏软件（如 Camtasia Studio、Screencast – O – Matic、Cyberlink YouCam、屏幕录像专家等）。

制作流程：①选定教学主题，收集教学材料，制作 PPT 课件。②组装好设备开始录屏，边讲解边录。③对视频后期处理。

（2）演示类。教师可在课后把实物、直观教具展示在视频里，或做示范性的实验，通过现代教学手段，将观察所获得的感性知识加以说明，再放入所要传授的知识里。如用高锰酸钾制取氧气是一个与实验结合得很紧密的知识点，如果采用 PPT 讲解，实验现象不可直观看出且单调乏味。如果教师自己动手边做实验边讲解，将这个过程录成视频，就像面对学生一样做实验，具有很强的仿真效果。

设备配置：智能手机或摄像机、实验用品、多媒体、录屏用品。

制作过程：①确定教学主题，进行详细的教学设计，形成教案。②固定好手机或摄像机的位置，开展知识点的讲解和演练。③后期视频处理，添加字幕和美化，生成视频。

（3）自主学习类。教师可采用创设情景问题，用动画形式提出问题，然后要求学生通过独立的分析、讨论、实践、质疑、创新等过程来实现学习目标，此类型适合学生自主学习。在制作高锰酸钾制取氧气的微课时，将一些不规范操作设计成微视频。例如，在收集氧气时使用的排水集气法，水槽中的水有时会变成紫红色，此时可提出问题：为什么水槽中的水会变成紫红色呢？答案：试管没有放置棉花。问题：为什么试管加热一段时间会突然炸裂？答案：没有预热或试管外壁有水珠。现实中演示炸裂是很危险的，所以采用动画的形式不仅很生动，还可以让学生自主思考炸裂的原因。

设备配置：Flash 软件、图片处理器、电脑等。

制作过程：①确立教学主题，写出详细的微课教案，设计问题。②动画所需图片的编辑处理。③动画的制作和教学。④后期字幕的制作和视频声音的剪辑。

（4）合作学习类。录制视频时教师可以和学生一起合作，再把视频播给班里学生看。这种形式有利于学生主动学习，观看视频后学生能更加积极地参与讨论。例如制取氧气的实验，教师可和几位学生一起完成，在实验过程中把学生遇到的问题汇总后加到此视频中，引导学生分析、讨论，这样可使教学交流更加密切、充分。

设备配置：智能手机或者能录视频的机器（要求像素要高）、教学用品、多媒体和后期处理软件。

制作过程：①教师和学生一起完成教学设计。②教师和学生事先预实验，做好问答和配合工作。③教学器具准备和摄影机的固定。④后期编辑。

三、把微课运用于教学中

制作优秀的微课是翻转课堂的前提，那么做好微课之后又如何运用于教学中才更有效呢？

（1）完善的网络条件是微课得以实施的基础。学校教学要想成功地使用微课，必须具有完善的网络设施。学校应加大网络设施方面的建设，时刻保持与现代教育改革同步。学校建立的微课网站，不仅本校教师可上传作品，也可吸纳其他学校教师的优秀作品，做到取长补短。学生可以根据自己的薄弱点选择性地学习，提高自身的化学素养。

（2）丰富的微课资源是提高学校教学质量的重要组成部分。学校应鼓励本校教师根据本校学生的学习情况，制作优秀的微课作品供学生学习，必要时可采用奖励手段或纳入教师教学考核办法来促进校本微课资源的开发；同时，可在学校举办微课制作大赛、学生自主学习竞赛项目，以此促进微课资源的利用。

（3）微课传播的途径是学生学习的重要保障。许多学校由于资金和设备问题，很难建造网络平台，那么如何最有效地让学生随时随地利用微课资源呢？教师可以把制作的微课置于教室的多媒体设备中，鼓励学生课后自主观看；可以建班级 QQ 群，把视频传至群上，这样学生可以根据自己的需要选择性地学习；可以先创建一个微信公众号，然后把视频上传，供大家学习。总之，这些传播方式的目的都是让学生随时随地学习。

（4）培养学生良好的信息素养是微课得以普及的前提。信息时代的教育除了培养学生具有德智体全面发展的基本素养外，还应具有高度的创新能力和很强的信息处理能力。因此，教学中要求教师不仅要引导学生掌握课本的基本知识、基本技能，还应有意识地注重培养学生的信息获取能力、分析能力与加工能力，实现学与研上的创新。唯有这样才能与当今教育改革相适应，实现学生学习方式的变革，这也是远程开放教育所倡导的学习理念。

总之，开发、利用网络资源来培养学生的化学素养、创新能力和信息处理能力，是实现全面提升学生综合素质的有效方式，也是远程开放教育的人才培养目标、全面推进新课程改革的重要组成部分。

浅析翻转课堂"翻"出的问题及对策
——以化学翻转课堂教学为例①

化学卓培生：彭洪涛

指导教师：严赞开　袁明华

一、翻转课堂与传统课堂的比较

笔者将翻转课堂与传统课堂进行比较，其结果见表1。

表1　翻转课堂与传统课堂的比较

	翻转课堂	传统课堂
概念	翻转课堂也称颠倒课堂，是通过对知识传授和知识内化的颠倒安排，在课堂外实现在线教学并且将"作业"带入课堂	传统课堂与翻转课堂相对，是以教师为中心统治课堂，传授知识，学生课前课后自主学习的教学模式
教师	问题解决者、学习引导者、促进者	知识传授者、课堂管理监督者
学生	主动探索研究者	被动接受者、聆听者
课堂内容	问题探究和解决，知识点升华	知识点的讲解传授
教学形式	课前学生自主学习+课堂问题讨论	课堂讲解+课后作业练习
技术应用	微视频制作+自主反思	PPT等展示

二、化学教学翻转"翻"出的问题及对策

1. 如何保证学生自主学习的积极性

教师将教学视频投入翻转课堂教学中，学生回家根据视频进行自主学习，那么如何保证这门学科每个学生都感兴趣并主动观看视频进行学习？例如对于不喜欢化学学科的学生，如何保证他们自主学习化学这门学科？翻转课堂下教师如何监督？如何对学生学习情况进行了解与评估及学情分析？这些都是需要解决的问题。

---

① 载于《中学化学教学参考》2017年第8期。

因此，教师应要求学生在观看学习视频后，对出现的难点、重点、疑点进行总结并记录下来。课前收集、整理学生所做的笔记，目的在于监督学生学习情况，督促每个学生自主学习，并了解学生学习中出现的问题，以便课堂上高效率地解答、分析学生的问题，了解学生的学习情况和学习层次，更好地改进教学。

2. 学生自主操作

能让学生做的，不要只是看；能让学生看的，不要只是听。这是笔者的教学理念。化学是一门以实验为主的探究性学科，主要锻炼学生的动手能力，使学生了解操作原理和操作步骤。实行翻转课堂，学生在课前观看视频、课中讨论研究的模式下如何学好化学学科是一大难题。

因此，教师在制作视频时，要亲手演示能动手操作的实验，并录制成视频，目的在于让学生提前了解整个实验过程。课堂的讨论时间以分小组形式，让学生自己动手做实验，对实验过程和自主学习视频过程所遇到的问题进行总结、反思、小组讨论，再把解决不了的问题汇报给教师。这样的教学不仅能避免盲目操作实验带来的危险，还是对整个实验知识的一种升华。比起教师的课堂实验演练，学生的学习目标更加明确。

3. 翻转课堂对教材的挑战

化学教材和学习材料在适应传统教学条件下，不断修改，推陈出新，以适应学生的学习。那么，在翻转课堂的新模式教育下，原有的教材和学习材料是否仍适用？是否需要全新的变革来适应翻转课堂的新型教育？在德克萨斯州达拉斯地区的生活学校，美国教育工作者布雷特同时任教常规生和优等生化学课程，他在不同班级实施有区别的化学教学翻转。他发现翻转课堂让不同层次的学生都受益，也为教学提供多种可能性。因此，他开发自己的教学材料来翻转相应的化学课。

利用翻转课堂和教材改革实现真正的分层次教学。根据学生的知识和技能基础区分为普通学生、较好学生、优等生，针对各个层次的学生实施不同的教学方式。普通学生在基本技能上需要额外的帮助和花费更多的时间；较好的学生则需要花费额外的时间在实验室和小组活动上来提高自己；而与之不同的是，优等生在学习积极性和技能方面比前两种学生都要高，他们需要更多的学习材料来为学习做准备。

4. 翻转课堂对教学设备的挑战

实施翻转课堂要求学生有网络平台，那么针对家境贫困、没有网络的学生，如何使他们也参与到学习中？另外，翻转课堂增加了学生的课外学习时间和学习任务，每个学科都有教学任务，那么是不是要求学生比传统课堂多出好几倍的课后学习时间？如此是否会顾及不了其他学科？

因此，这就要求校方提供网络平台，让学生在课余时间有机会自主学习；或把视频投入多媒体中，不需要下载，复制即可观看，使学生只要有一部普通的手机即可学习。针对学习任务，要求各学科教师团结合作、合理布置作业，不可抢占资源；也要求教师做出质量更高的教学视频，减少学生学习负担。

5. 课后升华问题

针对翻转课堂的模式：课前观看视频，学生自主总结学习，课中讨论，教师引导，这样往往忽视了课后的升华。特别在化学教学中，对实验的操作步骤、实验注意事项的总结等尤为重要。所以翻转课堂的课后升华需要建立在对课前和课中学习反思总结的基础上，在给定的问题情境中完成，使学生获得在真实情景中解决问题的锻炼机会，同时辅以反思活动以促使其知识技能的进一步内化和知识体系的建构。

翻转课堂是一种新兴的教学模式，我们不可盲目追求、盲目跟从，应当取其精华、去其糟粕，冷静思考、冷静看待。针对翻转课堂"翻"出的问题还有许多，本文仅罗列出几个重要的问题，并提出对策，希望广大的教育工作者能互相学习并应用到实践中去。

参考文献

杨刚，杨文正，陈立. 十大"翻转课堂"精彩案例［J］. 中小学信息技术，2012（3）.

杨梅固态调味品生产工艺研究[①]

化学卓培生：邱晨晨　化学本科在读生：陈耿廷

指导教师：黄俊生

天然调味品是以基本调味品为基料，提取天然植物原料的有效成分作为调味品的辅助香料，再添加其他必要的、安全的食品添加剂，达到增色、助味的效果，满足人们使用一种调味品即可达到为食品调味、促使口感丰富、绿色健康的需求。

杨梅属小乔木或灌木植物，是我国的传统特产水果，其果实风味独特、色泽鲜艳，具有独特的香气，营养价值高。目前杨梅在调味品方面的研究与应用仍是空白，所以有必要探索以杨梅为原料的调味品生产工艺。潮州菜中新鲜质优的鱼饭，外表富有光泽，鱼身坚挺硬直，用手略按鱼身，鱼肉有坚实感。鱼饭肉色洁白，其制作方法跟制作白斩鸡相似，能很好地保留鱼肉原有的鲜甜味。鱼饭是潮州菜鱼类菜肴中唯一的冷菜，是高档潮州菜馆的席上佳肴，它的传统酱碟是普宁豆酱。笔者以杨梅为原料，依据冷菜鱼饭的鲜甜味，研发一款更适合这道菜的固态酱料。

一、材料与方法

（一）材料与仪器

1. 材料

杨梅；味精（谷氨酸钠≥99%）；一水柠檬酸（食品级）；麦芽糊精（食品级）；无水乙醇（食品级）；食用酒精（95%乙醇溶液）；超纯水。

2. 仪器

FA2104N 电子天平（上海精密科学仪器有限公司产品）；RE52 – 05 旋转蒸发器（上海亚荣生化仪器厂产品）；LGJ – 10B 冷冻干燥机（军事医学科学院实验仪器厂产品）；HUMAN 型超纯水器（韩国制造）。

---

① 载于《中国调味品》2017 年第 4 期。

（二）试验方法

1. 工艺流程

生产工艺流程图见图 1。

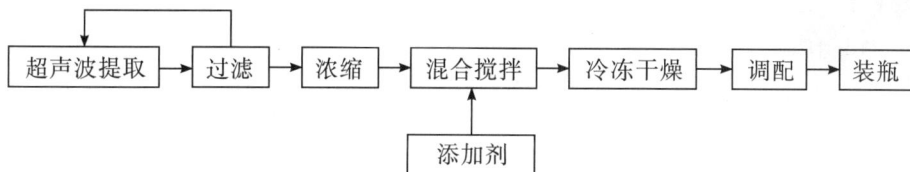

图 1　生产工艺流程图

2. 原料预处理

杨梅：挑选颜色鲜红、表面干燥、果肉颗粒饱满的杨梅浸泡于 95% 乙醇溶液中 12 小时，再超声波辅助提取；过滤得杨梅浸泡液，再将浸泡液在 40 ℃下真空浓缩并冷冻干燥，得杨梅膏；向杨梅膏中加入一定量的无水乙醇，得杨梅提取液，装瓶备用。

3. 单因素试验

称取精盐 200.00 g，加入杨梅提取液 25.00 mL、50.00 mL、75.00 mL、100.00 mL、125.00 mL，谷氨酸钠 10.00 g、15.00 g、20.00 g、25.00 g、30.00 g，麦芽糊精 5.00 g、10.00 g、15.00 g、20.00 g、25.00 g，柠檬酸 1.00 g、2.00 g、3.00 g、4.00 g、5.00 g，混合均匀后冷冻干燥 8 小时。取出均质并过 60 目筛，至颗粒大小均一，装瓶储存。依据表 1 的评价指标和标准进行综合评分。

表 1　草本盐的评价指标和标准表

评价指标	评价标准
色泽（10 分）	颗粒色泽均匀、独特，表面光滑，诱人食欲；产品创意新颖，激发人的购买兴趣
形态（20 分）	颗粒大小均匀；香味浓郁、芳香、不刺鼻
气味（30 分）	接近原料的香气，无其他不良异味；口感独特、丰富、细腻
口感（40 分）	解腻、增鲜、除腥、去膻，突出原料中的鲜香味；有刺激食欲、帮助消化的功效；可起到助香、助色、助味的作用

4. 配方优化

为了获得感官品质更佳的杨梅固态调味品，通过正交试验设计对产品品质进行优化，确定各种原料的最佳添加量。单因素试验表明，影响杨梅固态调味品感官品质的因素有杨梅提取液、麦芽糊精、谷氨酸钠和柠檬酸。因此，在前期单因素试验的基础上，固定精盐 200.00 g，采用 $L_9（3^4）$ 正交设计进行试验，以志愿者品尝后的感官评价为指标来确定最佳配方。

（三）感官评价

参考中国复合调味品的要求，考虑食客对调味品的心理特点，试验设定色泽、形态、气味、口感为产品的评价指标。邀请 20 名志愿者按表 1 所示评分标准进行评分。单项指标满分 100 分，综合结果满分 100 分，综合结果计算公式：综合分数 = ∑单项指标分数×权重。

二、结果分析

（一）单因素试验

1. 杨梅提取液对杨梅固态调味品配方感官评价的影响

杨梅提取液能够提供逼真浓郁的杨梅味，显著提高调味品的品质和档次。因此，单因素试验中考察了杨梅提取液对杨梅固态调味品配方感官评价的影响，结果如图 2 所示。

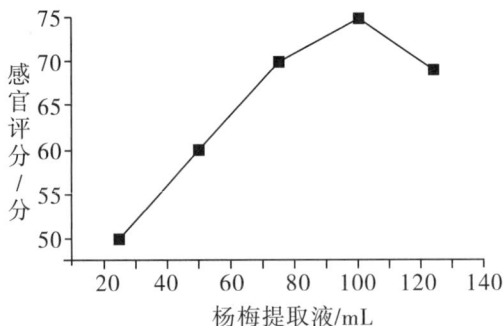

图2　杨梅提取液加入量对杨梅固态调味品感官品质的影响

由图 2 可知，杨梅固态调味品的感官品质随着杨梅提取液添加量的增大，先变好后变差。当杨梅提取液添加量在 100.00 mL 以下时，辅料的浓郁风味遮蔽了杨梅的风味，使调味品显示不出主料的风味特点；但当杨梅提取液的添加量超过 100.00 mL 时，杨梅固态调味品中辅料的风味又会被杨梅的风味遮蔽，造成产品风味单薄、品质下降。因此，综合分析，要使杨梅固态调味品芳香，而又能节约成本，杨梅提取液的最佳添加量为 100.00 mL。

2. 麦芽糊精对杨梅固态调味品配方感官评价的影响

麦芽糊精具有溶解性好、黏合性好、无色无异味、黏度适当、不易吸潮、耐热性强、稳定性好等优良特性，常常被用作食品填充剂、助干剂。因此，单因素试验中考察了麦芽糊精加入量对杨梅固态调味品感官品质的影响，结果如图3所示。

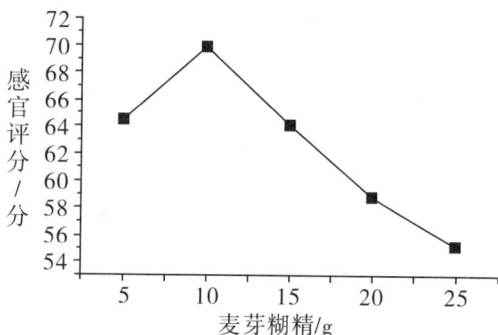

图3 麦芽糊精加入量对杨梅固态调味品感官品质的影响

由图3可知，当麦芽糊精添加量在10.00 g以下时，杨梅固态调味品的感官品质随着麦芽糊精添加量增加而改善，麦芽糊精将各种原料很好地黏合在一起，有利于产品的造粒成型；同时，麦芽糊精的乳化和增稠作用，改善了产品的组织结构，使产品产生滑润的口感。当麦芽糊精添加量在10.00 g以上时，产品的感官品质有所下降，因为较多的麦芽糊精会减弱其他原料的风味，造成产品总体风味品质下降；同时，过多的麦芽糊精会造成结块，降低产品的美观效果。因此，为获得感官品质优良的产品，麦芽糊精的适宜添加量为10.00 g。

3. 谷氨酸钠对杨梅固态调味品配方感官评价的影响

谷氨酸钠是目前调味品中最常用的鲜味剂，具有价格低廉、增鲜效果好等优点。因此，单因素试验中考察了谷氨酸钠加入量对杨梅固态调味品感官品质的影响，结果如图4所示。

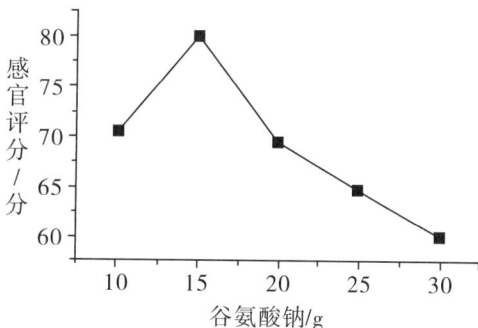

图4 谷氨酸钠加入量对杨梅固态调味品感官品质的影响

由图4可知，当谷氨酸钠添加量在10.00～15.00 g时，杨梅固态调味品感官品质明显提高，谷氨酸钠的加入使产品的鲜味得到大幅度提升，产品滋味更丰富协调。当鲜味剂添加量超过 15.00 g 时，会继续提升产品鲜味，但过于强烈的鲜味会削弱产品其他原料的风味，造成产品风味单一不协调，不利于产品综合品质的提升。因此，谷氨酸钠的适宜添加量为 15.00 g。

4. 柠檬酸对杨梅固态调味品配方感官评价的影响

柠檬酸是常见的酸味剂，除可改变食品的酸度并改善其风味外，还具有一定的抑菌、防腐、保鲜、护色和络合金属离子等多种作用。因此，单因素试验中考察了柠檬酸加入量对杨梅固态调味品感官品质的影响，结果如图 5 所示。

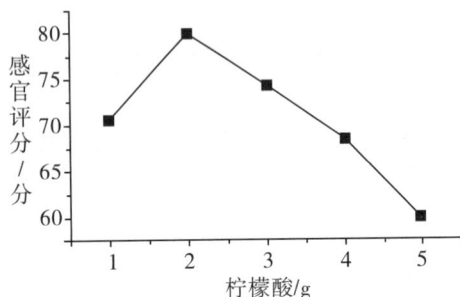

图 5 柠檬酸加入量对杨梅固态调味品感官品质的影响

由图 5 可知，当柠檬酸添加量在 2.00 g 以下时，由于添加量偏少，柠檬酸赋酸增味的作用不能完全显现出来，达不到预期的效果；但当柠檬酸添加量超过 2.00 g 时，柠檬酸的酸味过重，会掩盖住主体的杨梅味，造成各种香味、滋味不协调，使产品整体风味偏差。因此，综合考虑得出柠檬酸添加量为 2.00 g。

（二）正交试验

本研究采用 L_9（3^4）正交设计进行试验，各因素及水平设计见表 2，正交试验设计及结果见表 3。

表 2　正交试验因素及水平

水平	因素			
	A 杨梅提取液（mL）	B 麦芽糊精（g）	C 谷氨酸钠（g）	D 柠檬酸（g）
1	75.00	5.00	10.00	1.00
2	100.00	10.00	15.00	2.00
3	125.00	15.00	20.00	3.00

表3 正交试验设计及结果

试验号	A 杨梅提取液	B 麦芽糊精	C 谷氨酸钠	D 柠檬酸	实验结果
1	1	1	1	1	73.5
2	1	2	2	2	77.5
3	1	3	3	3	72.0
4	2	1	2	3	76.5
5	2	2	3	1	78.5
6	2	3	1	2	77.0
7	3	1	3	2	75.5
8	3	2	1	3	73.5
9	3	3	2	1	77.0
K_1	74.33	75.17	74.67	76.33	
K_2	77.33	76.50	77.00	76.67	
K_3	75.33	75.33	75.33	74.00	
R	3.00	1.33	2.33	2.67	

由表3可知，4个因素对杨梅固态调味品感官品质的影响程度依次为：A ＞ D ＞ C ＞ B，即杨梅提取液 ＞ 柠檬酸 ＞ 谷氨酸钠 ＞ 麦芽糊精。获得最佳品质杨梅固态调味品的优组合为 $A_2B_2C_2D_2$，即杨梅提取液 100.00 mL、麦芽糊精 10.00 g、谷氨酸钠 15.00 g、柠檬酸 2.00 g。

（三）验证性试验

在最优组合水平下进行验证试验，平行3次，可得到淡红色、颗粒完整均一、香气浓郁、滋味醇厚、具有杨梅特有风味的杨梅固态调味品。依据表1评价指标和标准表进行综合评分，得出其分数为80.0，高于正交试验中所有组合的分数，证明杨梅固态调味品为最佳调味品，具体如表4和图6所示。

表4 杨梅固态调味品的配方

	精盐	杨梅提取液	麦芽糊精	谷氨酸钠	柠檬酸
实际配方	200.00 g	37.00 mL	10.00 g	15.00 g	2.00 g
百分比（%）	75.76	14.02	3.79	5.68	0.75

图6 杨梅固态调味成品图

三、结论

依据评价指标和标准表的评分标准，通过单因素试验以及正交试验研究得出杨梅固态调味品。该调味品为淡红色、颗粒完整均一、香气浓郁、滋味醇厚、具有杨梅特有风味的杨梅固态调味品，适用于以海鲜见长的烹饪菜系，尤其是潮州菜中的打冷鱼饭海鲜菜肴。

参考文献

[1] 正山四郎. 天然调味料 [J]. 中国食品添加剂，1998（3）.

[2] 何新华，陈力耕，陈怡，等. 中国杨梅资源及利用研究评述 [J]. 果树学报，2004（5）.

[3] 李金红. 复合调味品的调配 [J]. 中国调味品，2006（4）.

[4] 翟玮玮. 香菇大蒜复合调味品的开发 [J]. 中国调味品，2009，34（10）.

[5] 黄富军，楚炎沛. 感官评价在调味品中的应用和注意事项 [J]. 中国调味品，2013，38（6）.

[6] 鲁云霞，郑茂强，张燕萍. 大米麦芽糊精的性质及应用 [J]. 西部粮油科技，2002（3）.

[7] 卢义成. 麦芽糊精产品的性能及应用 [J]. 粮食与饲料工业，1996（10）.

[8] 周日尤. 我国柠檬酸的生产应用与开发 [J]. 江苏化工，2001，29（5）.

[9] 田可. 海带复合调味素的研制 [D]. 福州：福建农林大学，2012.

超声波辅助浸提橄榄风味物质制备特色蘸黏调味品的研究①

化学卓培生：邱晨晨　化学本科在读生：黄东燕

指导教师：黄俊生

潮州菜的历史可追溯到汉朝，发展至今已经形成独具潮州文化特色、驰名海内外的中国名菜之一。它选料考究、刀工精细，且烹调方式多样，着意追求色香味俱全，有中国最高端菜系之称。探究其扬名史，独具特色的酱料文化功不可没。潮州菜酱碟繁多，蔚为大观，特别重视配酱调味，不同菜色配以不同酱碟，一菜一碟，咸甜酸辣，各有讲究。所以，开发新式酱料对潮州菜非常重要。橄榄，又称青果，是橄榄科橄榄的干燥成熟果实，其味甘酸、性平，收录于2005年版《中国药典》中，是卫生部批准的药食两用食品之一，具有很高的药用食用价值。橄榄在我国已有2 000多年的栽培历史，广泛种植于福建、广东、广西、海南、云南、四川、重庆等南方地区。

一、材料与方法

（一）材料与仪器

橄榄；味精（谷氨酸钠≥99%）；柠檬酸（食品级）；麦芽糊精（食品级）；无水乙醇（食品级）；食用酒精（95%溶液）；超纯水。

HA120－50－01型超临界CO_2萃取装置（江苏南通华安超临界萃取有限公司产品）；LGJ－10B型冷冻干燥机（军事医学科学院实验仪器厂产品）；HUMAN型超纯水器（韩国制造）等。

（二）试验方法

1. 工艺流程

添加剂

超声波辅助→过滤→浓缩→混合搅拌→冷冻干燥→研磨→装瓶

2. 原料预处理

挑选个头饱满、色泽青绿的橄榄，清洗、切片、去核并捣碎；然后于95%的乙醇溶液中浸提；抽滤，于40℃条件下旋转蒸发得橄榄浓缩液，冷冻干燥得

---

①　载于《农产品加工》2017年第8期。

到油状半固体，取 1.000 0 g 溶于 1L 95％ 乙醇中，得橄榄提取液。

3. 单因素试验

橄榄味甘酸、性平，是卫生部批准的药食两用食品之一，具有很高的药用食用价值；麦芽糊精具有增加黏稠度、增强产品分散性和溶解性等作用；谷氨酸钠具有刺激味蕾、增强鲜味的作用；柠檬酸具有抑菌、防腐、保鲜、护色等多种作用。因此，单因素试验分别考察了橄榄提取液、麦芽糊精、谷氨酸钠、柠檬酸添加量对调味品感官品质的影响。

4. 配方优化

为获得感官品质更佳的橄榄特色蘸黏调味品，通过正交试验设计对产品品质进行优化，确定各种原料的最佳添加量。单因素试验表明，影响橄榄特色蘸黏调味品感官品质的因素有橄榄提取液、麦芽糊精、谷氨酸钠和柠檬酸。因此，在单因素试验的基础上，采用 $L_9(3^4)$ 正交设计进行试验，以志愿者品尝后的感官评价为指标来确定最佳配方。

（三）感官评价

要想达到理想的产品味觉效果，需在先进齐全的调味理论指导下，选择适宜的原料，采取合理的配比。参考我国复合调味品的要求，结合广大食客对调味品的心理特点，设定色泽、形态、气味、口感为该产品的评价指标。

复合调味品的评价指标和标准见表1。

表 1　复合调味品的评价指标和标准

评价指标	评价标准
色泽（10 分）	颗粒色泽均匀，表面光滑，诱人食欲
形态（20 分）	产品创意新颖，激发购买兴趣；颗粒大小均匀
气味（30 分）	香味浓郁、芳香、不刺鼻；接近原料的香气，无其他不良异味
口感（40 分）	口感独特、丰富、细腻；解腻、增鲜、除腥、去膻，突出原料中的鲜香味；有刺激食欲、帮助消化的功效；可起到助香、助色、助味的作用

二、结果分析

（一）单因素试验

1. 不同体积橄榄提取液对橄榄特色蘸黏调味品感官品质的影响

称取 200 g 的精盐，分别加入不同体积的橄榄提取液（50 mL、100 mL、

150 mL、200 mL、250 mL）及 20 g 谷氨酸钠、10 g 麦芽糊精、2 g 柠檬酸，混合均匀后冷冻干燥 8 小时。取出研磨并过 60 目筛，至颗粒大小均一，依据评价指标和标准进行评分。

不同体积橄榄提取液对橄榄特色蘸黏调味品感官品质的影响如图 1 所示。

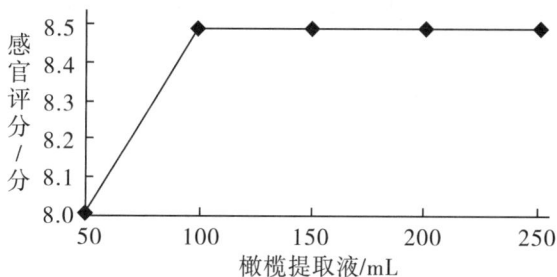

图 1 不同体积橄榄提取液对橄榄特色蘸黏调味品感官品质的影响

由图 1 可知，感官评分随橄榄提取液体积的增加而增加，在橄榄提取液为 100 mL 时感官评分最高，之后变化不大。为了达到橄榄特色蘸黏调味品既能突出橄榄的香味，又能节约成本的目的，橄榄提取液选择 100 mL 为适宜水平。

2. 不同质量麦芽糊精对橄榄特色蘸黏调味品感官品质的影响

称取 200 g 的精盐，分别加入不同质量的麦芽糊精（10 g、20 g、30 g、40 g、50 g）及 20 g 谷氨酸钠、100 mL 橄榄提取液、2 g 柠檬酸，混合均匀后冷冻干燥 8 小时。取出研磨并过 60 目筛，至颗粒大小均一，依据评价指标和标准进行评分。

不同质量麦芽糊精对橄榄特色蘸黏调味品感官品质的影响如图 2 所示。

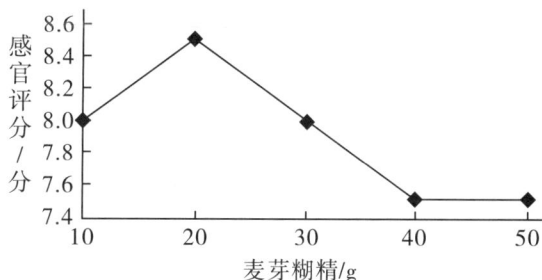

图 2 不同质量麦芽糊精对橄榄特色蘸黏调味品感官品质的影响

麦芽糊精作为增稠剂，不同添加量能影响橄榄特色蘸黏调味品的结块程度。图 2 表明，随着麦芽糊精质量的增加，感官评分在麦芽糊精质量为 20 g 时最高，之后逐渐减少，说明麦芽糊精质量越大，橄榄特色蘸黏调味品的结块程度越严重，影响橄榄特色蘸黏调味品的外观。所以，在不掩盖橄榄特色蘸黏调味品的香味，又不会导致橄榄特色蘸黏调味品过分结块的前提下，选择麦芽糊精 20 g 为宜。

3．不同质量谷氨酸钠对橄榄特色蘸黏调味品感官品质的影响

称取 200 g 的精盐，分别加入不同质量的谷氨酸钠（10 g、15 g、20 g、25 g、30 g）及 10 g 麦芽糊精、100 mL 橄榄提取液、2 g 柠檬酸，混合均匀后冷冻干燥 8 小时。取出研磨并过 60 目筛，至颗粒大小均一，依据评价指标和标准进行评分。

不同质量谷氨酸钠对橄榄特色蘸黏调味品感官品质的影响如图 3 所示。

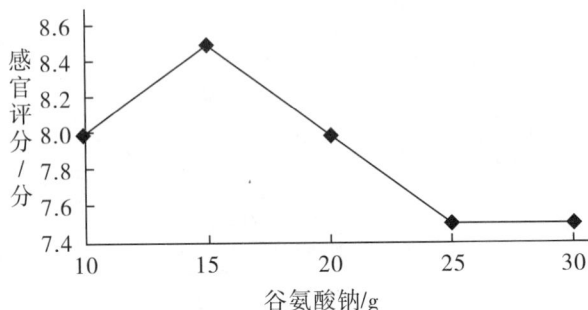

图3　不同质量谷氨酸钠对橄榄特色蘸黏调味品感官品质的影响

谷氨酸钠能调节膳食的味道，但摄入过多谷氨酸钠会对人体造成一定的危害。图 3 表明，随着谷氨酸钠质量增加，感官评分在谷氨酸钠质量为 15g 时最高，之后逐渐减少，说明谷氨酸钠质量在 15g 时既能调节橄榄特色蘸黏调味品的味道，又不会导致人体谷氨酸钠摄入量过大。所以，选择谷氨酸钠 15g 为宜。

4．不同质量柠檬酸对橄榄特色蘸黏调味品感官品质的影响

称取 200g 的精盐，分别加入不同质量的柠檬酸（2 g、4 g、6 g、8 g、10 g）及 20 g 麦芽糊精、100 mL 橄榄提取液、15 g 谷氨酸钠，混合均匀后冷冻干燥 8 小时。取出研磨并过 60 目筛，至颗粒大小均一，依据评价指标和标准进行评分。

不同质量柠檬酸对橄榄特色蘸黏调味品感官品质的影响如图 4 所示。

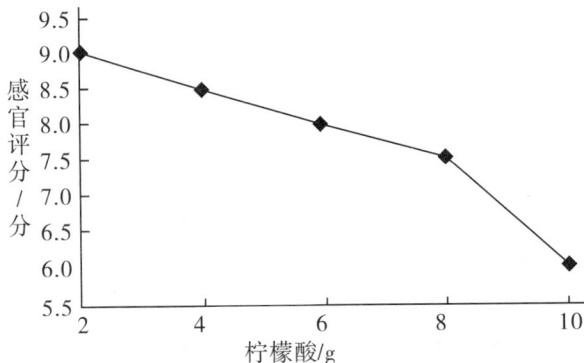

图4　不同质量柠檬酸对橄榄特色蘸黏调味品感官品质的影响

柠檬酸主要调节橄榄特色蘸黏调味品的酸味。图4表明,随着柠檬酸质量的增加,感官评分越来越低,说明柠檬酸加入越多,橄榄特色蘸黏调味品的酸味越浓。所以,为了既能增加橄榄特色蘸黏调味品的香味,又得到不太刺激人的味觉,柠檬酸质量应是最小的,即选择柠檬酸2g为宜。

(二) 正交试验

影响橄榄特色蘸黏调味品色泽、形态、气味、口感的主要辅助添加物有橄榄提取液、麦芽糊精、谷氨酸钠和柠檬酸。为了进一步研究这4个因素对橄榄特色蘸黏调味品整体外观和整体味道的综合影响,在单因素试验的基础上,采用$L_9(3^4)$正交设计进行试验,以感官评分为指标确定最佳提取条件。

正交试验因素与水平设计如表2所示,正交试验设计及结果如表3所示。

表2 正交试验因素与水平设计表

水平	A 橄榄提取液(mL)	B 麦芽糊精(g)	C 谷氨酸钠(g)	D 柠檬酸(g)
1	50	10	10	1
2	100	20	15	2
3	150	30	20	3

表3 正交试验设计及结果

试验号	A 橄榄提取液	B 麦芽糊精	C 谷氨酸钠	D 柠檬酸	感官评分(分)
1	1	1	1	1	8.10
2	1	2	2	2	8.30
3	1	3	3	3	7.40
4	2	1	2	3	7.90
5	2	2	3	1	8.60
6	2	3	1	2	8.05
7	3	1	3	2	7.85
8	3	2	1	3	7.70
9	3	3	2	1	7.95
K_1	7.933	7.950	7.950	8.217	
K_2	8.183	8.200	8.050	8.067	
K_3	7.833	7.800	7.950	7.667	

（续上表）

试验号	A 橄榄提取液	B 麦芽糊精	C 谷氨酸钠	D 柠檬酸	感官评分（分）
R	3.50	0.400	0.100	0.550	
因素主次			D > B > A > C		

因素主次行实际为：

试验号	A 橄榄提取液	B 麦芽糊精	C 谷氨酸钠	D 柠檬酸	感官评分（分）
R	3.50	0.400	0.100	0.550	
因素主次	D > B > A > C				

从直观分析及方差分析可知，4 个因素影响的主次顺序是柠檬酸 > 麦芽糊精 > 橄榄提取液 > 谷氨酸钠。橄榄特色蘸黏调味品的最佳配方为 $A_2B_2C_2D_1$，即在以橄榄提取液 100 mL、麦芽糊精 20 g、谷氨酸钠 15 g、柠檬酸 1 g 为配方的条件下，橄榄特色蘸黏调味品色泽温和、颗粒均一、橄榄味清香、口感细腻。按此最优组合配方配制的产品感官评分为 9.15 分，而正交组合最高的感官评分为 8.60 分，因此选用 $A_2B_2C_2D_1$ 作为最佳配方。

三、理化指标

（1）感官指标。色泽：浅黄色。风味：咸淡适中。外观：颗粒均匀。具有橄榄独特的鲜醇香涩、回甘好等特性。

（2）微生物指标。细菌总数≤100CFU/g，大肠菌群≤30MPN/100g，均低于国家标准；致病菌未检出。

四、结论

依据评价指标和标准，通过单因素试验和正交试验研究得出橄榄特色蘸黏调味品的最佳配方。在该配方下，可得到淡黄色、颗粒均匀、香味浓郁、具有橄榄独特风味的橄榄特色蘸黏调味品。

橄榄特色蘸黏调味品的配方如表 4 所示，橄榄特色蘸黏调味品成品如图 5 所示。

表4　橄榄特色蘸黏调味品的配方

配料	食盐	橄榄提取液	麦芽糊精	谷氨酸钠	柠檬酸
质量	200.00 g	100.00 mL	20.00 g	15.00 g	1.00 g
百分比（%）	59.52	29.76	5.95	4.47	0.30

图5 橄榄特色蘸黏调味品成品

参考文献

［1］孙君社，吴小华. 传统调味料的超微粉化及其表征［J］. 农业工程学报，2000，16（6）.

［2］黄坚航. 福建橄榄道地性研究［J］. 亚太传统医药，2006（8）.

［3］黄富军，楚炎沛. 感官评价在调味品中的应用和注意事项［J］. 中国调味品，2013（6）.

［4］李金红. 复合调味品的调配［J］. 中国调味品，2006（4）.

［5］翟玮玮. 香菇大蒜复合调味品的开发［J］. 中国调味品，2009（10）.

［6］唐联坤. 麦芽糊精的生产与应用［J］. 青海科技，1995（2）.

［7］马腾. 味精少一点健康多一天［J］. 农产品加工，2012（1）.

［8］刘瑞江，张业旺，闻崇炜，等. 正交试验设计和分析方法研究［J］. 实验技术与管理，2010（9）.

［9］陈非. 潮州菜的调料文化［G］//浙江工商大学、浙江农业商贸职业学院健康与文明——第三届亚洲食学论坛（2013绍兴）论文集. 绍兴：浙江工商大学、浙江农业商贸职业学院，2013.

实验得真知，探究辨真伪
——以人教版初中化学"蜡烛燃烧"和"镁的燃烧"为例①

化学卓培生：余文龙　化学本科在读生：蔡少萍
指导教师：袁明华

化学是一门特别的课程，特别之处在于它是一门以实验为基础的学科。离开了实验，化学这棵大树也就失去了根基，谈何枝繁叶茂。"能动手的实验，尽量别演示；能演示的实验，尽量不纸上谈兵"，这应该是大多数中学化学教师的教学圭臬。然而，在现实化学教学中，尤其是在农村地区的教学中，过于依赖课本、缺乏实验和探究的现象依旧屡见不鲜。诚然，课本作为教材主体，是学生获取系统知识的重要工具，也是教师教学的主要依据，具有一定的权威性。但是，倘若将课本作为不可更改的"圣经"，那么就会过于死板，教师则沦为课本的奴隶。

化学教学中常常出现对课本过于迷信的两种情况：一是不进行化学实验，仅仅按照课本照本宣科，所有的实验现象靠前人而来；二是依据课本进行实验操作，也得到了相应的实验现象，但并未进行进一步探究，只是匆匆"验证"课本的实验结论。对此，笔者的建议是实验得真知，探究辨真伪。

一、实验得真知

在人教版《化学》九年级上册第一单元课题 2 中，对蜡烛及其燃烧的探究中，有这样一个实验：分别取一个干燥烧杯和一个用澄清石灰水润湿内壁的烧杯，先后罩在火焰上方（如图 1 所示），仔细观察烧杯壁上有什么现象发生，推测蜡烛燃烧后生成了什么物质。

按照课本设计，这个实验的现象是：用澄清石灰水润湿内壁的烧杯，并罩在火焰上方，烧杯壁上会出现白色浑浊。实验结果：蜡烛燃烧生成了二氧化碳。然而，实际情

图 1　实验装置

况并非如此，烧杯内壁看到的是黑色，而不是白色浑浊。这是由于蜡烛燃烧产生大量黑烟，粘在烧杯内壁，严重影响了对实验现象的观察。

对此，笔者建议教师应该让学生在课堂上进行该实验。当部分学生得到与课

①　载于《中学化学教学参考》2018 年第 4 期。

本一致的实验现象,而大部分学生不能得到该现象时,引导学生独立思考,并通过实验探究。这既锻炼了学生的实验操作能力,又激发了学生的求知欲,培养了他们勤于思考、乐于探究的学习习惯。教师要在课前对这个实验进行多次实验,排除蜡烛火焰大小、烧杯大小、澄清石灰水的量以及蜡烛与烧杯距离等因素对实验现象的影响,得出一个能完美呈现实验现象的实验方案。

二、探究辨真伪

人教版《化学》九年级上册第五单元课题1中,对质量守恒定律的探究,有这样一个实验:取一根用砂纸打磨干净的镁条和一个石棉网,将它们一起放在托盘天平上,记录所称的质量。在石棉网上方将镁条点燃(如图2所示),观察实验现象。

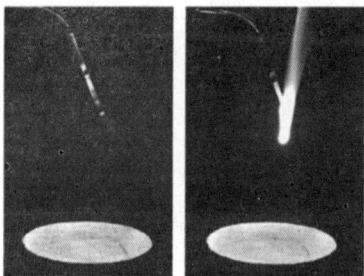

图2 实验现象

按照课本设计,这个实验的现象是天平向左倾斜。这是因为镁条在空气中燃烧,生成氧化镁,使得质量增加,导致天平左倾,这一现象为从微观角度证明质量守恒定律打下基础。然而,实际情况并非如此,天平在更多的时候是右倾,而不是左倾。镁条燃烧,生成氧化镁,生成物多了"氧"的存在,从质量守恒的角度来看,天平毫无疑问是左倾。难道是质量守恒定律出错了吗?其实不然,仔细观察镁条燃烧的实验现象,会发现有大量的白烟生成,这白烟就是氧化镁。大量的氧化镁跑到空气中,会导致三种可能的实验现象:左倾、右倾或者平衡。

对此,教师在面对众多可能的实验结果时,应充分发挥学生的主体性,进一步探究,锻炼学生对实验现象的观察能力、分析能力及探究能力;或者改进该实验装置,收集生成的氧化镁,不让其跑到空气中,使之符合实验现象和结论。改进实验时,甚至可以让学生出谋划策,充分展现他们改进和设计实验的能力,通过实验辨别课本内容的真伪。

化学从实验中来,也当由实验解决问题。不过分"迷信"课本,抱着质疑的态度进行实验,分析实验中可能存在的问题,通过实验得真知,通过探究辨真伪是当前化学教学中应当遵循的原则。破除课本"迷信",才能最大限度培养学生的化学核心素养。

浅析无机工业流程题中物质分离提纯常用的物理、化学方法[①]

化学卓培生：谢丽璇

指导教师：袁明华

近年来无机工业流程题成为各地区的高考热点，其中，分离提纯是这种题型的考查重点之一。这类题型要求考生根据给出的化学情境，运用已学过的知识，选择合适的物理方法或化学方法，对混合物进行有效的分离和提纯。近 5 年，无机化工流程题中有关物质的分离提纯，每一年的各地高考中都有考查。例如，2011 年山东高考第 10 题制备无水 $CaCl_2$ 和 Br_2 考查通过调节 pH 除去 Mg^{2+}；2012 年广东高考第 32 题由"呆矿"制备 K_2SO_4 考查蒸发浓缩、冷却结晶；2013 年安徽高考第 27 题以平板电视显示屏生产过程中产生大量的废玻璃粉末为原料回收铈，考查洗涤滤渣的目的是去除 Fe^{3+}；2014 年广东高考第 32 题 $CuSO_4$ 溶液制备胆矾考查蒸发浓缩、冷却结晶；2015 年天津高考第 9 题将粉碎的印刷电路板经各种操作得到纯铜等产品，考查加热浓缩、冷却结晶、过滤。分离提纯是学生错误率较高的考点，归结其原因是学生对于分离提纯相关的知识没有很好地归纳总结与强化记忆，缺乏具体问题具体分析的能力。本文围绕分离提纯的常用物理方法和化学方法，从各地历年高考真题以及高考模拟题中进行了相关总结，对分离提纯做了较为系统的分析和比较，以期学生能够在做此类题目时尽量不失分。

一、物质分离提纯常用的物理方法

物质分离提纯常用的物理方法见表 1。

表 1　物质的分离提纯的物理方法

方法	原理或适用范围	实例
过滤	把不溶性固体与液体进行分离	粗盐的提纯
萃取	利用溶质在互不相溶的溶剂里的溶解度不同，用一种溶剂把溶质从它与另一种溶剂组成的溶液里提取出来	用 CCl_4 萃取碘水中的 I_2

---

① 载于《中学化学教学参考》2017 年第 16 期。

（续上表）

方法		原理或适用范围	实例
分液		将萃取后两种互不相溶的液体分开	将碘的四氯化碳溶液与水分开
升华		含有某种易升华组分的混合物，利用物质升华的性质在加热条件下分离混合物	从 NaCl 和 I_2 的混合物中分离提纯 I_2
盐析		利用某些物质在加入某些无机盐时，其溶解度降低而形成沉淀的性质将其分开	从皂化液中分离肥皂、甘油，再如蛋白质的盐析
蒸馏和分馏		利用液态混合物中各成分的沸点不同，通过控制温度加热，使一部分物质经汽化，然后冷凝液化再收集，另一部分还保持原来的状态留在原来的装置中。适用于沸点相差较大的液体混合物	C_2H_5OH 和 H_2O 混合物的分离、从石油中分离各种馏分等
重结晶	蒸发结晶	在较高温度下析出结晶，主要用于溶解度对温度变化小的物质	
	蒸发浓缩冷却结晶	用于溶解度随温度变化大的物质，蒸发浓缩形成溶解度随温度变化大的物质的饱和溶液，冷却时，溶解度随温度变化大的物质的溶解度明显减小，溶质就会结晶析出	KNO_3、NH_4Cl、$FeSO_4 \cdot 7H_2O$、$CuSO_4 \cdot 5H_2O$ 等晶体的获得
	蒸发浓缩趁热过滤	用于溶解度随温度变化不大的物质，蒸发浓缩时溶剂减少，溶解度随温度变化不大的物质结晶析出，溶解度随温度变化大的物质随温度的升高而溶解度增大，继续溶在水中，趁热过滤即可得到较纯的目标物质	从大量的 NaCl 和少量的 KNO_3 混合溶液中获得 NaCl 晶体

二、物质分离提纯常用的化学方法

采用化学方法来进行物质的分离提纯，一般是贯穿于整道无机工业流程题中。有任一步骤或环节思路不清晰，便会形成对整个工业流程的分析、理解障碍，导致学生在此类型题中得分不高。因此，为提高各考生在工业流程题中的解题效率与准确率，笔者对分离提纯常用的化学方法进行了归纳总结，如表2所示。

表 2　常用的分离提纯的化学方法

方法	原理	杂质成分
沉淀法	将杂质离子转化为沉淀	Cl^-、SO_4^{2-}、CO_3^{2-} 及能形成弱碱的阳离子
置换法	将杂质通过置换反应除去	除去 $FeSO_4$ 中的 $CuSO_4$，可加适量的铁粉，再过滤
气化法	将杂质转化为气体	CO_3^{2-}、HCO_3^-、SO_3^{2-}、HSO_3^-、S^{2-}、NH_4^+
热分解法	利用混合物中各组分稳定性的不同，将其进行加热或灼热处理，从而分离物质	如除去 Na_2CO_3 中混有的 $NaHCO_3$
杂转纯法	将杂质转化为需要提纯的物质	杂质中含有不同价态的相同元素（用氧化剂或还原剂）、同一种酸的正盐与酸式盐（用酸、酸酐或碱）
酸、碱处理法	利用混合物中各组分酸碱性质的不同，用碱或酸处理，从而将物质分离开	如用过量的 $NaOH$ 溶液可除去 Fe_2O_3 中的 Al_2O_3
氧化还原法	利用混合物中某组分能被氧化（或被还原）的性质来分离或提纯物质	如用酸性 $KMnO_4$ 除去 CO_2 中的 SO_2，用热的铜粉除去 N_2 中的 O_2
调节 pH 法	通过加入试剂来调节溶液的 pH，使溶液中某组分沉淀而分离	一般是加入相应的难溶或微溶物来调节。如在 $CuCl_2$ 溶液中含有 $FeCl_3$ 杂质，由于 $FeCl_3$ 的水解，溶液是酸性溶液，就可采用调节 pH 的方法将 Fe^{3+} 沉淀除去。为此，可向溶液中加入 CuO、$Cu(OH)_2$、$CuCO_3$ 或 $Cu_2(OH)_2CO_3$
络合法	利用组分中某一成分可以形成络合物的性质来分离提纯物质	例如分离 Al_2O_3 和 ZnO 的混合物
电解法	利用电解的原理来分离提纯物质	含杂质的金属作阳极、纯金属（M）作阴极，含 M 的盐溶液作电解质溶液，如电解冶炼铝
离子交换法	用离子交换剂来分离提纯物质	如硬水的软化

三、物质分离提纯的解题技巧

整体来看，解答此种类型题，首先要通过阅读题目，了解流程图以外的文字描述、表格信息、后续设问中的提示性信息，通过对比分析工业流程示意图中的第一种物质（原材料）与最后一种物质（产品），弄清从原料出发到得到最终产品，必须除去什么元素、引进什么元素？在流程中发生的化学反应除生成了目标物质外还产生了什么杂质或副产物？这些物质又是如何分离、提纯和循环利用的？

物质分离提纯一般考察物质的分离操作以及除杂试剂的选择，要根据混合物中各组分的特点来选择适当的方法。一般先考虑物理方法（如表1所示）；当无法用物理方法进行目标物质的分离提纯时，结合各组分的化学性质，选择合适的化学方法（如表2所示），达到分离提纯的目的。通常来说，对多组分的混合物的分离提纯，一般要考虑物理方法和化学方法综合运用。

使用物理方法对物质进行分离提纯，要考虑物质的形态，结合具体的情境进行分析筛选。有以下四种类型：①固—固混合分离型，可采取灼烧、热分解、升华、结晶或重结晶。②固—液混合分离型，可进行过滤、盐析、蒸发。③液—液混合分离型，可采取萃取、分液、蒸馏、渗析。④气—气混合分离型，用洗气对混合物进行分离提纯。

使用化学方法对物质进行分离提纯，要求遵循"四原则"和"三必须"。"四原则"：一不增，即提纯过程中不增加新的杂质；二不减，即不减少欲被提纯的物质；三易分离，即被提纯物与杂质容易分离；四易复原，即被提纯物质要复原。"三必须"：一是除杂试剂必须过量；二是过量试剂必须除尽，因为过量试剂会带入新的杂质；三是除杂途径选最佳。

四、总结

无机工业流程题的解答是需要反复推敲判断的，在解题的过程中不但考查了学生的综合运用能力，还发展了学生的创造性思维，提高了其思维品质。笔者认为，高中化学教师和学生在备考时，不要深陷于"题海战术"，要学会归纳总结，从而达到掌握、记忆此考点的目的。故笔者对物质分离提纯常用的物理方法和化学方法进行了较为全面的阐述，希望众考生能够掌握这些方法，在今后的考试中灵活运用，提高解题效率与准确率，拿下这个考点对应的分值。

参考文献

［1］徐俊龙，赖光第. 化工流程题中的分离提纯考点归类与方法突破［J］. 广东教育（高中版），2014（2）.

［2］王芳. 专题三混合物的分离与提纯［J］. 广东教育（高中版），2015（11）.

新课标 I 卷有关分子立体构型的计算①

化学卓培生：邱晨晨

指导教师：袁明华

作为新课标 I 卷中第 37 题的考试热点，有关分子立体构型的计算一直是讲课重点，也是学生理解的难点、考试的易错点。虽然该类问题题型固定，但是考生们概念不清、审题马虎，最终只能与分数失之交臂。针对这类现象，我们应在熟练掌握价层电子对互斥理论和杂化轨道理论的基础上，对近些年的高考真题进行梳理，总结出相应的答题策略。

一、公式法

通过教材的学习，我们知道了孤电子对数的计算公式，也知道了可以通过求和计算价层电子对数。事实上，在实际解题中，我们还可以通过价层电子对数计算公式：

$$价层电子对数 = (a - Xb - c) \div 2$$

式中 a 为中心原子的价电子数；b 为与中心原子结合的原子最多提供的电子数，氢与卤素为 1，氧与硫为 0；X 为与中心原子结合的原子数；c 为离子电荷数（带符号计算）。

例 1 （2012 新课标 I 卷第 37 题，节选）（4）气态 SeO_3 分子的立体构型为_____，SO_3^{2-} 离子的立体构型为_____。

解析：对于 SeO_3：中心原子 Se 的孤电子对数为 $0 \times [(6 - 2 \times 3) \div 2]$，价电子对数为 $3 \times [(6 + 0 \times 3) \div 2]$，故立体构型为平面三角形；对于 SO_3^{2-}：中心原子的孤电子对数为 $1 \times \{[6 - 2 \times 3 - (-2)] \div 2\}$，价电子对数为 $4 \times \{[6 + 0 \times 3 - (-2)] \div 2\}$，故立体构型为三角锥形。

答案：平面三角形　三角锥形。

雷区警示：①混淆微粒的 VSEPR 模型和立体构型。②计算、判断虽然正确，但出现笔误。如把"平面三角形"错写为"三角形"或"正三角形"，"正四面体"错写为"四面体"，"形"错写为"型"等。

例 2 （2014 新课标 I 卷第 37 题，节选）（3）新制备的氢氧化铜可将乙醛

---

① 载于《中学化学教学参考》2015 年第 14 期。

氧化为乙酸，而自身还原成氧化亚铜，乙醛中碳原子的杂化轨道类型为_____；一摩尔乙醛分子中含有的 σ 键的数目为_____。

解析：结合乙醛的结构式运用公式法可知：乙醛分子中存在两种碳原子，一种是甲基碳杂化方式为 sp^3，一种是羰基碳杂化方式为 sp^2；一摩尔乙醛分子中共有 σ 键的数目为 $6N_A$。

答案：sp^2、sp^3　　$6N_A$。

雷区警示：①该题的问题是"乙醛中碳原子的杂化轨道类型为_____"，应填 sp^2、sp^3。另一种问法是"乙醛中与氧原子结合的碳原子杂化轨道类型为_____"，则应填 sp^2。②该题的问题是"一摩尔乙醛分子中含有的 σ 键的数目为：_____"，应填 $6N_A$；另一种问法是"一摩尔乙醛分子中含有的 σ 键的数目为：_____mol"，则应填 6。

二、分析法

例3　（2012 新课标 I 卷第 37 题，节选）（1）S 单质的常见形式为 S_8，其环状结构如图所示，S 原子采用的轨道杂化方式是_____。

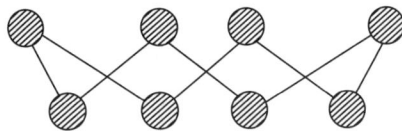

结构示意图

解析：显然，我们无法通过公式法来确定该题中 S 原子的轨道杂化方式。因此，我们就要理性地分析了。由图可知，一个硫原子与两个硫原子相连，能形成 2 个 σ 键；又根据硫原子核外电子排布易知，剩余两对电子将成为两对孤电子对，故为 sp^3 杂化。

答案：sp^3。

雷区警示：判断原子轨道杂化方式可根据公式法计算，也可运用分析法求解。但对于分析法，我们应当结合分子的结构、中心原子的价电子排布等来分析，并考虑是否会形成 π 键、大 π 键等。

巧解有机推断题①

化学卓培生：李燕淋
指导教师：袁明华

巧解有机推断题的基础是有机物的学习和掌握，学习和掌握各种类的有机化合物的性质将有助于答题者提高答题效率和准确度。通过对广东 2011 年、2012 年、2013 年、2014 年四年理综高考题的研究，可以知道有机推断题是广东高考理综化学卷的第一道大题，其分值为 16 分。为了争取在该题上不失分，掌握正确的解题方法与技巧、巧解有机推断题是对每个考生的最低要求，考生有掌握该内容的必要性。本文内容参考人教版高中《化学》必修 1 和选修 5 两本书。

一、有机推断题的各种题型归纳

出题的一般形式通常为：写出某化合物的分子式，考察某有机物的化学性质，判断反应类型，写出化学方程式，写出同分异构体，推断某有机物的结构简式，仿照给出的反应规律写出类似的反应或产物的结构简式。其中，值得注意的是，在写出化合物的分子式时注意把所有元素找齐而不漏写元素，在写出化学方程式时应注意写出反应条件。此外，答题时应看清题干的具体要求，清楚是写出化学方程式还是写出产物的结构简式。

二、各种题型的解题方法汇总

1. 写出某化合物的分子式

此种题型是易掌握的一种题型，相对简单，只需要准确找到某化合物，将该化合物中各种元素一一写出，并在相应元素的下标注明元素个数。注意一个拐点代表一个 C 原子。

例 1 写出化合物 $\underset{\quad\quad}{\bigcirc}-CH=CHCHCH_3$（带 OH）的分子式_____。

答案：$C_{10}H_{12}O$。化合物中有元素 CHO，其中有 10 个 C、12 个 H、1 个 O，故分子式为 $C_{10}H_{12}O$。

2. 考察某有机物的化学性质

有机物的性质主要由官能团的性质决定，所以我们需要了解各官能团的性

---

① 载于《中学化学教学参考》2015 年第 14 期。

质，从而得出有机物的性质。例如，各种官能团可发生的化学反应类型（如取代反应、加成反应、消去反应、酯化反应、氧化反应、水解反应等），是否能使有色溶液褪色（如不饱和的碳碳双键使酸性高锰酸钾溶液褪色等），能否发生特殊的显色反应（如肽键遇硝酸变黄、酚羟基遇含 Fe^{3+} 的溶液变紫等）。此外，还有一些非官能团也能决定有机物的性质，如苯环可发生加成反应，甲苯可使酸性高锰酸钾溶液褪色等。

例 2 化合物 HO—⟨苯环⟩—CH=CHCOOCH₂CH₂—⟨苯环⟩（HO—在邻位） 正确的是_____。

A. 遇 $FeCl_3$ 溶液可能显紫色

B. 可发生酯化反应和银镜反应

C. 能与溴发生取代和加成反应

D. 1mol 该化合物最多能与 2mol NaOH 反应

答案：AC。化合物含酚羟基，A 正确；化合物既不含羧基也不含醇羟基和醛基，B 错误；化合物含酚羟基和碳碳双键，C 正确；1mol 该化合物能与 3mol NaOH 反应，D 错误。

3. 判断某个反应的反应类型

此题型与上述第二小点有相通之处。掌握这种题型就需要清楚知道各官能团或一些特殊基团能发生的化学反应以及各官能团的消失路径和产生路径（如碳碳双键的消失是因为发生了加成反应，碳碳双键的产生可通过醇羟基的消去反应得到），再通过观察反应前后反应物和生成物的区别做出判断（如反应物中含碳碳双键，生成物中不含碳碳双键，可知此反应发生了加成反应）。

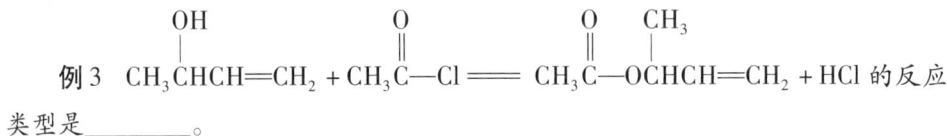

例 3
$$CH_3\overset{OH}{\underset{|}{C}}HCH=CH_2 + CH_3\overset{O}{\overset{||}{C}}-Cl \Longrightarrow CH_3\overset{O}{\overset{||}{C}}-OCH\overset{CH_3}{\underset{|}{}}CH=CH_2 + HCl$$ 的反应类型是_____。

答案：取代反应。官能团卤素原子常可发生消去反应和取代反应，在该反应中，其发生的反应是取代反应。

4. 写出某反应的化学方程式

该题要求考生熟知反应物官能团或基团可发生的反应类型和反应特点并熟练掌握课本中具有的代表性的化学反应。在答题时可根据具有代表性的化学反应特点模拟写出所求的化学方程式，注意标明反应条件。

例 4
$$CH_3\overset{O}{\overset{||}{C}}-OCH\overset{CH_3}{\underset{|}{}}CH=CH_2$$ 与 Br_2 加成的化学反应方程式为_____。

答案： $CH_3\overset{O}{\overset{\|}{C}}-OCH\underset{CH_3}{|}CH=CH_2 + Br_2 =\!=\!= CH_3\overset{O}{\overset{\|}{C}}-OCH\underset{CH_3}{|}\overset{Br\ Br}{|\ \ |}CHCH_2$ 。加成反应的

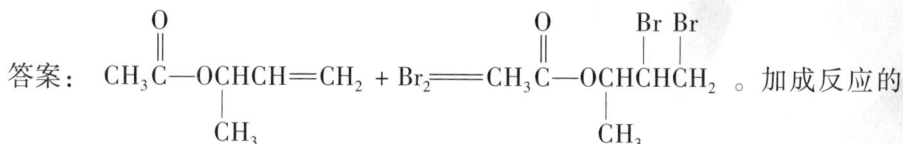

特点是碳碳双键变碳碳单键，且产物只有一种。

5. 根据要求写出某化合物的同分异构体

所谓的同分异构体即分子式相同而结构不同的物质。通常，题干中会给出该种同分异构体的一些特殊性质，如可发生什么反应，或可以跟某种物质反应得到什么物质或有多少组吸收峰等，以此可确定含有的官能团和同分异构体的结构。

例 5 由 $CH_3COOCH_2CH_3$ 可合成化合物 $CH_3\overset{O}{\overset{\|}{C}}-CH_2COOCH_2CH_3$，化合物 V 是 $CH_3COOCH_2CH_3$ 的一种无支链同分异构体，碳链两端呈对称结构，且在 Cu 催化下与过量 O_2 反应生成能发生银镜反应的化合物 VI，则 V 的结构简式是_____，VI 的结构简式是_____。

答案：V 的结构简式： $\underset{OH}{CH_2}CH=CH\underset{OH}{CH_2}$ 。VI 的结构简式：

$OHCCH=CHCHO$。题干中的突破点：无支链的对称结构、反应条件以及发生银镜反应。

6. 推断某化合物的结构简式

一般情况下为已知前面和后面的化合物结构简式，要求我们推断出中间化合物的结构简式。解决此种题型就要求掌握各种反应的反应条件的特点（如光照条件下可能是发生取代反应，NaOH 醇溶液加热条件下发生消去反应等），需要观察前后两个反应条件并观察化合物的改变，运用顺推或逆推的方法答题。

例 6 $C_4H_7Br \xrightarrow[\triangle]{NaOH,\ H_2O} CH_3CH\underset{OH}{|}CH=CH_2$ 中，C_4H_7Br 的结构简式为_____。

答案： $CH_3CH\underset{Br}{|}CH=CH_2$ 。根据题干中的反应条件可知该反应为取代反应。

三、小结

巧解有机推断题的关键就在于寻找突破口。化学反应的反应条件、反应类型及特点、官能团或基团能发生的反应和一些化学性质（褪色或显色反应）等都可以成为解题突破口。

浅谈新课标Ⅰ卷离子共存选择题①

化学卓培生：林雪玲
指导教师：袁明华

离子共存问题，是历年备受各地高考青睐的内容，也是高三学生复习的重点内容之一，在近年高考中共出现了4次（2015年全国卷新课标Ⅰ卷第12题；2014年全国卷新课标Ⅰ卷第8题，将离子共存内容与生活社会相结合，以解释社会或生活中的现实或事实的形式呈现；2013年全国卷新课标Ⅰ卷第9题，考查易发生水解、与水不能共存的离子；2011年大纲全国卷第11题），主要以选择题形式呈现。但其相关知识点较为琐碎，如何对其进行系统地复习一直是教师们努力的方向。针对这一现状，笔者将对离子共存内容进行分析、归纳及整理。

一、真题分析

例1 （2015年全国卷新课标Ⅰ卷第12题）W、X、Y、Z均为短周期元素，原子序数依次增加，且原子核外L电子层的电子数分别为0、5、8、8，它们的最外层电子数之和为18。下列说法正确的是（　　　）。

A. 单质的沸点：W > X

B. 阴离子的还原性：W > Z

C. 氧化物的水化物的酸性：Y < Z

D. X与Y不能存在于同一离子化合物中

答案：B。

剖析：由题意"且原子核外L电子层的电子数分别为0、5、8、8"，易得W是H元素，X是N元素；而因为Y与Z的L层都是8个电子，因此Y与Z都是第三周期元素。根据最外层电子数之和为18，可知Y与Z的最外层电子数之和为12，Z的原子序数大于Y，因此Y是P元素，Z是Cl元素。选项A，氢气与氮气都是分子晶体，相对分子质量大的沸点高，所以二者的沸点大小比较为X > W，故A错误；选项B，因为H元素的非金属性比Cl元素弱，所以这两个元素的简单阴离子的还原性W > Z，故B正确；选项C，未指明是最高价氧化物的水化物，不能判断二者酸性的强弱，故C错误；选项D，N与P可以同时存在于同

① 载于《中学化学教学参考》2017年第16期。

一离子化合物中，如磷酸铵，故 D 错误。

归纳点拨：本题在考查元素的推断的基础上进一步考查离子共存问题。

例 2 （2011 年大纲全国卷第 11 题）将足量的 CO_2 通入下列各溶液中，所含离子还能大量共存的是（　　）。

A. K^+、SiO_3^{2-}、Cl^-、NO_3^- 　　　　B. H^+、NH_4^+、Al^{3+}、SO_4^{2-}

C. Na^+、S^{2-}、OH^-、SO_4^{2-} 　　　　D. Na^+、$C_6H_5O^-$、CH_3COO^-、HCO_3^-

答案：B。

剖析：因碳酸的酸性比硅酸大，故 A 项中 SiO_3^{2-} 不能大量共存；C 项中的 OH^- 会和 CO_2 反应；而 D 中 $C_6H_5O^-$ 会和 CO_2 反应形成苯酚。因此，只有 B 中离子还能大量共存。答案选 B。

归纳点拨：本题主要从 CO_2 溶于水生成碳酸的角度考查离子共存问题。

二、常考离子性质

高考离子共存选择题考的内容较琐碎，笔者将常考离子的性质主要归为以下几点：

（1）颜色：MnO_4^-（紫）、Cu^{2+}（蓝）、Fe^{2+}（浅绿）、Fe^{3+}（黄）、$Cr_2O_7^{2-}$（橙）、CrO_4^{2-}（黄）。

（2）氧化性：ClO^-、MnO_4^-、NO_3^-（H^+）、Fe^{3+}、$Cr_2O_7^{2-}$。

（3）还原性：S^{2-}（HS^-）、SO_3^{2-}（HSO_3^-）、I^-、Br^-、Cl^-、Fe^{2+}。

（4）水解显酸性：NH_4^+、Mg^{2+}、Al^{3+}、Cu^{2+}、Fe^{2+}、Fe^{3+}。

（5）水解显碱性：AlO_2^-、S^{2-}、SO_3^{2-}、CO_3^{2-}、SiO_3^{2-}、ClO^-、CH_3COO^-。

（6）两性离子：HCO_3^-、HS^-、HSO_3^-、HPO_4^{2-}、$H_2PO_4^-$。

三、常考离子不能共存情况

在新课标 I 卷选择题题型中，考查离子能共存与不能共存的情况是较多的。针对这一现状，笔者将常考离子不能共存的情况归纳如下：

（1）溶液中有大量 H^+ 时，OH^-，弱酸根离子如 SO_3^{2-}、CO_3^{2-}、PO_4^{3-}、S^{2-}、F^- 等，弱酸的酸式酸根离子如 HCO_3^-、HS^-、HPO_4^{2-}、$H_2PO_4^-$ 等，不能共存。

（2）溶液中有大量 OH^- 时，H^+，弱碱阳离子如 NH_4^+、Mg^{2+}、Cu^{2+}、Fe^{2+}、Fe^{3+}、Zn^{2+} 等，不能共存。

（3）相互反应生成沉淀的离子，如 H^+ 与 SiO_3^{2-}，OH^- 与 Mg^{2+}、Al^{3+}、Cu^{2+}、Fe^{2+}、Fe^{3+} 等，Cl^- 与 Ag^+，SO_4^{2-} 与 Ba^{2+}、Pb^{2+}、Ag^+、Ca^{2+}，CO_3^{2-}、

PO_4^{3-}、SO_3^{2-}、SiO_3^{2-}与除 K^+、Na^+、NH_4^+ 外的阳离子。

（4）相互促进水解的离子：Al^{3+} 与 CO_3^{2-}、HCO_3^-、HS^-、S^{2-}、SiO_3^{2-}、ClO^-，Fe^{3+} 与 CO_3^{2-}、HCO_3^-、SiO_3^{2-}、ClO^-，NH_4^+ 与 SiO_3^{2-}、AlO_2^-、ClO^-。

（5）相互发生氧化还原反应的离子，如 MnO_4^- 与 Fe^{2+}。

（6）相互发生络合反应的离子，如 Fe^{3+} 与 SCN^-。

（7）其他隐含条件，如酸性、碱性、透明溶液、无色溶液等。

四、常见陷阱

在做题过程中，学生经常因没有看清题干，掉入出题者所设的陷阱中。为减少这一现象，提高学生本题得分率，笔者将常见陷阱归纳如下表所示。

考题中常见陷阱点

条件类型	常见表述	误区点拨
常见限制条件	"无色"	有色离子不能大量存在
	"pH = 1"或"pH = 13"	溶液显酸性或碱性
	"因发生氧化还原反应而不能大量共存"	只能是氧化性离子和还原性离子不能大量共存，不包括其他类型的离子
常见易错点	"透明"	"透明"也可"有色"
	"不共存"	易看成"共存"
	"与 Al 反应放出 H_2"	溶液既可能显酸性也可能显碱性
常见隐含条件	"由水电离出的 $C(H^+) = 1 \times 10^{-12}$"	溶液既可能显酸性也可能显碱性
	"通入足量的 NH_3"	与 $NH_3 \cdot H_2O$ 反应的离子不能大量共存
常见题干要求	"一定大量存在""可能大量存在""不能大量存在"	审清题干关键词

五、结语

新课标Ⅰ卷对离子共存问题的考查较为频繁，难度虽然不算很大，但因其相关知识点较琐碎，学生容易出错，从而在此类题型上失分。笔者在此进行了简单的归纳整理，既有助于学生学习及备战新课标Ⅰ卷离子共存相关内容，也有利于教师为高三学生进行有针对性的复习，提高教学效率。

参考文献

［1］王愫懿. 优化教学程序提高高考化学复习的效度［J］. 化学教育，2010（9）.

［2］侯玲霞. 新课程理念下的高三化学复习［J］. 现代阅读（教育版），2013（1）.

［3］杨青山，叶漫. 高考"离子共存"条件归类例析［J］. 中学化学，2014（2）.

［4］瞿冬梅. 以2013年高考"溶液中离子共存判断"为例谈高三复习策略［J］. 中学化学，2014（2）.

［5］江丽娟. 高考命题热点：离子共存［J］. 新课程（教研版），2009（7）.

［6］穆玉鹏. 例析离子共存问题中的隐含条件［J］. 数理化解题研究，2016（1）.

［7］谭庆宁. 例析离子共存题中隐含条件的挖掘［J］. 数理化学习，2012（5）.

中考化学坐标类图像计算题解题"三部曲"①

化学卓培生：王静文

指导教师：袁明华

图表、图像作为最直接、最直观反映客观事物变化规律的语言，包含丰富的信息资源。读图、识图能力及用图表示化学变化规律的能力是近年来中考化学考查的主要能力，用坐标的形式反映化学变化规律的问题更是考查的重点。同时，化学计算在中考化学中约占 20%，虽然所占百分比不大，但试题属于中高难度的题目，中考考试大纲目标与要求中指出要"注重考查学生利用图表、资料等分析化学问题的能力"，新课程标准要求"培养学生搜集、整理和加工信息的基本能力"。近些年来，中考化学计算题已经打破了传统的单一计算形式，逐渐删除了烦琐的计算技巧，以情境新颖、构思巧妙、灵活多样的形式展现，从知识与技能、过程与方法、情感态度与价值观三维课程目标出发，注重联系生活实际，培养学生的创新思维能力、综合应用知识的能力和探究性学习能力。其中，中考化学坐标类图像计算题就是借助数学模型，利用图形、图表分析和解决化学计算中的有关问题，这类题型的目的在于培养学生的分析能力、思维能力和各学科间的融合能力等。

一、坐标类题型解法"三部曲"

针对中考化学中的坐标类图像计算题，笔者做了如下解题方法"三部曲"，供大家参考。

（1）剖析题干文字。因为这类题一般难度不大，近年来已经逐渐删除了烦琐的计算技巧，考查的知识点主要是根据化学方程式和溶液溶质质量分数进行计算等。所以，先仔细分析题干的文字，写出相关化学方程式，挖掘隐藏在题目中的条件，为解题做好全面准备。

（2）观察图像各点及走势，逐层推导，分类讨论，包括图像的起点、拐点、终点、交叉点、最高点、最低点、与坐标轴的交点等，还有图像总体是上升、持平还是下降趋势，从而判断化学反应进展情况，分析数据，辅助计算。其中，最该注意的是横、纵坐标轴表示的量。坐标类图像计算题包括有一个或多个坐标

---

① 载于《中学化学教学参考》2017 年第 16 期。

轴、一个坐标轴中含有一条或多条线，线又有上升、持平、下降等多种趋势，有的还需要学生根据题意画出反应进程坐标图。这就要求学生能针对不同题型灵活应变，具体情况具体分析。

（3）选择恰当方法解答。初中化学计算的常用方法一般有守恒法、极值法、讨论法、十字交叉法、差量法、关系式法等。

下面以两道中考典型题为例，对中考化学最后一道计算题中的坐标类图像计算题的运用解题"三部曲"具体分析。

二、例题分析

例1 （2015 年黔东南）某化学兴趣小组对某铜锌合金样品进行探究实验。称取样品 10.0 g，再用 100 g 稀硫酸溶液逐滴滴入，实验情况如图 1 所示。求：①铜锌合金中，Zn 的质量分数是多少？②所用稀硫酸溶液中溶质的质量分数是多少？

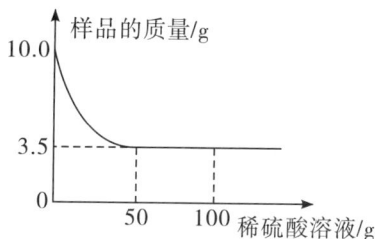

图1 示意图

"三部曲"分析：

（1）剖析题干文字：找到题干中的关键词"铜锌合金""样品总量 10.0 g""100 g 稀硫酸"，结合问题①"Zn 的质量分数"和问题②"溶质的质量分数"进行分析。根据题意，锌与稀硫酸反应生成硫酸锌和氢气，写出化学方程式：

$$Zn + H_2SO_4 = ZnSO_4 + H_2\uparrow$$

（2）观察图像各点及走势，逐层推导，分类讨论：本题为"一个坐标轴一条线"的简单类型。先看清图像的横坐标表示的是稀硫酸溶液的消耗量，纵坐标表示的是反应中剩余样品的质量；然后找到图像的起点，也是最高点 $(0，10.0)$，此时 10.0 g 样品还未与稀硫酸发生反应；再找图像的拐点，也是最低点 $(50，3.5)$，且此点以后，图中出现平台线，表明拐点处样品与 50 g 稀硫酸反应完全，完全反应后剩余固体的质量为 3.5 g。由参加反应的锌的质量，计算出参加反应的硫酸的质量，进而可计算出所用稀硫酸溶液中溶质的质量分数。

（3）选择恰当方法解答：结合前面两步分析，本题可与化学方程式联系，采用关系式法，用比例式求解。

解析：①由反应的实验情况图，完全反应后剩余固体的质量为 3.5 g，即铜锌合金样品中含铜的质量为 3.5 g，则锌的质量为 10 g－3.5 g＝6.5 g。

所以，铜锌合金中，Zn 的质量分数是 6.5÷10.0×100%＝65%。

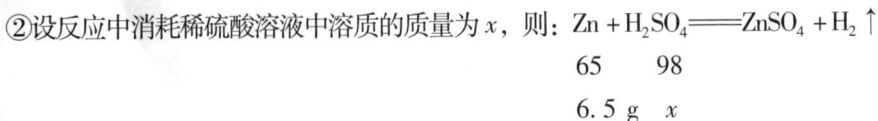

②设反应中消耗稀硫酸溶液中溶质的质量为 x，则：$Zn + H_2SO_4 \xlongequal{\quad} ZnSO_4 + H_2\uparrow$

$$65 \qquad 98$$
$$6.5\ g \qquad x$$

解得：$x = 9.8\ g$。

所以，所用稀硫酸溶液中溶质的质量分数为 $9.8 \div 50 \times 100\% = 19.6\%$。

点评：本题难度不大，掌握根据化学方程式的计算即可正确解答本题。细致地分析图表信息，确定铜的质量为 3.5 g 是正确解答本题的前提和关键。

例2 （2014 年广东节选）①同学们做甲、乙两个中和反应实验的探究（如图 2 所示）。

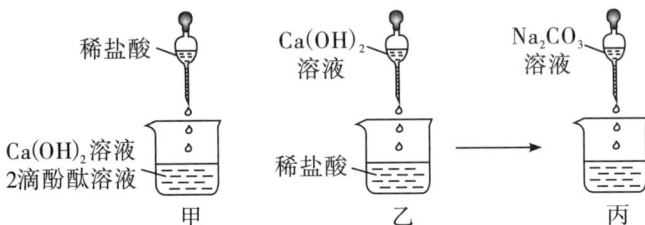

图2 示意图

②取图 2 乙中反应后的溶液 60.0 g，滴加质量分数 26.5% 的 Na_2CO_3 溶液（如图 2 丙所示），溶液 pH 的变化如图 3 所示，则与 $CaCl_2$ 反应的碳酸钠溶液的质量为 _____ g。请计算该溶液中 $CaCl_2$ 的溶质质量分数（写出计算过程，精确到 0.1%）。

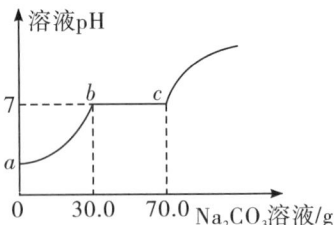

图3 示意图

③根据计算所得数据在图 4 中画出产生沉淀的曲线。

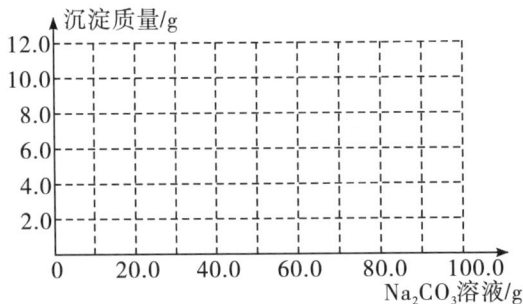

图4 示意图

"三部曲"分析：

（1）剖析题干文字：找到题干中的关键词"中和反应"，结合问题③"产生沉淀"，推测反应体系中还可能有稀盐酸与碳酸钠溶液反应。根据题意，产生沉淀的反应是氯化钙和碳酸钠反应生成碳酸钙和氯化钠，写出化学方程式：

$$CaCl_2 + Na_2CO_3 == CaCO_3\downarrow + 2NaCl$$

（2）观察图像各点及走势，逐层推导，分类讨论：先看清图 3 的横坐标表示的是碳酸钠溶液的消耗量，纵坐标表示的是反应体系中溶液的 pH；然后找到图像的起点 a，也是最低点，此时 Na_2CO_3 溶液还未与 $CaCl_2$ 发生反应，ab 段 pH <7，说明溶液中仍有稀盐酸；再找图像的拐点 b（30.0，7）、c（70.0，7），且 b 点以后，图中出现平台线 bc，此时滴加的 Na_2CO_3 溶液达到 30.0 g，稀盐酸完全反应，Na_2CO_3 溶液开始与 $CaCl_2$ 反应，当滴加 Na_2CO_3 溶液到 70.0 g 时，则与 $CaCl_2$ 完全反应。

（3）选择恰当方法解答：结合前面两步分析，本题可与化学方程式联系，采用关系式法，用比例式求解，作图。

解析：问题②由图 3 可知，碳酸钠溶液的量到 70.0 g 时，反应正好完成，氯化钙和碳酸钠反应生成碳酸钙和氯化钠。据题意，设参加反应的 $CaCl_2$ 的质量为 x，则：

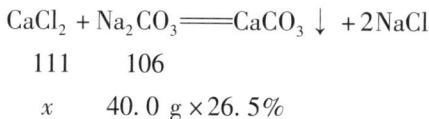

$$CaCl_2 + Na_2CO_3 == CaCO_3\downarrow + 2NaCl$$

$$\begin{array}{cc} 111 & 106 \\ x & 40.0\text{ g}\times 26.5\% \end{array}$$

解得：$x = 11.1$ g

该 $CaCl_2$ 溶液的溶质质量分数为 $11.1 \div 60.0 \times 100\% = 18.5\%$。

故答案为：40.0；18.5%。

问题③设：滴加质量分数为 26.5% 的 Na_2CO_3 溶液 70.0 g 时（此时与 $CaCl_2$ 溶液反应的 Na_2CO_3 溶液质量为 40.0 g），生成沉淀的质量为 x，则：

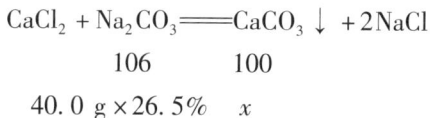

$$CaCl_2 + Na_2CO_3 == CaCO_3\downarrow + 2NaCl$$

$$\begin{array}{cc} 106 & 100 \\ 40.0\text{ g}\times 26.5\% & x \end{array}$$

解得：$x = 10.0$ g

根据计算所得数据画出曲线如图 5 所示。

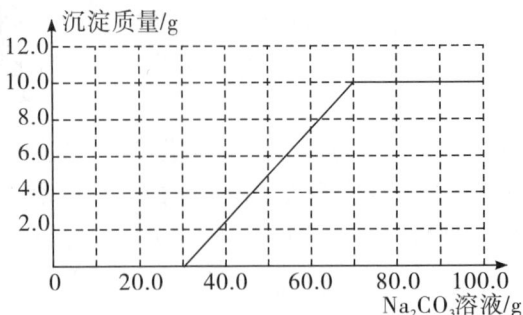

图5 曲线图

点评：本题难度稍大，学生需掌握中和反应及其应用、溶液的酸碱性与 pH 值的关系，并根据化学方程式的计算才可正确解答本题。细致地分析图表信息，确定反应体系中还可能有稀盐酸能与碳酸钠溶液反应是正确解答本题的前提和关键。

本文的解题"三部曲"主要目的是帮助学生全面而综合地分析题干和图像，变繁为简，化难为易，灵活求解。通过解题，促进学生探究学习，提高他们的识图和数据处理能力，以及分析、思考和应用能力，从而实现知识与技能、过程与方法、情感态度与价值观的三维课程目标。

从三维目标解读中考化学推断题①

化学卓培生：刘春颖

指导教师：袁明华

一、实例一

例1 图1中的物质均为初中化学常见的物质，其中A是建筑材料的主要成分，B属于氧化物，图1是它们之间的相互转化关系。请回答下列问题。

①写出下列物质的化学式：A：_____；C：_____；E：_____。

②得到F溶液的操作1的名称：_____。

③若I是蓝色沉淀，请写出G+F→I的化学方程式：_____。

④B→G的化学方程式：_____。

⑤指出反应①的基本类型是_____反应。

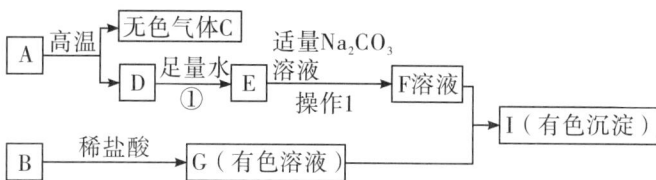

图1 物质转化图

分析：中考化学推断题的解题步骤可分为四步：①审题。看清题意，找出已知条件。②分析。分析已知条件，寻找突破口。③结论。从突破口出发，通过正推法、逆推法、假设法得出结论。④验证。将所得答案放回原题进行检验，若完全符合，则答案正确。其中最重要的就是如何寻找突破口。

寻找突破口一般有以下几种办法：以物质颜色和状态为突破口；以物质组成、俗名、关系、特性和用途为突破口；以物质特征反应条件为突破口；以物质特征反应现象为突破口；以元素或物质的性质为突破口；以物质之间的转换关系为突破口。

问题①中的突破口就是A物质，题干中提及A是建筑材料的主要成分，所以A就是碳酸钙。在框图中显示A经过高温分解成无色气体C和物质D，碳酸

_____

① 载于《中学化学教学参考》2017年第18期。

钙在高温下会分解成二氧化碳和氧化钙，则 C 就是二氧化碳、D 是氧化钙。氧化钙和水反应生成 E，即氢氧化钙。所以本题的答案为 $CaCO_3$；CO_2；$Ca(OH)_2$。

问题②中氢氧化钙和碳酸钠溶液反应生成碳酸钙沉淀和氢氧化钠，所以 F 溶液是氢氧化钠溶液。要得到氢氧化钠溶液，要经过操作 1，该操作的名称为过滤。

问题③中若 I 是蓝色沉淀，因为 I 是氢氧化钠溶液和 G 反应生成的，所以 I 必定为 $Cu(OH)_2$，则该化学方程式为 $2NaOH + CuCl_2 = Cu(OH)_2\downarrow + 2NaCl$。

问题④中 G 是氯化铜。题干中提及 B 是氧化物，所以 B 是氧化铜。氧化铜和稀盐酸反应生成氯化铜和水，B→G 的化学方程式为 $CuO + 2HCl = CuCl_2 + H_2O$。

问题⑤中反应①是氧化钙和水反应生成氢氧化钙，由两种物质生成一种物质，符合化合反应①的概念，所以反应①的反应类型为化合反应。

在解此题时，只需将题中的 A 物质推出，以 A 为突破口，其他物质将被推出。本题将有关化学基础理论知识进行了整合。此题具体对三维目标要求的考查情况如下：

1. 知识与技能

（1）考查学生对常见物质的性质、用途、颜色、状态的掌握程度。碳酸钙是建筑材料石灰石的主要成分，中学化学常见的蓝色沉淀便是 $Cu(OH)_2$，常见有色溶液的离子为 Cu^{2+}（蓝色）、Fe^{2+}（绿色）、Fe^{3+}（黄色）。

（2）考查物质的分离方法。在本题中，将不溶性固体从溶液中分离出来得到所需要的溶液，所采用的分离方法为过滤。

（3）考查学生是否会对反应类型进行判定。本题考查了化合反应这一基本类型的概念。化合反应指的是由两种或两种以上的物质反应生成一种新物质的反应。

（4）考查学生对质量守恒定律和基本反应原理的掌握程度，检测学生能否写出题中相关的化学方程式。

2. 过程与方法

（1）培养学生全面认识、分析事物的逻辑思维能力。找到突破口，根据图中所给予的信息，运用逆向思维和正向思维，对物质进行推断。在本题中利用正向思维知道碳酸钙高温分解为二氧化碳和氧化钙，已知沉淀为蓝色沉淀氢氧化铜，利用逆向思维得出 G 为氯化铜。

（2）使学生的归纳信息能力得到锻炼。学生需将所获得的已知条件和推断出的条件进行归纳，进而得出答案。

3. 情感态度与价值观

（1）通过大胆推断，激发学生学习化学的兴趣。

（2）可让学生从题目反观生活。生活中我们需面对的问题很多，其中存在着类似推断题的问题。学生要学会遇到此路不通，需灵活变通的方法。

二、实例二

例2 A—E是五种不同类别的常见物质：铁、二氧化碳、氢氧化钙、氯化铜、硫酸中的某一种，B常用于中和酸性土壤，E属于酸类。他们之间的关系如图2所示（其中实线表示物质间可以相互反应，虚线表示物质间不能相互反应），请回答下列问题。

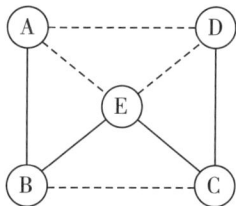

图2 示意图

①E的化学式为_____，B与E反应的化学方程式为：_____，该反应的类型是_____反应。

②C与D反应的化学方程式为_____。

③虚线相邻物质间存在转化关系的是_____→_____（填化学式）。

分析：（1）题干中已经提到A—E是五种不同类型的物质，E属于酸类，B常用于中和酸性土壤，则E和B是本题的突破口，E是硫酸、B是氢氧化钙。所以第一小题的答案为：H_2SO_4，$Ca(OH)_2 + H_2SO_4 =\!=\!=\!= CaSO_4 + 2H_2O$，复分解。

（2）B既能与E硫酸反应又能与A发生反应，在铁、二氧化碳、氯化铜这三种物质当中，会和氢氧化钙发生反应的是二氧化碳，所以A是二氧化碳。剩下物质C和D，因为C能与E硫酸发生反应，所以C是铁、D是氯化铜。铁与氯化铜发生反应生成氯化亚铁和铜。第二小题的答案为：$Fe + CuCl_2 =\!=\!=\!= FeCl_2 + Cu$。

（3）虚线相邻物质间存在转化关系是硫酸和二氧化碳。硫酸和碳酸钠反应生成二氧化碳。第三小题的答案为：H_2SO_4，CO_2。

此题具体对三维目标要求的考查情况如下：

1. 知识与技能

（1）考查学生是否会对反应类型进行判定。本题考查了复分解反应这一基本化学反应类型的概念。复分解反应是由两种化合物互相交换成分，生成另外两种化合物的反应。

（2）考查物质的分类及性质这一知识点。这五类物质为盐、酸、碱、氧化物、单质。酸碱之间能发生中和反应。

（3）考查学生对金属活动顺序的应用的掌握程度。排在前面的金属能将排在它后面的金属从其盐溶液中置换出来。铁排在铜前面，所以铁能从氯化铜溶液中置换出铜单质。

2．过程与方法

（1）提高学生分析问题、解决问题的能力。

（2）提高学生通过观察获取信息，进而对信息进行加工的能力。此题通过观察则可以判定 B 是氢氧化钙、E 为硫酸。

3．情感态度与价值观

（1）充分发挥学生的主动性，调动不同层次学生的积极性。因为本题中的三个小题存在着难度梯度，只要对酸和碱的性质有些许了解，就能得出正确答案。

（2）培养学生勤于思考、严谨求实的科学精神。

通过以上分析，可知推断题有利于学生的思维拓展，推断题考查的知识面广，有利于提高学生对知识综合应用的能力。显然，这类题型对学生综合能力的提高和科学素养的形成有一定的帮助。

参考文献

［1］黄东燕，衷明华．从三维目标解读化学开放式题型［J］．中学化学教学参考，2014（11）．

［2］许宏生，姜建文．从三维目标落实的角度赏析一道化学竞赛题［J］．考试周刊，2011（9）．

化学反应方程式的配平技巧①

化学卓培生：李燕淋

指导教师：袁明华

化学反应方程式的书写是中学化学学习的难点之一，也是学习化学必备的学科语言。通过对 2013—2015 年三年高考新课标 I 卷的分析可以发现：化学反应方程式的书写是高考必考点之一。其中，化学反应方程式的书写包括：①正确写出反应物。②正确写出生成物。③根据得失电子守恒、原子守恒、电荷守恒进行配平。④标出气体或沉淀符号。⑤检查。通过调查研究，有不少学生由于没有掌握好化学反应方程式配平的技巧而害怕配平或直接放弃配平化学反应方程式，从而导致失分或被扣分。为了克服学生的恐惧心理，本文将重点介绍化学反应方程式的配平技巧，让学生爱上化学，帮助学生利用最短的时间拿到最高的分值。

一、化学反应方程式配平方法汇总

化学反应方程式的配平方法有很多，我们常用的方法有观察法、氧化还原法、奇数配偶法、万能配平法等。根据化学方程式的类型、特点和难易程度，我们选择不同的配平方法。比如，氧化还原反应可选择氧化还原法；简单的化合反应或复分解反应等可以选用直接观察法，较复杂的反应可以选用万能配平法。

二、各种配平方法的应用

1. 观察法

化合反应、分解反应、置换反应、复分解反应等化学反应方程式相对简单，可直接用观察法配平。观察法的技巧是从某种元素在方程式两边都只有一种物质中着手观察，并且把单质留到最后配平，配平的依据是原子守恒。

例 1 配平化学反应方程式：$Fe + HCl \longrightarrow FeCl_2 + H_2\uparrow$。

答案：$Fe + 2HCl = FeCl_2 + H_2\uparrow$。

剖析：该反应是置换反应，这是比较简单的化学反应，因此可直接用观察法配平。在这个反应中，通过观察反应物和生成物可知，各种元素在方程式两边都只在一种物质中存在。在反应物和生成物中各含 1 个 Fe，而在生成物中含两个

---

① 载于《中学化学教学参考》2017 年第 18 期。

Cl 和两个 H，反应物中却只有 1 个 H 和 1 个 Cl，因此在 HCl 前配 2，最后画上等号，即 $Fe + 2HCl == FeCl_2 + H_2\uparrow$。最后通过检查，反应物和生成物中各类原子数相等。

2. 氧化还原法

氧化还原法只适用于氧化还原反应，配平的依据是得失电子守恒。具体做法：①标出同种元素在反应物和生成物中的不同价态。②利用双线桥法标出升高的电荷数和降低的电荷数。③找出升高的电荷数和降低的电荷数的最小公倍数，并在相应的化学式前乘上一个数让它与最小公倍数相等。④通过观察配平其他元素。

例 2 配平化学反应方程式：$Cu + HNO_3$（稀）$\longrightarrow Cu(NO_3)_2 + NO + H_2O$。

答案：$3Cu + 8HNO_3$（稀）$== 3Cu(NO_3)_2 + 2NO\uparrow + 4H_2O$。

剖析：该反应是一个氧化还原反应，首先我们应准确标出各物质中变价元素的化合价。

$$\overset{0}{Cu} + H\overset{+5}{N}O_3（稀）\longrightarrow \overset{+2}{Cu}(NO_3) + \overset{+2}{N}O + H_2O$$

再利用双线桥法标出化合价的升降，得到：

$$\overset{升2}{\overbrace{\overset{0}{Cu} + H\overset{+5}{N}O_3（稀）\longrightarrow \overset{+2}{Cu}(NO_3)_2 + \overset{+2}{N}O + H_2O}}$$
降3

升高的电荷数和降低的电荷数即 2 和 3，其最小公倍数是 6，因此，可得到以下结果：

$$\overset{升2\times3}{\overbrace{\overset{0}{Cu} + H\overset{+5}{N}O_3（稀）\longrightarrow \overset{+2}{Cu}(NO_3)_2 + \overset{+2}{N}O + H_2O}}$$
降3×2

故应该在单质 Cu 前配 3，在 NO 前配 2，得到：$3Cu + HNO_3$（稀）$\longrightarrow Cu(NO_3)_2 + 2NO + H_2O$。根据 Cu 原子数守恒，因此需要在 $Cu(NO_3)_2$ 前配 3，由此 N 原子数随之确定。根据生成物中的 N 原子数，可知需要在 HNO_3（稀）前配 8。最后根据 H 原子数守恒，在 H_2O 前配 4，画上等号，标上气体符号，得到 $3Cu + 8HNO_3$（稀）$== 3Cu(NO_3)_2 + 2NO\uparrow + 4H_2O$。检查，完成配平。

3. 奇数配偶法

此类方法适用于各种化学反应类型的配平，简洁、迅速，对于一些有机物燃烧的化学反应方程式的配平也很有效，但它不适用于一些复杂的化学反应方程式的配平。该方法的具体做法：①在反应方程式中寻找出现次数最多的元素。②在反应物和生成物中寻找原子个数是奇数的一项。③在这一项乘上一个偶数（通常是2，如果配不平则换4、6，以此类推），使奇数变为偶数。④再通过观察配平其他物质。

例3 配平化学反应方程式：$Mg_2B_2O_5 \cdot H_2O + H_2SO_4 \longrightarrow H_3BO_3 + MgSO_4$。

答案：$Mg_2B_2O_5 \cdot H_2O + 2H_2SO_4 = 2H_3BO_3 + 2MgSO_4$。

剖析：在该反应方程式中，O出现了5次，Mg、B、S出现了两次，H出现了3次。因此，O是反应前后出现次数最多的元素。在两个反应物中，氧的个数分别是6和4，在生成物$MgSO_4$中O的个数是4（均是偶数个），只有H_3BO_3是3个（奇数个），所以H_3BO_3前配系数配2使O变为偶数得到：$Mg_2B_2O_5 \cdot H_2O + H_2SO_4 \longrightarrow 2H_3BO_3 + MgSO_4$。根据B原子数守恒，需在第一个反应物前配1，Mg的个数随之确定，在$MgSO_4$前配2；在H_2SO_4前配系数为2，得到$Mg_2B_2O_5 \cdot H_2O + 2H_2SO_4 = 2H_3BO_3 + 2MgSO_4$。检查，完成配平。

4. 万能配平法

万能配平法也叫待定系数法，是通过解多元一次方程组来配平化学反应方程式的一种方法，它适用于各种化学反应方程式的配平。对于反应物或生成物较多的化学反应方程式，该方法的配平速率可能会有所下降，但并不是绝对的，配平速率还取决于解多元一次方程的能力。具体做法：①用英文字母表示各化学式前的系数。②根据原子守恒定律列出所有方程。③解多元一次方程组，令其中一个字母为1（通常是方程组中出现次数最多的字母或在化学反应方程式中较复杂的化合物前的系数为1）。④代入所求数值配平方程式。

例4 配平化学反应方程式：$CaCO_3 + HCl \longrightarrow CaCl_2 + CO_2 + H_2O$。

答案：$CaCO_3 + 2HCl = CaCl_2 + CO_2 \uparrow + H_2O$。

剖析：在该反应中，首先设$CaCO_3$的系数为A，设HCl的系数为B，设$CaCl_2$的系数为C，设CO_2的系数为D，设H_2O的系数为E，得到如下化学方程式：

$ACaCO_3 + BHCl \longrightarrow CCaCl_2 + DCO_2 \uparrow + EH_2O$

（1）根据Ca原子数：A = C

（2）根据C原子数：A = D

（3）根据O原子数：3A = 2D + E

（4）根据H原子数：B = 2E

（5）根据Cl原子数：B = 2C

$$\begin{cases} A = C = D \\ 3A = 2D + E \\ B = 2E = 2C \end{cases} \xrightarrow{\text{令 } A = 1} \begin{cases} A = C = D = 1 \\ E = 1 \\ B = 2 \end{cases}$$

代入所求值得到：$CaCO_3 + 2HCl == CaCl_2 + CO_2\uparrow + H_2O$

三、总结

该文共讨了四种初高中化学反应方程式的配平方法，各自有其适用范围以及优缺点。有很多化学反应方程式的配平既可以用氧化还原法，又可以用万能配平法，甚至还可以用奇数配偶法，考生应在平时的练习中学会总结归纳，了解何种化学反应方程式用何种配平方法最简单、最省时间，选择一种最适合自己的配平方法，争取在考场上花最少的时间拿最多的分。